Francês

FÁCIL E PASSO A PASSO

Domine a Gramática do Dia a Dia para Fluência em Francês — *Rápido!*

Myrna Bell Rochester

ALTA BOOKS
GRUPO EDITORIAL
Rio de Janeiro, 20

Francês Fácil e Passo a Passo
Copyright © 2019 da Starlin Alta Editora e Consultoria Eireli. ISBN: 978-85-508-0364-7

Translated from original Easy French Step-By-Step. Copyright © 2009 by McGraw-Hill Education. All rights reserved. ISBN 978-0-07-145387-5. This translation is published and sold by permission of McGraw-Hill Education, the owner of all rights to publish and sell the same. PORTUGUESE language edition published by Starlin Alta Editora e Consultoria Eireli, Copyright © 2019 by Starlin Alta Editora e Consultoria Eireli.

Todos os direitos estão reservados e protegidos por Lei. Nenhuma parte deste livro, sem autorização prévia por escrito da editora, poderá ser reproduzida ou transmitida. A violação dos Direitos Autorais é crime estabelecido na Lei nº 9.610/98 e com punição de acordo com o artigo 184 do Código Penal.

A editora não se responsabiliza pelo conteúdo da obra, formulada exclusivamente pelo(s) autor(es).

Marcas Registradas: Todos os termos mencionados e reconhecidos como Marca Registrada e/ou Comercial são de responsabilidade de seus proprietários. A editora informa não estar associada a nenhum produto e/ou fornecedor apresentado no livro.

Impresso no Brasil — 2019 — Edição revisada conforme o Acordo Ortográfico da Língua Portuguesa de 2009.

Publique seu livro com a Alta Books. Para mais informações envie um e-mail para autoria@altabooks.com.br

Obra disponível para venda corporativa e/ou personalizada. Para mais informações, fale com projetos@altabooks.com.br

Produção Editorial Editora Alta Books **Gerência Editorial** Anderson Vieira	**Produtor Editorial** Juliana de Oliveira Thiê Alves **Assistente Editorial** Ian Verçosa	**Marketing Editorial** marketing@altabooks.com.br **Editor de Aquisição** José Rugeri j.rugeri@altabooks.com.br	**Vendas Atacado e Varejo** Daniele Fonseca Viviane Paiva comercial@altabooks.com.br	**Ouvidoria** ouvidoria@altabooks.com.br
Equipe Editorial	Adriano Barros Bianca Teodoro Illysabelle Trajano	Kelry Oliveira Keyciane Botelho Maria de Lourdes Borges	Paulo Gomes Thales Silva Thauan Gomes	
Tradução Eveline Machado	**Copidesque** Samantha Batista	**Revisão Gramatical** Priscila Gurgel Thamiris Leiroza	**Revisão Técnica** Jana Araujo Tradutora e Professora de Francês pela UnB	**Diagramação** Joyce Matos

Erratas e arquivos de apoio: No site da editora relatamos, com a devida correção, qualquer erro encontrado em nossos livros, bem como disponibilizamos arquivos de apoio se aplicáveis à obra em questão.

Acesse o site www.altabooks.com.br e procure pelo título do livro desejado para ter acesso às erratas, aos arquivos de apoio e/ou a outros conteúdos aplicáveis à obra.

Suporte Técnico: A obra é comercializada na forma em que está, sem direito a suporte técnico ou orientação pessoal/exclusiva ao leitor.

A editora não se responsabiliza pela manutenção, atualização e idioma dos sites referidos pelos autores nesta obra.

Dados Internacionais de Catalogação na Publicação (CIP) de acordo com ISBD

R676f	Rochester, Myrna Bell
	Francês fácil e passo a passo: domine a gramática do dia a dia para fluência em Francês / Myrna Bell Rochester ; traduzido por Eveline Vieira Machado. - Rio de Janeiro : Alta Books, 2019. 400 p. ; 15,7cm x 23cm.
	Tradução de: Easy French Step-by-step Inclui índice. ISBN: 978-85-508-0364-7
	1. Línguas. 2. Idiomas. 3. Francês. I. Machado, Eveline Vieira. II. Título.
2018-931	CDD 440 CDU 811.133.1

Elaborado por Vagner Rodolfo da Silva - CRB-8/9410

Rua Viúva Cláudio, 291 — Bairro Industrial do Jacaré
CEP: 20970-031 — Rio de Janeiro - RJ
Tels.: (21) 3278-8069 / 3278-8419
www.altabooks.com.br — altabooks@altabooks.com.br
www.facebook.com/altabooks

Sumário

Prefácio   xi

I   Elementos da Sentença

1   Substantivos, Artigos e Adjetivos Descritivos   3

Gênero e Número dos Substantivos e Artigos   3
Artigo Definido   3
    Substantivos Masculinos   3
    Substantivos Femininos   4
    Artigos Masculinos e Femininos Antes de Som de Vogal ou *h* Mudo   4
    Substantivos no Singular e o Artigo Definido   5
    Aprendendo o Gênero dos Substantivos   5
O Artigo Indefinido   7
    Substantivos Masculinos   8
    Substantivos Femininos   8
Substantivos no Plural   8
    Pronúncia do Plural   9
Adjetivos Descritivos   11
    Concordância dos Adjetivos em Gênero e Número   12
    Adjetivos de Cor   14
    Adjetivos que Precedem o Substantivo   14
Vocabulário-chave   16
    Les adjectifs descriptifs (Os Adjetivos Descritivos)   16
    Les couleurs (Cores)   16
Vocabulário-chave   18
    Les nationalités (As Nacionalidades)   18

2 Os Verbos *être* e *avoir*, Pronomes Pessoais e Negação 21

O Verbo 21
Os Verbos *être* (ser/estar) e *avoir* (ter) 21
Être e Pronomes Pessoais 22
    Pronomes Pessoais 22
    Usos de *être* 26
    Expressões com *être* 29
Vocabulário-chave 30
    Conjonctions, qualificatifs et adverbes (Conjunções, Qualificativos e Advérbios) 30
Negação com *ne... pas* 31
Verbo *avoir* (ter) 32
    Ne... pas de... com *avoir* 33
    Il y a... (Existe/há..., Existem/há...) 33
    Expressões com *avoir* **35**
Vocabulário-chave 38
    La maison (Casa) 38
Interpretação de Texto: **La maison de Jean-Pierre** 40

3 O Calendário, Verbos *-er* Regulares no Presente e Pronomes Interrogativos 42

Dias da Semana, Meses e Estações 42
    Les jours de la semaine (Os Dias da Semana) 42
    Les mois de l'année (Os Meses do Ano) 43
    Les saisons (As Estações do Ano) 43
    Les parties du jour (As Partes do Dia) 44
Verbos Regulares no Presente 45
Conjugando os Verbos Regulares em *-er* **45**
Usos do Presente 48
Perguntas e Pronomes Interrogativos 52
    Perguntas com **Sim/Não** **53**
    Perguntas com Pronomes Interrogativos 57
Vocabulário-chave 62
    Noms masculins (Substantivos Masculinos) 62
    Noms féminins (Substantivos Femininos) 63
Adjectifs (Adjetivos) 63
    Conjonctions (Conjunções) 64
Interpretação de Texto: **Une petite ville en province** 64

4 Números, Datas, Hora e Verbos *-ir* Regulares no Presente 66

Números Cardinais 66
    Números a partir de 100 69

Números Ordinais   70
As Datas   72
Dizendo as Horas   75
Verbos *-ir* Regulares no Presente   78
Vocabulário-chave   82
        Les magasins et les commerces (Lojas e Comércio)   82
Vocabulário-chave   83
        Les repas et les provisions (Refeições e Alimentos)   83
Interpretação de Texto: **Au restaurant**   85

5   Verbos *-re* Regulares no Presente e Verbos *-er* com Mudanças na Ortografia   87

Verbos *-re* Regulares no Presente do Indicativo   87
Vocabulário-chave   90
        Expressions de temps (Expressões de Frequência e Tempo)   90
Depuis versus *Desde*   **91**
Verbos *-er* com Mudanças na Ortografia   93
    Verbos como *commencer* (começar)   93
    Verbos como *manger* (comer)   94
    Verbos como *acheter* (comprar)   96
    Verbos como *préférer* (preferir)   98
    Verbos como *appeler* (chamar; mencionar) e *jeter* (jogar [fora])   100
    Verbos como *envoyer* (enviar) e *essayer* (tentar)   101
Vocabulário-chave   104
        Les vêtements et les accessoires (Roupas e Acessórios)   104
        Articles de toilette (Artigos Pessoais)   105
Interpretação de Texto: **En ville**   107

6   Expressando o Futuro com *aller*, Preposições e o Verbo *faire*   109

Verbo *aller* (ir)   109
    Expressando o Futuro com *aller*   **110**
Vocabulário-chave   111
        Alors, quand vas-tu... ? (Então, quando você vai. . . ?)   111
À, de e Outras Preposições   113
    Preposições *à* e *de*   **114**
    Preposições de Localização   118
    Preposições de Tempo e Sequência   119
Perguntas com Preposições   122
    Qui e *quoi* em uma Pergunta após Preposições   122
    O Pronome Interrogativo *lequel*   **122**
Vocabulário-chave   124
        Des pays du monde (Alguns Países do Mundo)   124
Preposições com Nomes Geográficos   125
    Gênero dos Nomes Geográficos   125

Para, em e de com Nomes Geográficos   126
Verbo *faire* (fazer)   129
   Tempo Meteorológico, Dia e Noite   129
   Expressões Idiomáticas com o Verbo *faire*   *130*
Vocabulário-chave   135
      Le temps et l'environnement (Tempo Meteorológico e Ambiente)   135
Interpretação de Texto: **Des projets de vacances**   136

7   Verbos Irregulares I e Construções Verbo + Verbo   138

Aprendendo Verbos Irregulares   138
Verbos como *partir*   *138*
   Partir, sortir e *quitter*   *139*
Verbos como *venir* (vir; chegar)   140
   Usos Especiais de *venir* e *tenir*   *141*
Dire (dizer, contar), *lire* (ler) e *écrire* (escrever)   143
Verbos como *mettre* (colocar, pôr)   145
Pouvoir (poder) e *vouloir* (querer, desejar)   147
Verbo *devoir* (ter que; dever)   148
Verbos como *recevoir* (receber; ter convidados)   150
Construções Verbo + Verbo   152
   Verbos sem Preposição   153
   Verbos que Requerem *à* Antes do Infinitivo   153
   Verbos que Requerem *de/d'* Antes do Infinitivo   154
Vocabulário-chave   157
      Lire et écrire (Leitura e Escrita)   157
Interpretação de Texto: **Mes décisions**   158

8   Verbos Irregulares II e Pronomes Relativos   161

Connaître (conhecer, ter conhecimento de) versus *savoir* (saber [fatos])   161
   Usos de *connaître* e *savoir*   *162*
Voir (ver) e *croire* (crer, acreditar)   165
Courir (correr) e *rire* (rir)   166
Grupo *offrir* (oferecer, dar)   167
Grupo *conduire* (dirigir; conduzir)   169
Suivre (seguir; acompanhar um curso) e *vivre* (viver)   169
Grupo *craindre* (temer)   170
Pronomes Relativos: *qui, que, où, dont* e *lequel*   *173*
   Que, qui e *où*   *173*
   Pronomes Relativos com Preposições, *lequel* e *dont*   *177*
Pronomes Relativos Indefinidos: Afirmativas a partir de Perguntas   180
Vocabulário-chave   182
      Les métiers et les professions (Trabalhos e Profissões)   182
Interpretação de Texto: **Une nouvelle carrière**   184

9 *Prendre* e *boire*, Artigo Partitivo e Pronomes Oblíquos 186

Grupo *prendre* e Verbo *boire* **186**
O Artigo Partitivo 189
    Usos do Artigo Partitivo 189
Objetos Diretos 193
    Formas e Colocação dos Pronomes com Função de Objeto Direto 193
Objetos Indiretos 196
    Pronomes com Função de Objeto Indireto 197
Os Pronomes *y* e *en* **199**
    O Pronome *y* **199**
    O Pronome *en* **200**
Vocabulário-chave 204
        Les animaux (Animais) 204
        Les plantes (Plantas) 204
Interpretação de Texto: **Le jardin zoologique idéal** 205

10 Possessivos, Demonstrativos, Comparativos e Advérbios 208

Adjetivos Possessivos e Pronomes 208
    Adjetivos Possessivos 208
    Pronomes Possessivos 210
Adjetivos e Pronomes Demonstrativos 212
    Adjetivos Demonstrativos 212
    Pronomes Demonstrativos 213
Comparativos e Superlativos 216
    O Comparativo com Adjetivos 216
    O Comparativo com Substantivos 216
    Comparando Verbos 217
    Superlativos dos Adjetivos e Substantivos 218
    Adjetivos com Comparativo e Superlativo Irregulares 219
Advérbios 221
    Advérbios Comuns e Sua Colocação 221
    Formação dos Advérbios com **-ment** 222
    Comparativos e Superlativos dos Advérbios 224
Vocabulário-chave 226
        Adverbes (Advérbios) 226
Vocabulário-chave 227
        Les membres de la famille (Membros da Família) 227
Interpretação de Texto: **La famille française moderne** 229

II Expressões Afirmativas e Negativas, Formação do Imperativo e Uso de Verbos Pronominais

11 Afirmativas versus Negativas, Pronomes Tônicos e Imperativo 232

Mais Modos de Dizer Sim e Não 232
Pronomes Tônicos 238
    Usos dos Pronomes Tônicos 238
O Imperativo e Suas Formas 242
    O Imperativo dos Verbos -*er* 242
    O Imperativo dos Verbos -*ir* 243
    O Imperativo dos Verbos -*re* 243
    Formas Imperativas dos Verbos Irregulares 244
    Comandos Negativos 245
    Imperativo em Frases 245
    Imperativo com Pronome Oblíquo 246
Vocabulário-chave 249
    L'entretien de la maison et du jardin (Manutenção da Casa e Jardim) 249
    Le bricolage (Bricolagem) 250
Interpretação de Texto: **Un week-end de bricolage** 251

12 Pronomes Reflexivos com Verbos Pronominais e o Particípio Presente 253

O que É um Verbo Pronominal? 253
Verbos Reflexivos 254
Vocabulário-chave 254
    La vie quotidienne (Rotinas Comuns) 254
Verbos Pronominais em Construções com Infinitivo 255
Verbos Pronominais: Formas Negativa, Interrogativa e Imperativa 257
    Negativas dos Verbos Pronominais 257
    Interrogativas dos Verbos Pronominais 258
    Imperativos dos Verbos Pronominais 258
Verbos Reflexivos com Partes do Corpo 261
Verbos Reflexivos Recíprocos 262
Verbos Pronominais Idiomáticos 265
    Formas Não Pronominais dos Verbos Pronominais 268
O Particípio Presente 270
    Formação do Particípio Presente 270
    Usos do Particípio Presente 271
Vocabulário-chave 273
    Les parties du corps (Partes do Corpo) 273
Interpretação de Texto: **Un accueil chaleureux?** 274

Sumário

III O Passado e o Futuro, o Condicional e o Subjuntivo

13 Formas e Usos do *passé composé* 278

O que É *passé composé?* 278
Formação do *passé composé* com *avoir* 278
Particípios Regulares e Irregulares 279
    Particípios Regulares 279
    Particípios Irregulares 281
Negativas, Interrogativas e Advérbios com *passé composé* 284
    Passé composé na Negativa 284
    Interrogativa do *passé composé* 284
    Advérbios com *passé composé* 284
Vocabulário-chave 285
    Expressions de transition (Palavras de Transição) 285
Passé composé com *être* 288
Passé composé com Pronomes Oblíquos 291
    Concordância dos Pronomes Oblíquos com o Particípio Passado 291
Passé composé dos Verbos Pronominais 292
    Quando o Particípio Passado Não Concorda 293
Vocabulário-chave 294
    Le sport (Esportes) 294
    Les distractions (Lazer e Entretenimento) 295
Interpretação de Texto: **Une soirée mouvementée** 297

14 *Imparfait*, Narração no Passado e Mais sobre Pronomes Oblíquos 299

Resumo do *passé composé* 299
Imparfait (Pretérito Imperfeito) 301
    Formas do *imparfait* 301
    Significados e Usos do *imparfait* 302
Vocabulário-chave 305
    Expressions de temps au passé (Expressões de Tempo no Passado) 305
Narração: *passé composé* e *imparfait* Usados Juntos 306
Mais sobre os Pronomes Oblíquos 309
    Pronomes Oblíquos Duplos 309
    Pronomes Oblíquos Duplos com Imperativos Afirmativos 310
Vocabulário-chave 312
    Les voyages et le logement (Viagem e Acomodações) 312
Interpretação de Texto: **Un voyage mémorable** 314

15 O Futuro, o Condicional, Adjetivos e Pronomes Indefinidos 315

O Futuro 315
    Formas Irregulares do Futuro 316
    Usos do Futuro 317
O Condicional 319
    Usos do Condicional 321
O Mais-que-Perfeito e o Condicional Passado 323
    O Mais-que-Perfeito 323
    O Condicional Passado 324
Tout e Outros Adjetivos e Pronomes Indefinidos 326
    Formas e Usos de *tout* 326
    Outros Pronomes e Adjetivos Indefinidos 328
Vocabulário-chave 330
    À la banque (Negócios e Banco) 330
Interpretação de Texto: **Rêves d'avenir** 332

16 O Subjuntivo 334

O Modo Subjuntivo 334
Formas do Presente do Subjuntivo 335
    Subjuntivos Irregulares 336
    Mais Sete Formas Irregulares do Subjuntivo 337
Usos do Subjuntivo 339
    O Subjuntivo com Expressões de Necessidade 339
    O Subjuntivo com Outras Expressões Impessoais 340
    O Subjuntivo com Expressões Pessoais de Vontade, Emoção e Dúvida 343
Vocabulário-chave 347
    Liens d'amitié (Laços de Amizade) 347
Interpretação de Texto: **Créer des liens** 349

Gabarito 351
Índice 375

Prefácio

O livro *Francês Fácil e Passo a Passo* irá ajudá-lo a aprender francês em pouco tempo. Preparado para iniciantes e alunos avançados, este livro ensina a gramática francesa e a comunicação natural e diária na ordem lógica para desenvolver e aumentar suas habilidades no idioma.

Para aproveitar ao máximo o desenvolvimento gramatical do livro, você precisará aprender cada capítulo ou passo, e a sequência em cada capítulo, um após o outro. Aconselhamos não pular. Cada passo o levará ao próximo. Os capítulos consistem em explicações gramaticais claras, várias atividades de reforço (com um Gabarito completo), estudo do vocabulário e pequenos textos em francês. Tente aprender todos os conceitos antes de seguir adiante.

O Capítulo 1 ensina os fundamentos dos substantivos em francês, artigos e adjetivos descritivos que os modificam. Os Capítulos 2 e 3 apresentam o básico da conjugação dos verbos e uso no tempo presente (para as afirmativas, negação, perguntas do tipo *sim/não* e perguntas para pedir informações). Começamos com os verbos mais comuns em francês, **être** (*ser/estar*) e **avoir** (*ter*), e o grupo maior de verbos (com infinitivos terminando em **-er**). O modelo completo das conjugações permite praticar todas as formas enquanto se aprende os significados. Os Capítulos 4 a 9 apresentam o resto dos verbos regulares e irregulares, passo a passo, junto com outros tópicos. O vocabulário foi selecionado com base na frequência e utilidade temática. As listas de vocabulário ajudarão a expandir suas habilidades de comunicação e permitirão atuar em várias situações.

Vários exercícios e atividades vêm após cada etapa gramatical e lista de vocabulário. É possível usá-los para verificar sua compreensão e progresso. Há um Gabarito completo no final do livro, que também inclui exemplos de resposta para todas as perguntas personalizadas. Sugerimos que você também faça um diário, anotando suas próprias listas de vocabulário, perguntas e declarações para que possa praticá-las em voz alta. Se você controlar sua própria aprendizagem, nunca ficará entediado!

Os textos originais escritos pela autora são incluídos em cada capítulo (começando no Capítulo 2). Eles vão ficando mais desafiadores em forma e conteúdo no decorrer do livro. Use essas seções de Interpretação de Texto para aprender mais vocabulário (há uma lista de novas palavras após cada texto), praticar a leitura em voz alta e ter confiança ao ler outros materiais. Tente responder as perguntas complementares com frases completas.

O livro *Francês Fácil e Passo a Passo* é dividido em três partes: a primeira parte oferece os elementos do francês, usando o tempo presente. Você notará que a ordem das palavras em português e francês é basicamente igual. Isso torna o aprendizado muito rápido nas etapas iniciais. A segunda parte explica o uso dos objetos, pronomes, verbos pronominais (ou reflexivos), particípio presente e imperativo (comando). Você descobrirá que algumas dessas estruturas têm uma sintaxe (ordem das palavras) diferente do português. A terceira parte do livro aumenta sua competência nos tempos passado e futuro, e nos modos condicional e subjuntivo, com um uso específico no francês.

Os falantes da língua portuguesa geralmente dizem que o francês é bem fácil de ler — há uma incrível quantidade de palavras cognatas (parecidas) nos dois idiomas —, mas difícil de pronunciar. O francês tem vários sons que não existem em português; será necessário aprendê-los. Contudo, a maioria dos sons em francês, consoantes e vogais, é bem parecida com o português. Use a próxima seção, Guia de Pronúncia, para estudar, revisar e consultar. Volte a ela sempre que quiser verificar algo. Pratique os sons e exemplos em voz alta. Se possível, tente praticar com um falante nativo ou o mais próximo disso. No livro, lembre de ler todos os exemplos e atividades em voz alta para ajudar a desenvolver sua pronúncia.

Assim que se familiarizar com os sons e a combinação de letras, verá que eles são limitados e consistentes e, acredite se quiser, o francês ficará fácil de entender e falar. Se você consegue soletrar o português, que é bem difícil, conseguirá pronunciar e soletrar o francês. Complemente seu estudo ouvindo rádio e notícias online, CDs, filmes, vídeos e programas de televisão em francês. Com a mídia moderna, essas oportunidades estão cada vez mais fáceis de conseguir.

Este livro foi preparado com uma abordagem lógica que o torna acessível, seja você um autodidata — começando, revisando ou recapitulando — ou um aluno com um programa organizado. Com *Francês Fácil e Passo a Passo*, você verá suas habilidades se desenvolvendo rapidamente. Em poucas semanas, conseguirá comunicar-se, ler e escrever em francês.

Se aprender francês com este livro, conseguirá se virar na França e regiões francófonas, como Bélgica, Luxemburgo, Suíça francesa, países da África Ocidental e do Norte, província de Quebec, Haiti, Martinica, Guadalupe e Polinésia francesa... Sem mencionar que poderá explorar suas heranças culturais e artísticas ricas. Esperamos que goste de aprender e usar seu francês sempre que precisar.

Abreviações

adj.	adjetivo	*m. pl.*	masculino plural
f. ou *fem.*	feminino	*pl.*	plural
fam.	familiar, coloquial	*fml.*	formal
inf.	infinitivo	*s.* ou *sing.*	singular
inv.	invariável	*alg/qqun*	alguém/**quelqu'un**
m. ou *masc.*	masculino	*algo/qqch*	algo/**quelque chose**
f. pl.	feminino plural		

Agradecimentos

Sinceros agradecimentos a meus editores Garret Lemoi e Christopher Brown, assim como a Jenn Tust, Debbie Anderson, Maki Wiering e Pamela Juárez na McGraw-Hill Professional, e a Barbara Bregstein, que iniciou a série *Fácil*. Leon, nem consigo expressar minha gratidão por sua paciência, apoio e ajuda técnica.

Guia de Pronúncia

O livro *Francês Fácil e Passo a Passo* às vezes inclui guias para ajudá-lo a pronunciar certas combinações de palavras. Quando as ler em voz alta, pronuncie como faria com as palavras e sílabas em português.

O francês tem vários sons que não existem no português. São eles que tornam o francês único! Você verá os símbolos que representam esses sons especiais nas colunas Pronúncia abaixo, entre colchetes. Alguns são impressos com letras maiúsculas para ajudar a destacá-los com facilidade.

Vogais

As vogais são mostradas aqui com e sem acentos, uma parte importante da ortografia francesa.

Os sons da vogais em francês são claros e curtos, em geral colocados na parte anterior da boca. Com algumas exceções, as consoantes *finais* das palavras francesas não são *pronunciadas*.

Letras e Combinações	Pronúncia	Exemplos e Dicas
a, à, â	[a]	**sa, là, pâte**
ai	[e]	**j'ai, mais**
eau, au, aux	[ô]	**eau, auto, jaune, aux, bateaux**
é, er, ez, es, et (**e** fechado)	[ê]	**pré, parler, parlez, mes, et**
è, ê, e seguidos de consoante duplas *e* -**et** final (**e** aberto)	[é]	**chèvre, tête, belle, appelle, effet**
e em palavras com uma sílaba *e* em **eu, œu** (*cf.* **œufs**)	[ê]	**le, que, de, peu, œufs, bleu**
		Para pronunciar [ê], segure a língua como se fosse o som de [e] e arredonde os lábios com se fosse falar [ô].
eur, œu, œur	[ÉRR]	**chanteur, leur, sœur, œuf, œuvre, heure**
		Quando seguido de **r** ou outra consoante sonora, é uma versão mais "aberta" do som [ê].
i, î e **y** como pronome	[i]	**cri, fil, ils, île, il y a**
ill (com **ll** dobrado)	[il]	[il] pronunciado apenas em **ville, village, mille, million** e **tranquille**. Do contrário, a combinação **ill** contém uma *semivogal* (veja abaixo).
o final, **o** antes de **s** e **ô** (**o** fechado)	[ô]	**vélo, zoo, roses, hôtel, môme**

o antes de consonantes (sem **s**) (**o** aberto)	[ó]	**bonne, monnaie, homme**
ou, où, oû	[u]	**sou, où, goûtez, foule**
or	[óR]	**port, accord, sorbet, ordre**
u (**u** simples), **û**	[Ü]	**tu, rue, jupe, flûte** Para pronunciar [Ü], segure a língua como se fosse o som [i] e arredonde os lábios como se fosse falar [ô].

Semivogais

As semivogais são combinações de vogais escritas e pronunciadas em uma única sílaba.

Letras e Combinações	Pronúncia	Exemplos e Dicas
ill, ail, eil	[i], [ai], [éi]	**fille, famille, travail, Marseille**
ie, i *e* **y** (não final)	[i]	**bien, science, voyage, nation, croyez**
oi, ua	[oá]	**moi, quoi, revoir, fois, guano**
oui	[uí]	**oui**
ui, ue, ua	[Üi], [Üê], [Üá]	**huit, fruit, muet, suave** Esta semivogal contém um som **u** [Ü]. (Veja a seção Vogais para a pronúncia de [Ü].)

Vogais Nasais

O francês tem diversas vogais "nasalizadas", escritas com as combinações de letras **a, e, i, y, o** mais as letras **n** ou **m** (exemplos: **fin, manteau, mon, symbole**).

As combinações nasalizadas aparecem no final de uma sílaba ou palavra, ou são seguidas por uma consoante pronunciada ou não (exemplos: **flan, montagne, lent**).

Pronuncie as vogais nasais como um único som com a boca e nariz ao mesmo tempo.

As letras **n** ou **m** *não* são pronunciadas em uma combinação nasal. Mas, são quando seguidas imediatamente por uma vogal (exemplos: **fine, guano**) ou quando **n** ou **m** é dobrado (exemplos: **homme, bonne**).

Letras e Combinações	Pronúncia	Exemplos e Dicas
an, am, en, em	[A^n]	dans, lampe, trente, exemple
en, in, un, ym, im, yn, ain, aim, ein	[E^n]	bien, matin, vingt, un, sympathique, train, faim, plein
on, om	[O^n]	bonbon, son, combien, fondation

Consoantes

Muitos sons de consoante em francês (por exemplo: **b**, **c**, **d**, **f**, **k**, **l**, **m**, **n**, **p**, **t**, **v**, **z**) lembram seus correspondentes em português.

Pronuncie as consoantes na parte anterior da boca e sempre tente evitar fazer sons oclusivos (jatos de ar), particularmente com **b**, **p** e **t**.

Veja os vários sons de consoante específicos do francês. Algumas variantes são iguais ao português (por exemplo, **c** "marcado" [k], **g** "marcado" [guê] e **qu** [k]. Os sons não listados aqui são quase iguais ao português.

Letras e Combinações	Pronúncia	Exemplos e Dicas
c, **cc** antes de **a**, **o**, **u** ou consoante	[k]	court, chacun, accord, classe
c antes de **i**, **e**, **y** e a letra **ç**	[s]	merci, cercle, cyclisme, François
ch	[sh]	chose, machine
g antes de **a**, **o**, **u** ou de uma consoante	[guê]	glace, gare
g antes de **e**, **i**, **y**	[g]	Georges, gigot
j	[j]	bonjour, joli, jardin
gn	[nh]	montagne, peigner
h	—	A letra **h** nunca é pronunciada em francês. Algumas palavras que começam com **h** não omitem os artigos nem os pronomes (exemplos: **le héros**, **le hasard**).
qu, **q**	[k]	quelquefois, cinq
r, **rr**	[R]	riche, bizarre, original O r em francês (como em **bonjour**, **Robert**) normalmente é pronunciado na parte de trás da garganta, com uma vibração suave.

s inicial ou **s** dobrado, **t** em **-tion**, **x** final	[s]	**salut, fausse, nation, six, dix**
s entre duas vogais ou em **-sion**	[z]	**mademoiselle, excursion**
th	[t]	**Thomas, thé**
x antes de consoante	[éks]	**excellent, expression**
x antes de vogal	[eg]	**examen, exemple**

Dicas de Pronúncia

- Ao falar, lembre de manter claros e curtos os sons das vogais e todas as sílabas.
- As sílabas em francês são consideradas parte de uma declaração, não parte de uma palavra. As sílabas começam com uma consoante: **les idées** [le-zi-dê], **vous allez** [vu-za-lê]. As palavras em uma frase e as palavras sucessivas em uma frase geralmente são ligadas.
- Os sons do francês, exceto para o som do **r** [R] com "vibração", são realizados na parte anterior da boca.
- Há uma leve "queda" ou entonação descendente na última palavra de uma frase ou sílaba da palavra.
- Nas perguntas com respostas *sim* ou *não*, a entonação sobe um pouco (**Tu arrives ?**). Ela tende a cair levemente no fim das perguntas informativas (**Comment allez-vous ?**).

Pontuação

A pontuação em francês é um pouco diferente da pontuação em português. Usa-se um espaço antes dos dois-pontos (:), do ponto e vírgula (;), do ponto de exclamação (!) e do ponto de interrogação (?), bem como depois de abrir e antes de fechar as aspas francesas (« »). A ausência dos espaços é considerada erro.

Saudações

Bonjour, Mademoiselle. (Madame/Monsieur)
Salut, ça va ?

Olá,/Bom dia, Senhorita (Senhora/ Senhor)
Oi!/Olá! Tudo bem? (fam.)

Ça va bien./Ça va mal.	*Tudo bem./Tudo mal.*
Comment allez-vous ?	*Como você está? (fml.)*
Comment vas-tu ?	*Como vai? (fam.)*
Très bien, merci, et vous (et toi) ?	*Muito bem, obrigado[a]. E você?*
Pas mal, merci, et vous (et toi) ?	*Bem, obrigado[a]. E você?*
Comme ci, comme ça.	*Mais ou menos.*
Bonsoir.	*Boa noite.*
Bonne nuit.	*Boa noite. (ao sair)*
Je m'appelle Suzanne.	*Meu nome é Suzanne.*
Comment vous appelez-vous ?	*Qual é o seu nome?*
Je m'appelle David.	*Meu nome é David.*
Enchanté(e).	*Prazer em conhecer você.*
Merci beaucoup.	*Muito obrigado[a].*
De rien.	*Por nada.*
Au revoir.	*Adeus.*
À bientôt.	*Até logo.*

I

Elementos da Sentença

1

Substantivos, Artigos e Adjetivos Descritivos

Gênero e Número dos Substantivos e Artigos

Substantivo é uma pessoa, lugar ou coisa. Em francês, todos os substantivos são *masculinos* ou *femininos* (gênero), *singular* ou *plural* (número). O artigo definido em francês é usado com a mesma frequência que no português.

Artigo Definido

O *artigo definido* em francês concorda com o substantivo em gênero e número.

	Singular	Plural
Masculino	le	les
Feminino	la	les
Masculino e feminino antes de som de vogal ou **h** mudo	l'	les

Substantivos Masculinos

Os substantivos masculinos no singular têm o artigo definido **le**. Os gêneros dos substantivos em francês são difíceis de adivinhar. Você aprenderá isso no decorrer da leitura. Pronuncie os seguintes substantivos com seus artigos. Consulte o Guia de Pronúncia quando necessário.

le chat   (o *gato*)

le chien   (o *cachorro*)

le cinéma   (o *cinema, filme*)

le cours   (o *curso, a aula*)

le football   (o *futebol*)

le frère   (o *irmão*)

le garçon   (o *menino*)

le livre   (o *livro*)

le téléphone   (o *telefone*)

le vin   (o *vinho*)

3

Substantivos Femininos

Os substantivos femininos no singular têm o artigo definido **la**.

la banque (o *banco*)	la lampe (a *lâmpada*)
la boutique (a *loja*)	la langue (o *idioma*)
la chemise (a *camisa*)	la sœur (a *irmã*)
la femme (a *mulher, esposa*)	la table (a *mesa*)
la jeune fille (a *menina*)	la voiture (o *carro*)

Muitos substantivos femininos terminam em **-e**, mas isso não é uma regra geral. Os substantivos na lista a seguir não terminam em **-e**, mas são todos femininos.

A maioria das consoantes finais não é pronunciada em francês. Na lista abaixo, apenas o **-r** final é pronunciado.

la chaleur (*calor, quente*)	la forêt (a *floresta*)
la croix (a *cruz*)	la fourmi (a *formiga*)
la distraction (*a distração*)	la main (a *mão*)
la fleur (a *flor*)	la nuit (a *noite*)
la fois (a *vez* [*ocasião*])	la radio (o *rádio*)

Artigos Masculinos e Femininos Antes de Som de Vogal ou *h* Mudo

O artigo definido **l'** é usado antes de todos os substantivos no singular, masculinos e femininos, que começam com vogal ou **h** mudo (não aspirado). A letra **-e** ou **-a** do artigo definido é retirada (omitida). Quando o substantivo começar com **h**, pronuncie a vogal que vem depois.

Aprenda o gênero (*m.* ou *f.*) entre parênteses para cada substantivo. Quando começar a ligar os adjetivos aos substantivos, ficará mais fácil lembrar o gênero.

l'ami (*m.*) o *amigo* (*m.*)	l'histoire (*f.*) a *estória, a história*
l'amie (*f.*) a *amiga* (*f.*)	l'homme (*m.*) o *homem*
l'anglais (*m.*) o *inglês* (*idioma*)	l'hôtel (*m.*) o *hotel*
l'architecte (*m.* ou *f.*) o(a) *arquiteto(a)*	l'île (*f.*) a *ilha*
l'emploi (*m.*) o *trabalho*	l'orange (*f.*) a *laranja* (*fruta*)
l'énergie (*f.*) a *energia*	l'université (*f.*) a *universidade*
l'enfant (*m.* ou *f.*) a *criança*	l'usine (*f.*) a *fábrica*

Substantivos no Singular e o Artigo Definido

O artigo definido indica uma pessoa, lugar, coisa ou ideia específica. Também antecede os substantivos que são usados em um sentido geral.

C'est *l'*amie de ma mère. É (Ela é) a amiga da minha mãe.
Les Français adorent *le* football Os franceses adoram futebol e
et *le* cyclisme. ciclismo.

Le, la e l'

Lembrete: **Le** é usado com substantivos masculinos no singular que começam com uma *consonante*; **la** é usado com substantivos femininos no singular que começam com uma *consonante*; e **l'** é usado com substantivos masculinos e femininos no singular que começam com uma *vogal* e a maioria dos substantivos que começa com a letra **h**.

A Letra *h* inicial

A letra **h** é sempre muda em francês. As palavras que começam com **h** — l'homme, por exemplo — são pronunciadas começando pelo primeiro som de vogal. Isso é chamado de **h** *mudo*.

Contudo, na frente de algumas palavras francesas que começam com **h**, por motivos históricos, o artigo *não* perde a letra **-e** ou **-a**. Por exemplo:

la °harpe   *a harpa*   la °honte   *a vergonha*
le °héros   *o herói*   le °hors-d'œuvre   *o aperitivo*

Isso é chamado de **h** *aspirado*. Esse **h** também é uma letra muda, não é pronunciada. Os dicionários de francês mostram o **h** aspirado com um sinal diacrítico. Neste livro, as palavras que começam com **h** aspirado são indicadas por um asterisco (°).

Aprendendo o Gênero dos Substantivos

O gênero está ligado à *palavra*, raramente à coisa física ou à pessoa. Sempre aprenda o gênero de um substantivo com seu artigo: **le livre** (*o livro*), **la fenêtre** (*a janela*). Os gêneros dos substantivos que começam com uma vogal precisam ser memorizados separadamente: **l'âge** (*m.*) (a idade), **l'hôtel** (*m.*) (*o hotel*), **l'horloge** (*f.*) (*o relógio*).

Várias regras podem ajudá-lo a adivinhar se um substantivo em francês é masculino ou feminino:

Elementos da Sentença

- Os substantivos que se referem ao sexo masculino em geral são masculinos; os substantivos que se referem ao sexo feminino geralmente são femininos: **l'homme** (*m.*) (*o homem*); **la femme** (*a mulher*).

- A *terminação* de um substantivo pode ser uma dica para o gênero. Veja algumas terminações masculinas e femininas comuns. Fique atento aos *cognatos*, que são próximos ao português na ortografia e significado.

Masculinos		**Femininos**	
-eau	le bureau, le château	**-ence**	la différence, l'existence
-isme	le tourisme, l'idéalisme	**-ie**	la tragédie, la compagnie
-ment	le moment, le département	**-ion**	la nation, la fonction
		-té	l'université, la diversité
		-ude	l'attitude, la solitude
		-ure	la littérature, l'ouverture

Cuidado com as exceções: **l'eau** (*f.*) (*água*), **la peau** (*pele*), **le silence** (*silêncio*).

- Os substantivos emprestados de outros idiomas geralmente são masculinos: **le jogging**, **le tennis**, **le jazz**, **le basket-ball**. Exceção: **la pizza**.

- Alguns substantivos que se referem a pessoas indicam o gênero pela terminação. A forma feminina geralmente termina com **-e**.

l'Alleman**d**	*o alemão* (*m.*)	l'Alleman**de**	*a alemã* (*f.*)
l'América**in**	*o americano* (*m.*)	l'América**ine**	*a americana* (*f.*)
l'am**i**	*o amigo* (*m.*)	l'am**ie**	*a amiga* (*f.*)
l'étudian**t**	*o aluno* (*m.*)	l'étudian**te**	*a aluna* (*f.*)
le Français	*o francês*	la Française	*a francesa*

Observe que as letras **d**, **n**, **s** e **t** finais não são pronunciadas na forma masculina, como nos exemplos acima. Quando seguidas de **-e** na forma feminina, são *pronunciadas*.

Alguns substantivos que terminam com **-e** e algumas profissões têm apenas uma forma singular, usada para se referir aos gêneros masculino e feminino. Neste caso, o artigo permanece igual, com a pessoa real sendo homem ou mulher.

l'auteur (*m.*)	(***o/a** autor[a]*)	**la** personne	(***a** pessoa*)
l'écrivain (*m.*)	(***o/a** escritor[a]*)	**le** professeur	(***o/a** professor[a]*)
l'ingénieur (*m.*)	(***o/a** engenheiro[a]*)	**la** sentinelle	(***o/a** guarda, vigia*)
le médecin	(***o/a** médico[a]*)	**la** victime	(***a** vítima*)

Substantivos, Artigos e Adjetivos Descritivos

Evolução do Estilo

No francês contemporâneo do Canadá, e entre outros falantes do francês, também é possível ver ou ler uma forma feminina para algumas profissões tradicionais (**la professeure**, **l'écrivaine**, **l'auteure**).

Contudo, para os iniciantes, é melhor continuar usando as formas masculinas desses substantivos para se referir a homens e mulheres.

- Para certos substantivos referentes a pessoas, o gênero do indivíduo algumas vezes é indicado apenas pelo artigo. Tais substantivos geralmente terminam em **-e**; a pronúncia do substantivo não se altera quando o gênero muda.

le journaliste/**la** journaliste   *o/a jornalista*
le secrétaire/**la** secrétaire   *o/a secretário(a)*
le touriste/**la** touriste   *o/a turista*

Exercício 1.1

Escreva o artigo definido correto no singular para cada substantivo. Pronuncie cada palavra em francês quando escrever a resposta e verifique se sabe o significado.

1. _____ ami
2. _____ homme
3. _____ lampe
4. _____ fenêtre
5. _____ hôtel
6. _____ réalisme
7. _____ ingénieur
8. _____ publicité
9. _____ comédie
10. _____ différence
11. _____ médecin
12. _____ sculpture
13. _____ prononciation
14. _____ gâteau

O Artigo Indefinido

O artigo indefinido no singular em francês, que corresponde a *um/uma* em português, é **un** para os substantivos masculinos e **une** para os femininos. O plural de ambas as formas é **des**. Dependendo do contexto, **un/une** também pode significar o número *um*.

	Singular	Plural
Masculino	un	des
Feminino	une	des

Substantivos Masculinos

Pronuncie os exemplos, estudando o gênero de cada substantivo junto com seu artigo. O artigo indefinido é igual para os substantivos que começam com consoante ou vogal.

un ami	*um amigo (m.)*	un hôtel	*um hotel*
un autobus	*um ônibus*	un jardin	*um jardim*
un billet	*um tíquete*	un musée	*um museu*
un dictionnaire	*um dicionário*	un pianiste	*um pianista (m.)*
un fauteuil	*uma poltrona*	un salon	*uma sala de estar*

Substantivos Femininos

Pronuncie os exemplos a seguir e estude o significado das palavras novas. Um modo prático de aprender o gênero de um substantivo é ligá-lo a **un** ou **une**.

une amie	*uma amiga (f.)*	une librairie	*uma livraria*
une bibliothèque	*uma biblioteca*	une mère	*uma mãe*
une héroïne	*uma heroína*	une page	*uma página (de livro)*
une *Hollandaise	*uma holandesa*	une valise	*uma mala*
une leçon	*uma lição*	une ville	*uma cidade*

Observe que **l'héroïne** *(f.)* (diferente de **le *héros**) é pronunciado com **h** *mudo* e omite seu artigo definido. O **h** de **le *héros** é um **h** *aspirado* (sem elisão).

Substantivos no Plural

O artigo definido no plural de todos os substantivos é **les**; o artigo indefinido no plural é **des**. A maioria dos substantivos em francês faz o plural adicionando -s ao singular. Além disso, observe as seguintes terminações no plural:

- Os substantivos que terminam em **-s**, **-x** ou **-z** no singular ficam iguais no plural.

un choix	**des** choix	*uma escolha, (umas) escolhas*
le cours	**les** cours	*o curso, os cursos*
le nez	**les** nez	*o nariz, os narizes*

- Algumas terminações de substantivos no plural são irregulares.

le bur**eau**	**les** bur**eaux**	*a escrivaninha* (ou *o escritório*)*, as escrivaninhas* (ou *os escritórios*)
un hôpit**al**	**des** hôpit**aux**	*um hospital, uns hospitais*
le li**eu**	**les** li**eux**	*o lugar, os lugares*
le trav**ail**	**les** trav**aux**	*o trabalho, as tarefas (ou serviços)*

- A forma masculina sempre é usada para se referir a um grupo (duas ou mais pessoas) que inclui, pelo menos, um homem.

un étudian**t** et six étudian**tes**	des étudiant**s**	*alunos*
un Français et une Française	des Français	*franceses (povo)*

Pronúncia do Plural

O **-s** final geralmente não é pronunciado em francês:

les touristes [le tu-Rist]

O francês falado distingue os substantivos no singular e plural pela pronúncia do artigo definido:

le **touriste** [lê tu-Rist] versus *les* **touristes** [le tu-Rist]

Quando o **-s** de um artigo no plural (**les** ou **des**) é seguido de um som de vogal, é pronunciado como [z] e inicia a sílaba seguinte; isso é chamado de **liaison**:

les⌣exercices (*m.*) [le-zeg-zeR-sis]; **des⌣hommes** (*m.*) [de-zome]

Não há **liaison** com o **h** *aspirado*. Pronuncie a vogal nasal **un** [A^n] antes de **un *héros** [A^n e-Rô] e não faça **liaison** com **-s** em **les *héros** [le e-Rô]. Pronuncie o seguinte em voz alta:

des⌣artistes [de-zar-tist]   les⌣hommes [le-zome]

les cafés [le ka-fê] des *hors-d'œuvre [de ór-dêRR-vR]
des_étudiants [de-ze-tÜ-diAⁿ] les restaurants [le Res-tô-RAⁿ]

NOTA A palavra **les** (ou **des**) ***hors-d'œuvre** é *invariável* no plural; não tem **-s** final.

Exercício 1.2

Escreva o plural de cada substantivo no singular. Verifique se sabe o significado.

1. une artiste _____
2. un *hors-d'œuvre _____
3. le milieu _____
4. l'étudiante _____
5. un Français _____
6. un café _____
7. le chapeau _____
8. l'eau _____
9. la fenêtre _____
10. un choix _____
11. une préférence _____
12. le travail _____
13. le nez _____
14. un cours _____

Exercício 1.3

Pronuncie os substantivos com seus artigos, então, escreva o equivalente em português. Se o gênero não ficar claro, identifique-o escrevendo m. ou f.

1. la fenêtre _____
2. le cyclisme _____
3. les hôpitaux _____
4. une sentinelle _____
5. les écrivains _____
6. les amies _____
7. des chapeaux _____
8. le travail _____
9. des choix _____
10. un cours _____
11. des *hors-d'œuvre _____
12. des hommes _____
13. la peau _____
14. l'Allemande _____
15. les livres _____
16. un lieu _____
17. des histoires _____
18. une horloge _____
19. des gâteaux _____
20. la femme _____

Adjetivos Descritivos

Os adjetivos descritivos são usados para descrever os substantivos. Em francês, os adjetivos descritivos geralmente *vêm depois* dos substantivos que eles modificam. Os adjetivos descritivos também podem vir após as formas do verbo **être** (*ser/estar*): **il/elle est...** (*ele/ela é...*); **ils/elles sont...** (*eles/elas são...*). Consulte o Capítulo 2 para ver a conjugação do verbo **être**.

un professeur **intéressant**	*um professor **interessante***
un ami **sincère**	*um amigo **sincero***
Il est **pratique**.	*Ele é **prático**.*
Elle est **sportive**.	*Ela é **esportista**.*

Concordância dos Adjetivos em Gênero e Número

Em francês, os adjetivos concordam em gênero e número com os substantivos que eles modificam. A forma feminina dos adjetivos geralmente termina em **-e**. O plural regular acrescenta um **s**.

	Singular	Plural
Masculino	un ami intelligent	des amis intelligent**s**
Feminino	une amie intelligent**e**	des amies intelligent**es**

- Se a forma singular masculina do adjetivo terminar em um **-e** átono ou não pronunciado, a terminação ficará igual na forma feminina.

C'est un homme **extraordinaire**.	*Ele é um homem **extraordinário**.*
C'est une femme **extraordinaire**.	*Ela é uma mulher **extraordinária**.*
Paul est **optimiste**.	*Paul é **otimista**.*
Mais Claire est **pessimiste**.	*Mas Claire é **pessimista**.*

- Se a forma singular de um adjetivo terminar em **-s** ou **-x**, a terminação no plural ficará igual.

| Bradley est **anglais**; les amis de Bradley sont aussi **anglais**. | *Bradley é **inglês**; os amigos de Bradley também são **ingleses**.* |
| M. Blin est **généreux** ; ses (*dele*) enfants sont aussi **généreux**. | *O Sr. Blin é **generoso**; seus filhos também são **generosos**.* |

- Se um sujeito no plural ou grupo tiver um ou mais itens ou pessoas com gênero masculino, o adjetivo no plural será masculino.

| **Suzanne et Georges** sont intelligent**s**. | ***Suzanne e Georges** são inteligentes.* |
| **Suzanne et Amélie** sont intelligent**es**. | ***Suzanne e Amélie** são inteligentes.* |

Substantivos, Artigos e Adjetivos Descritivos   13

- Os adjetivos invariáveis ou as frases adjetivas não mudam em gênero ou número.

Ce sont des chaussures **chic** et **bon marché**.

*São sapatos **elegantes** e **baratos**.*

- Alguns adjetivos descritivos têm formas irregulares.

Singular

MASCULINO	FEMININO	PORTUGUÊS
conserva**teur**	conserva**trice**	*conservador(a)*
courag**eux**	courag**euse**	*corajoso(a)*
fi**er**	fi**ère**	*orgulhoso(a)*
gent**il**	gent**ille**	*bom (boa)*
natur**el**	natur**elle**	*natural*
paris**ien**	paris**ienne**	*parisiense*
sport**if**	sport**ive**	*esportista*
travaill**eur**	travaill**euse**	*trabalhador(a)*

Plural

MASCULINO	FEMININO	PORTUGUÊS
conserva**teurs**	conserva**trices**	*conservadores(as)*
courag**eux**	courag**euses**	*corajosos(as)*
fi**ers**	fi**ères**	*orgulhosos(as)*
gent**ils**	gent**illes**	*gentis*
natur**els**	natur**elles**	*naturais*
paris**iens**	paris**iennes**	*parisienses*
sport**ifs**	sport**ives**	*esportistas*
travaill**eurs**	travaill**euses**	*trabalhadores(as)*

Outros adjetivos descritivos com formas irregulares incluem os seguintes exemplos:

canadien (canadienne)	*canadense*
cher (chère)	*caro(a); querido(a)*
conspirateur (conspiratrice)	*conspirador*
ennuyeux (ennuyeuse)	*chato(a)*
naïf (naïve)	*ingênuo(a)*
paresseux (paresseuse)	*preguiçoso(a)*
sérieux (sérieuse)	*sério(a)*

Adjetivos de Cor

Os adjetivos de cor normalmente vêm depois do substantivo e concordam com ele em gênero e número.

une chemise **bleue**	*uma camisa **azul***
des livres **gris**	*livros **cinzas***
des chaussures **vertes**	*sapatos **verdes***

- Dois adjetivos de cor, **blanc** e **violet**, têm formas femininas irregulares.

un crayon **blanc**	*um lápis **branco***
une chemise **blanche**	*uma camisa **branca***
des cahiers **violets**	*cadernos **roxos***
des voitures **violettes**	*carros **roxos***

- Os adjetivos de cor que terminam com **-e** mudo são pronunciados do mesmo modo no masculino e feminino.

des cahiers (*m. pl.*) **jaunes**	*cadernos **amarelos***
des fleurs (*f. pl.*) **jaunes**	*flores **amarelas***
une chaise **rouge**	*uma cadeira **vermelha***
un manteau **rouge**	*um casaco **vermelho***
des pull-overs (*m. pl.*) **roses**	*suéteres **rosas***
des chaussettes (*f. pl.*) **roses**	*meias **rosas***

- Dois adjetivos de cor, **marron** e **orange**, são **invariáveis** em gênero e número.

des chaussures **marron** (*f. pl.*)	*sapatos **marrons***
des sacs **orange** (*m. pl.*)	*bolsas **alaranjadas***

- Os nomes das cores são masculinos quando usados como substantivos.

J'aime **le rose** et **le bleu**.	*Adoro **rosa** e **azul**.*

Adjetivos que Precedem o Substantivo

A maioria dos adjetivos descritivos vem depois do substantivo, mas estes aqui, em geral, o *antecedem*:

autre	*outro*	joli(e)	*bonito(a)*
beau (*m. s.*)	*bonito, belo*	mauvais(e)	*mau (má)*
bon(ne)	*bom (boa)*	même	*igual*

grand(e)	grande, alto(a); ótimo(a)	nouveau (m. s.)	novo
gros(se)	gordo(a), grande	petit(e)	pequeno(a), curto(a)
jeune	jovem	vieux (m. s.)	velho

- Os adjetivos **beau** (*bonito, belo*), **nouveau** (*novo*) e **vieux** (*velho*) são irregulares. E mais, cada um tem uma segunda forma masculina no singular, que é usada antes de uma vogal ou **h** mudo.

		Singular				Plural		
Masculino		**beau**	⎫			**beaux**	⎫	
	un	**nouveau**	⎬ livre	de	**nouveaux**	⎬	livres
		vieux	⎭			**vieux**	⎭	
Masculino		**bel**	⎫			**beaux**	⎫	
Antes de Som de Vogal	un	**nouvel**	⎬ objet	de	**nouveaux**	⎬	objets
		vieil	⎭			**vieux**	⎭	
Feminino		**belle**	⎫			**belles**	⎫	
	une	**nouvelle**	⎬ auto	de	**nouvelles**	⎬	autos
		vieille	⎭			**vieilles**	⎭	

Pronuncie os exemplos abaixo e pratique substituindo **maison** e **homme** por outros substantivos. Quais mudanças você precisa fazer nos artigos e adjetivos?

C'est **une belle** maison.	*É uma **bela** casa.*
C'est **un vieil** homme.	*É um **velho** homem.*
C'est **le nouveau** professeur.	*É o **novo** professor.*

- Quando um adjetivo no plural antecede um substantivo no plural, o artigo indefinido **des** geralmente fica abreviado como **de/d'**, como visto no gráfico anterior.

de grandes autos	*(uns) carros **grandes***
de nouvelles idées	*(umas) **novas** ideias*
d'autres amis	*(uns) **outros** amigos*

Contudo, o francês coloquial geralmente mantém **des** antes do plural.

Ce sont **des bons** copains !   *São **bons** amigos!*

- Alguns adjetivos que normalmente antecedem os substantivos também podem vir depois. Essa mudança de posição altera o significado. Por exemplo:

un **ancien** professeur   (*um professor **antigo***)
une maison **ancienne**   (*uma casa **antiga** [**muito velha**]*)
le **dernier** exercice   (*o **último** exercício*)

l'année **dernière** (f.)   (ano **passado**)
un **pauvre** garçon   (um **pobre** menino)
un garçon **pauvre**   (um menino **pobre** [não rico])
une **chère** amie   (uma amiga **querida**)
un repas **cher**   (uma refeição **cara**)

Vocabulário-chave

Aprenda os adjetivos comuns para responder à pergunta: **Comment est... ?** (*Como é...?*) quando deseja descrever algo ou alguém. Responda com **Il est.../Elle est...** (*Ele/Ela é...*).

Les adjectifs descriptifs (Os Adjetivos Descritivos)

agréable   (*agradável*)
avare   (*avarento*)
beau (bel, belle)   (*bonito/belo*)
bon (bonne)   (*bom*)
bon marché (*inv.*)   (*barato*)
cher (chère)   (*caro; querido*)
chic (*inv.*)   (*elegante, chique*)
content(e)   (*feliz, alegre*)
costaud(e)   (*robusto* [*pessoa*])
dernier (-ière)   (*último, final*)
désolé(e)   (*pesaroso*)
difficile   (*difícil*)
drôle   (*engraçado*)
excellent(e)   (*excelente*)
facile   (*fácil*)
fantastique   (*maravilhoso*)
fatigué(e)   (*cansado*)
formidable   (*formidável*)
fort(e)   (*forte*)
grand(e)   (*grande, alto; ótimo*)
gros(se)   (*gordo*)

heureux (-euse)   (*feliz*)
idéaliste   (*idealista*)
intelligent(e)   (*inteligente*)
intéressant(e)   (*interessante*)
jeune   (*jovem*)
joli(e)   (*bonito*)
laid(e)   (*feio*)
mauvais(e)   (*ruim*)
mince   (*magro*)
nouveau/nouvel/nouvelle (*novo*)
pauvre   (*pobre*)
petit(e)   (*pequeno; curto*)
premier (-ière)   (*primeiro*)
riche   (*rico*)
sincère   (*sincero*)
sociable   (*sociável*)
sympathique   (*gentil*)
timide   (*acanhado, tímido*)
triste   (*triste*)
typique   (*típico*)
vieux/vieil/vieille   (*velho*)

Les couleurs (Cores)

blanc(he)   (*branco[a]*)
bleu(e)   (*azul*)

blond(e)   (*loiro[a]*)
brun(e)   (*moreno[a]*)

Substantivos, Artigos e Adjetivos Descritivos

gris(e)   (*cinza*)
jaune   (*amarelo[a]*)
marron (*inv.*)   (*marrom*)
noir(e)   (*preto[a]*)
orange (*inv.*)   (*alaranjado*)

rose   (*rosa*)
rouge   (*vermelho[a]*)
vert(e)   (*verde*)
violet(te)   (*roxo[a]*)

Exercício 1.4

Escreva a forma feminina no singular dos adjetivos dados.

1. intéressant _____
2. naïf _____
3. agréable _____
4. sérieux _____
5. jaune _____
6. marron _____
7. bleu _____
8. costaud _____
9. fier _____
10. chic _____
11. cher _____
12. conservateur _____
13. beau _____
14. gros _____
15. actif _____
16. gentil _____
17. travailleur _____
18. drôle _____
19. vieux _____
20. heureux _____

Exercício 1.5

Complete as frases com o adjetivo correto, concordando em gênero e número.

1. le _____ (*velho*) homme
2. la situation _____ (*difícil*)
3. la _____ (*bonito*) maison
4. la personne _____ (*gentil*)
5. les fleurs _____ (*amarelo*)
6. des amis _____ (*sincero*)
7. un _____ (*ótimo*) homme
8. une voiture _____ (*velho*)
9. d' _____ (*antigo*) professeurs

10. des appartements _____ (*barato*)
11. une comédie _____ (*engraçado*)
12. un livre _____ (*interessante*)

Vocabulário-chave

Em francês, os nomes de todos os idiomas são *masculinos*. Em geral, correspondem à forma masculina no singular da nacionalidade: **l'anglais** (*m.*) (*idioma inglês*); **l'Anglaise** (*mulher inglesa*). Os adjetivos pátrios e idiomas *não* têm letra maiúscula, mas os substantivos sim.

Les nationalités (As Nacionalidades)

ADJECTIFS	PERSONNES	LANGUES
allemand(e) (*alemão*)	un(e) Allemand(e)	l'allemand
américain(e)	un(e) Américain(e)	l'anglais
anglais(e) (*inglês*)	un(e) Anglais(e)	l'anglais
belge (*belga*)	un(e) Belge	le français, le flamand
canadien(ne)	un(e) Canadien(ne)	l'anglais, le français
chinois(e)	un(e) Chinois(e)	le chinois
espagnol(e) (*espanhol*)	un(e) Espagnol(e)	l'espagnol
français(e) (*francês*)	un(e) Français(e)	le français
haïtien(ne)	un(e) Haïtien(ne)	le français, le créole
israélien(ne)	un(e) Israélien(ne)	l'hébreu
italien(ne)	un(e) Italien(ne)	l'italien
japonais(e)	un(e) Japonais(e)	le japonais
libanais(e) (*libanês*)	un(e) Libanais(e)	l'arabe
marocain(e) (*marroquino*)	un(e) Marocain(e)	l'arabe, le français
mexicain(e)	un(e) Mexicain(e)	l'espagnol
russe (*russo*)	un(e) Russe	le russe
sénégalais(e)	un(e) Sénégalais(e)	le français, le wolof
suisse	un(e) Suisse	l'allemand, le français, l'italien, le romanche
vietnamien(ne)	un(e) Vietnamien(ne)	le vietnamien, le français

Substantivos, Artigos e Adjetivos Descritivos

Exercício 1.6

Escreva a forma plural de cada frase com substantivo e adjetivo.

1. une lampe bleue _____
2. un ami sérieux _____
3. le chat gris _____
4. une Suisse sympathique _____
5. une personne costaude _____
6. le bel appartement _____
7. un jeune garçon _____
8. un examen difficile _____
9. le dernier train _____
10. le quartier ancien _____

Exercício 1.7

Traduza as frases para o francês.

1. os homens morenos _____
2. a mulher gentil _____
3. uns sapatos vermelhos _____
4. os hotéis antigos _____
5. os apartamentos bonitos _____
6. os cursos interessantes _____
7. os heróis corajosos _____
8. os aperitivos gostosos _____
9. (uns) carros caros _____
10. (uns) americanos idealistas _____
11. as ótimas universidades _____
12. (uns) livros novos _____

Elementos da Sentença

13. os chapéus laranja _____

14. (umas) tragédias tristes _____

15. os professores trabalhadores _____

16. (umas) pessoas orgulhosas _____

2

Os Verbos *être* e *avoir,*
Pronomes Pessoais
e Negação

O Verbo

O *verbo* em francês é o elemento mais importante de uma frase afirmativa ou interrogativa, uma vez que transmite muitas informações: a pessoa, a ação ou o estado e o tempo da ação.

Infinitivo é a forma não conjugada do verbo. Por exemplo, *ser* é um infinitivo em português.

As *conjugações* são as formas verbais que pertencem a determinados sujeitos. *Eu sou* e *ele é* são conjugações do infinitivo *ser* em português.

Os Verbos *être* (ser/estar) e *avoir* (ter)

Être (*ser/estar*) e **avoir** (*ter*) são os verbos mais comuns em francês. Faz sentido aprendê-los primeiro. Você encontrará **être** e **avoir** em vários lugares: em descrições, expressões idiomáticas, verbos de ligação e verbos auxiliares nos tempos compostos.

Como muitos verbos comuns em francês, **être** e **avoir** são *irregulares* — com padrões especiais de conjugação. Você começará a aprender os verbos *regulares* no Capítulo 3.

Je **suis** américain.   *Eu **sou** americano.*

Nous **avons** deux enfants.   *Nós **temos** dois filhos.*

Être e Pronomes Pessoais

Todas as conjugações verbais em francês têm seis "pessoas". Três no singular, correspondendo a *eu, tu/você (familiar)* e *ele/ela/a gente*. Três no plural, correspondendo a *nós, vós/vocês (fml. singular e fam. ou fml. plural)* e *eles/elas*. O verbo **être** tem seis formas conjugadas diferentes:

Tempo Presente do être   *(ser/estar)*

		SINGULAR	
1ª pessoa	je **suis**	*eu **sou/estou***
2ª pessoa	tu **es**	*tu **és/estás** (fam. você é/está)*
3ª pessoa	il **est**	*ele **é/está***
	elle **est**	*ela **é/está***
	on **est**	*a gente **é/está***
	PLURAL		
1ª pessoa	nous **sommes**	*nós **somos/estamos***
2ª pessoa	vous **êtes**	*vós **sois/estais** (fml. s.; fam./ fml. pl. vocês são/estão)*
3ª pessoa	ils **sont**	*eles (m. pl.) **são/estão***
	elles **sont**	*elas (f. pl.) **são/estão***

Pronomes Pessoais

Como no português, as formas conjugadas dos verbos em francês são precedidas por uma das opções a seguir:

- Um *substantivo comum* (pessoa, animal, lugar, coisa ou ideia)
- Um *substantivo próprio* (nome)
- Ou um *pronome pessoal* (palavra usada no lugar de um substantivo)

Pronomes Pessoais

PESSOA	SINGULAR		PLURAL	
1ª	je/j'	*eu*	nous	*nós*
2ª	tu	*tu/você (fam.)*	vous	*vós/vocês (fml. s.; fam./fml. pl.)*
3ª	il	*ele (m.)*	ils	*eles (m. pl. ou combinação)*
	elle	*ela (f.)*	elles	*elas (f. pl.)*
	on	*a gente*		

Os Verbos être e avoir, Pronomes Pessoais e Negação

Gênero e Número
Lembre que todos os substantivos em francês têm gênero e número, como no português: o substantivo é masculino ou feminino (**le livre, la table**) e singular ou plural (**l'hôtel** [*m.*], **les hôtels**).

O pronome pessoal de um verbo conjugado corresponde ao gênero e ao número do substantivo (pessoa ou coisa) que o substitui.

La table est dans le salon.   *A mesa está na sala de estar.*
Elle (La table) **est** dans le salon.   *Ela está na sala de estar.*

O contexto ajudará a determinar a pessoa ou o objeto ao qual o pronome pessoal se refere.

Usos dos Pronomes Pessoais

As formas verbais conjugadas em francês sempre são precedidas por um substantivo ou pronome pessoal.

Formas Verbais sem Sujeito
Os infinitivos do verbo, comandos (ou imperativos, tratados no Capítulo 11) e particípio presente (Capítulo 12) *não* têm sujeito nem pronome pessoal.

- Para evitar repetição, o pronome pessoal geralmente substitui um substantivo.

    Richard est en ville.   *Ricardo está na cidade.*
    Il est au cinéma.   *Ele está no cinema.*
    Mes sœurs sont en voyage.   *Minhas irmãs estão viajando.*
    Elles sont à Lille.   *Elas estão em Lille.*

- **Je** (*eu*). Como os artigos definidos **le** e **la**, **je** retira (omite) a letra **-e** antes de um som de vogal. É substituída por um apóstrofo e ligada ao verbo conjugado.

    Je suis content ; **j'ai** un nouveau travail.   *Eu estou feliz; eu tenho um novo trabalho.*

- **Tu** e **vous** (*você*). **Tu** (com sua forma verbal) sempre fica no singular. É usado para falar com um amigo ou parente, criança ou animal de estimação. **Vous** é usado para falar com alguém que você não conhece bem ou qualquer pessoa com quem tem uma relação de respeito, por exemplo, estranhos, novos conhecidos, vendedores ou profissionais. O plural de **tu** e **vous** é **vous** (com sua forma verbal conjugada).

Sylvie, **tu es** étudiante ?
Pardon, Madame, **vous êtes** la mère de Sylvie ?
Attention les enfants ! **Vous êtes** prêts ?

*Sylvie, **você é** estudante?*
*Desculpe, senhora, **você é** a mãe de Sylvie?*
*Crianças! **Vocês estão** prontas?*

Faça como os falantes nativos

Quando conhecer um francês nativo, uma boa regra geral para os estrangeiros é esperar até que o novo amigo se dirija a você com **tu** antes de começar a usar **tu** com a pessoa.

- **Il** e **ils**; **elle** e **elles**. Os pronomes pessoais *ele/ela* (singular) e *eles/elas* (plural) são **il** ou **ils** (para o masculino) e **elle** ou **elles** (para o feminino).

Elles sont formidables !

Il est drôle.

*Elas (fem. pessoas ou coisas) **são** incríveis!*

*Ele (o **filhote**[?]) é engraçado.*

Ils no plural (*eles, m. pl.*) se refere a qualquer grupo que inclua pelo menos um substantivo masculino.

Voilà Marie, Anne et Patrick.
— **Ils sont** en retard !

Aqui estão Marie, Anne e Patrick.
*— **Eles estão** atrasados!*

- **On**. O pronome pessoal **on** (terceira pessoa do singular) é usado em francês para comunicar a ideia de *a gente* e *pessoas* em português.

Alors, **on est d'accord** ?
Le matin, **on est en bonne forme**.

*Então, **a gente concorda**?*
*De manhã, **a gente (as pessoas) se sente(m) bem**.*

A língua moderna geralmente substitui **nous** (*nós*) por **on**. O adjetivo pode ser colocado no singular ou plural.

Vous êtes fatigués ?
— Oui, **on est** très fatigué(s) !
(— Oui, **nous sommes** très fatigué[e]s !)

Vocês estão cansados?
*— Sim, **a gente está** (**todos nós**) muito cansado!*

Os Verbos être e avoir, Pronomes Pessoais e Negação

Exercício 2.1

Complete as frases, traduzindo os pronomes pessoais que antecedem as formas do verbo **être**. Certifique-se de entender o significado de cada frase.

EXEMPLO: (Nós) ____Nous____ sommes fatigués.

1. (Vocês) _____ êtes en ville ?
2. (Eu) _____ suis à la maison.
3. (Elas) _____ sont au travail.
4. (Nós) _____ sommes très sympathiques !
5. (Você) _____ es architecte ?
6. (Eu) _____ suis grand et beau.
7. (Eles) _____ sont français.
8. Les Américains sont en voyage. (Eles) _____ sont dans le train.
9. (Georges e Marilyn, vocês) _____ êtes drôles !
10. Le prof est absent. (Ele) _____ est en vacances.

Exercício 2.2

Complete cada frase com a forma correta do verbo **être**. Foque no significado.

EXEMPLO: L'homme ____est____ beau. La femme ____est____ belle aussi.

1. Le parfum _____ de France.
2. Ils _____ médecins. Elle _____ dentiste.
3. Les touristes _____ du Portugal ?
4. Les frères de Paul _____ riches !
5. Le vieil hôtel _____ excellent.
6. Nous _____ les amis de Robert.
7. Les chaussures _____ en cuir (couro).
8. La dame et le monsieur _____ suédois.
9. Je _____ de Lyon. Vous aussi, vous _____ de France ?
10. L'appartement des étudiants _____ bien situé.

Usos de *être*

Como se sabe, **être** equivale a *ser/estar* em português.

Nous sommes français.	***Nós somos*** *franceses.*
Tu es au restaurant ?	***Você está*** *no restaurante?*

- **Être** geralmente é seguido de uma expressão de local (usando uma preposição) ou um adjetivo descritivo.

Marianne **est à la campagne**.	*Marianne **está no interior**.*
Nous **sommes en voiture**.	*Nós **estamos no carro**.*

- Quando uma forma de **être** é seguida de um adjetivo, o adjetivo concorda com o sujeito da oração em gênero e número.

Les roses rouges **sont belles**.	*Rosas vermelhas **são lindas**.*
Mon appartement **est** assez **grand**.	*Meu apartamento **é** bem* ***grande**.*

- O artigo definido (**le/la/les**) ou indefinido (**un/une/des**) em francês é *omitido* após a forma do verbo **être** para uma identificação simples (não modificada) de nacionalidade, religião ou profissão.

Je suis **dentiste**.	*Sou **dentista**.*
Elles sont **protestantes** ?	*Elas são **protestantes?***
Chantal est **sénégalaise**.	*Chantal é **senegalesa**.*

- Com os substantivos que são *modificados* (acompanhados de um adjetivo ou outra descrição), use o pronome pessoal indefinido **ce** (**c'est.../ ce sont...**). Com **c'est** e **ce sont**, artigos ou adjetivos possessivos (Capítulo 10) sempre são usados antes de um substantivo. Às vezes, o contexto identificará a pessoa.

C'est un professeur **d'histoire**.	***É um*** *professor(a) de **história**.*
Ce sont mes amies **françaises**.	***São meus*** *amigos **franceses**.*
C'est le médecin **de mon fils**.	***É o(a)*** *médico(a) **do meu filho**.*

- Quando **c'est** ou **ce sont** é usado para descrever nacionalidades, inclua o artigo e use letra maiúscula na nacionalidade.

Voici Bill. **C'est un Américain**.	*Este é Bill. **Ele é americano**.*
Ce sont des Suisses, de Lausanne.	***São suíços**, de Lausanne.*

Exercício 2.3

Traduza as frases para o francês.

1. Eu estou no jardim.

2. As flores vermelhas são bonitas.

3. Elas estão na (**sur**) mesa.

4. Estamos na frente (**devant**) da biblioteca.

5. Charles é professor. Ele é jovem e inteligente.

6. Você (*m., fam.*) está triste e cansado? Sinto (*f.*) muito!

7. Marie-Laure está no carro. Ela está atrasada!

8. Você é (*fml.*) do (**du**) Canadá?

9. As pessoas (**On**) são gentis nesta vizinhança (**ce quartier**).

10. Sara e Patrick estão viajando. Eles estão em (**à**) Montreal.

Exercício 2.4

Complete o parágrafo escolhendo entre: **il/elle est, ils/elles sont, c'est** ou **ce sont**. Lembre-se: **C'est/ce sont** é usado quando um substantivo é modificado (com um artigo ou um artigo e um adjetivo).

EXEMPLOS: Alain est médecin. ___C'est___ un jeune médecin travailleur.
Michelle est une voisine (*vizinha*). ___Elle___ ___est___ sociable.

1. Jeanne est architecte. _____ _____ travailleuse.
2. Mes parents sont canadiens. _____ _____ des Québécois fiers.
3. Loïc est de Bretagne. _____ _____ breton.
4. Mon voisin est gentil. _____ un voisin super sympathique.
5. Nommez une ville américaine d'origine française. _____ La Nouvelle-Orléans.
6. Comment est Claude ? Eh bien, _____ _____ très intelligent, mais un peu arrogant.

Exercício 2.5

Complete cada frase usando as formas conjugadas de **être**, pronome pessoal + **être** ou **c'est/ce sont**.

1. Voyons, Michel ! Nous _____ très en retard ! Les amis _____ sûrs que tu _____ toujours ponctuel. Mais, _____ _____ des amis très tolérants !
2. Odette, tu _____ américaine ? — Non, je _____ martiniquaise, de Fort-de-France.
3. Rosa et Mario, vous _____ mexicains ? — Non, _____ _____ italiens, mais Jorge _____ mexicain.
4. Robert _____ ingénieur. _____ un ingénieur très créatif. Nous _____ fiers de lui (*dele*).
5. Khaled, _____ (*fml.*) _____ chrétien ou musulman ? — _____ _____ musulman, mais une partie de la famille _____ chrétienne. _____ _____ des coptes (*copta*).

Releia as frases anteriores no exercício e corrija as afirmativas usando pronomes pessoais.

6. Michel est généralement à l'heure. Non, _____.
7. Odette est américaine. Non, _____.
8. Rosa et Mario sont mexicains. Non, _____.
9. Robert est biologiste. Non, _____.
10. Dans la famille de Khaled, les chrétiens sont catholiques.
    Non, _____.

Expressões com *être*

Várias expressões fixas usam o verbo **être**.

être à l'heure/en retard/en avance   (*chegar na hora/tarde/cedo*)
être d'accord (avec)   (*concordar [com]*)
être de retour   (*voltar [de uma viagem ou passeio]*)
être en coton/en cuir/en briques...   (*feito de algodão/couro/tijolo...*)
être en train de/d' + *inf.*   (*estar fazendo [algo]*)
être en vacances   (*estar de férias*)
être prêt(e) (à + *inf.*)   (*estar pronto [para fazer algo]*)
être sur le point de/d' + *inf.*   (*estar prestes a [fazer algo]*)

Nous **sommes en train de** travailler.	*Nós **estamos** trabalhando.*
Je **suis** tout à fait **d'accord** !	*Eu **concordo** totalmente! (Eu concordo plenamente!)*
Les chaussures **sont en cuir**.	*Os sapatos **são** (**feitos**) **de couro**.*
Vous **êtes en vacances** en août ?	*Você **está de férias** em agosto?*
Attention, Annie ! Tu **es** déjà **en retard** !	*Cuidado, Annie! Você já **está atrasada!***

Quelle heure est-il ?

Aprenda **Quelle heure est-il ?** (*Que horas são?*) como uma expressão fixa.

Quelle heure est-il ?	*Que horas são?*
— Il est deux heures.	*— São duas horas.*

Você aprenderá mais sobre as formas interrogativas no Capítulo 3 e como dizer as horas no Capítulo 4.

Exercício 2.6

*Complete as frases com expressões escolhidas da lista. Use cada expressão uma vez com a forma correta de **être**.*

être sur le point de   être de retour
être d'accord   être en coton
être en train de   être prêt(e)
être en vacances

1. Claudine et moi voyageons maintenant (*agora*) en Italie.
   Nous _____.

2. Les enfants sont très occupés. Ils _____ jouer (*jogar*) au volley.

3. Ma sœur rentre (*estar chegando em casa*) de vacances. Elle _____ aujourd'hui.

4. O.K., on _____ ? C'est de la pizza ce soir (*esta noite*) ?

5. Mon T-shirt rose ? Il _____.

6. Tu (*m.*) _____ ? Il est tard. Le film commence bientôt (*logo*). Nous _____ quitter la maison.

Vocabulário-chave

Estas palavras comuns (advérbios e conjunções) ajudam a ligar as ideias e dar vida a adjetivos, substantivos e verbos. Sua colocação na frase lembra muito seus equivalentes em português.

Conjonctions, qualificatifs et adverbes (Conjunções, Qualificativos e Advérbios)

assez   (*suficiente, bem*)
assez de   (*bastante*)
aujourd'hui   (*hoje*)
aussi   (*também*)
beaucoup (de)   (*muito, muitos*)
bien   (*muito, bem*)
donc   (*portanto, então*)
peu   (*pouco, não muito*)
plutôt   (*de preferência*)
quelquefois   (*algumas vezes*)
rarement   (*raramente*)

et   (*e*)
ici   (*aqui*)
là-bas   (*lá*)
maintenant   (*agora*)
mais   (*mas*)
ou   (*ou*)
parfois   (*às vezes*)
souvent   (*com frequência*)
toujours   (*sempre*)
très   (*muito*)
trop (de)   (*demais*)

Os Verbos être e avoir, Pronomes Pessoais e Negação 31

si *(se)*	un peu (de) *(um pouco)*

Je suis de Bruxelles, **mais** Sylvie est de Paris.	*Sou de Bruxelas, **mas** Sylvie é de Paris.*
Claude est professeur, **donc** il est en vacances.	*Claude é professor, **portanto**, está de férias.*
Nous sommes **parfois** mécontents.	*Ficamos tristes **algumas vezes**.*
Tu es **un peu** fatiguée ?	*Você está **um pouco** cansado?*
Les repas sont **trop** chers **ici**.	*As refeições são caras **demais aqui**.*

Exercício 2.7

Traduza as palavras entre parênteses para completar as frases.

1. (*algumas vezes, muito*) Je suis _____ _____ heureuse.

2. (*aqui, hoje*) Il est _____ _____ ?

3. (*agora*) Tu es au travail _____ ?

4. (*hoje, um pouco*) _____, nous sommes _____ en retard.

5. (*bastante*) Les livres sont _____ chers dans cette librairie.

6. (*com frequência*) Elles sont _____ au café.

7. (*sempre*) Nous sommes _____ à l'heure.

8. (*mas, muito*) Sylvie est petite, _____ Sylvain est _____ grand.

9. (*muito*) Vous êtes _____ belles ce soir !

10. (*muito, demais*) Le dessert est _____ _____ riche.

11. (*um pouco*) Les enfants sont _____ fatigués.

12. (*lá*) Marc est _____, devant la pharmacie.

Negação com *ne… pas*

Para colocar uma frase no negativo em francês, **ne** é colocado antes de um verbo conjugado e **pas** depois. **Ne** se torna **n'** antes de vogal ou som de vogal.

Je **ne suis pas** français.   *Eu **não sou** francês.*
Elle **n'est pas** à l'université.   *Ela **não está** na universidade.*
Nous **ne sommes pas** catholiques.   *Nós **não somos** católicos.*

 ## Exercício 2.8

*Responda cada pergunta usando uma frase completa com a negativa de **être**. Lembre-se de que **ne** se torna **n'** antes de som de vogal.*

1. Arlette est vieille ? Non, _____.
2. Vous êtes acteur (actrice) ? _____.
3. Nous sommes en retard ? _____.
4. Tu es à la maison ? _____.
5. Léon et Chantal sont de retour ? _____.
6. Tes sœurs sont d'accord ? _____.
7. Georges est en train de danser ? _____.
8. Je suis trop fière ? _____.

Verbo *avoir* (ter)

Avoir geralmente expressa propriedade ou posse.

Tempo Presente do avoir *(ter)*

SINGULAR

1ª	j'**ai**	*eu **tenho***
2ª	tu **as**	*tu **tens** (fam. você tem)*
3ª	il/elle/on **a**	*ele/ela **tem**, a gente **tem***

PLURAL

1ª	nous **avons**	*nós **temos***
2ª	vous **avez**	*vós **tendes** (fml. s.; fam./fml. pl. vocês têm)*
3ª	ils/elles **ont**	*eles/elas **têm***

Tu **as** un chat ?
— Non, mais j'**ai** un perroquet.
Nous **avons** de bons amis.
Nos amis **ont** du temps aujourd'hui.

Você **tem** um gato?
— Não, mas **tenho** um papagaio.
Nós **temos** bons amigos.
Nossos amigos **têm** tempo hoje.

Ne... pas de... com *avoir*

Nas frases negativas com **avoir** e também com a maioria dos outros verbos, o artigo indefinido **un/une/des** torna-se **de/d'** após a negação **ne... pas**. A forma **d'** é usada antes de som de vogal. O substantivo após **de/d'** pode ser singular ou plural.

Michel **a une** bicyclette.
Marlène **n'a pas de** bicyclette et je **n'ai pas de** voiture.
Nous **n'avons pas de** bagages.
Vous **n'avez pas d'**amis ?

Michel **tem uma** bicicleta.
Marlène **não tem** uma bicicleta e eu **não tenho** um carro.
Nós **não temos** bagagem.
Você **não tem** amigos?

Mais sobre Artigos Definidos e Indefinidos com *ne... pas*

O artigo *definido* **le/la/les** sempre é mantido após **ne... pas**.

Je **n'ai pas *les*** bonnes adresses.
Tu **n'as pas *le*** livre d'Antoine ?

Eu **não tenho os** endereços certos.
Você **não tem** o livro de Antoine?

O artigo *indefinido* **un/une/des** nunca é omitido após a negação do verbo **être**.

Ce **n'est pas *un*** vin rouge. Il est blanc.
Ce **ne sont pas *des*** touristes.

Isto **não é** vinho tinto. É vinho branco.
Não são turistas.

Il y a... (Existe/há..., Existem/há...)

A expressão **il y a** (*existe/há, existem/há*) destaca pessoas, ideias ou objetos. **Il y a** é invariável (não muda) no plural.

Il y a des problèmes dans ce document.
Il y a un médecin dans la salle ?

Existem/há problemas neste documento.
Existe/há um médico no local?

Il y a une touriste devant le musée.

Il y a des arbres dans le parc.

Existe/há uma *turista na frente do museu.*

Existem/há *árvores no parque.*

A negativa de **il y a** é **il n'y a pas de/d'**, seguido de um substantivo no singular ou plural.

Il n'y a pas d'arbres dans mon jardin.

Il n'y a pas de restaurant ouvert ?

Não existem/há *árvores no meu jardim.*

Não existe/há *um restaurante aberto (que esteja aberto)?*

Exercício 2.9

Traduza cada frase para o francês usando uma forma do verbo **avoir**.

1. Eu tenho uma bicicleta (**vélo**, *m.*) vermelha. _____.
2. Arthur tem uma nova amiga (*f.*). _____.
3. Você (*fam.*) tem muito dever de casa (**devoirs**)?

   _____?
4. Elas não têm um jardim. _____.
5. Eu não tenho amigos aqui. _____.
6. Simon e Annie têm um carro velho. _____.
7. Nós não temos bicicletas. _____.
8. Há muitos turistas na cidade. _____.
9. Há um problema difícil na sala. _____.
10. Não há restaurantes suficientes na universidade.

    _____.

Exercício 2.10

Transforme as frases em negativas (se afirmativas) ou em afirmativas (se negativas).

1. Il y a beaucoup de devoirs ce soir.

   _____.

2. Nous n'avons pas de rendez-vous (*m.*) aujourd'hui.

_____ .

3. Il y a une voiture devant la maison.

_____ .

4. Je n'ai pas de dictionnaire (*m.*).

_____ .

5. Ils sont en classe ce matin (*esta manhã*).

_____ .

6. Mes parents ont un nouvel appartement.

_____ .

7. Je suis souvent à la montagne le week-end.

_____ .

8. Elles n'ont pas d'idées concrètes.

_____ .

9. Tu n'as pas de copains (*colegas*) ici ?

_____ ?

10. Il n'y a pas assez de livres pour les étudiants.

_____ .

Expressões com *avoir*

O verbo **avoir** ocorre em várias expressões idiomáticas. Muitas ideias transmitidas com expressões usando **avoir** estão relacionadas a sentimentos ou sensações. Elas geralmente têm equivalentes em português que usam o verbo *estar*.

avoir... ans   (*ter... anos de idade*)
avoir chaud   (*estar com calor*)
avoir froid   (*estar com frio*)
avoir faim   (*ter/estar com fome*)
avoir soif   (*ter/estar com sede*)
avoir sommeil   (*ter/estar com sono*)
avoir envie de   (*querer*)
avoir besoin de   (*precisar* [*de*])
avoir peur (de)   (*ter/estar com medo* [*de*])

avoir honte (de)   (ter/estar com vergonha [de])
avoir mal (à)   (ter/estar com dor [de])
avoir raison   (estar certo)
avoir tort   (estar errado)
avoir l'air (de)   (parecer)
avoir l'habitude de   (estar acostumado a)
avoir de la chance   (ter/estar com sorte)
avoir lieu   (acontecer [um evento])

J'ai vingt ans.	*Eu **tenho 20 anos**.*
J'ai faim et **j'ai mal à la tête**.	*Eu **tenho fome** e **estou com dor de cabeça**.*
Nous **avons de la chance** ! Les jeux Olympiques **ont lieu** ici.	*Nós **temos sorte**! Os jogos olímpicos **estão acontecendo** aqui.*
Elle **a tort** ; je **n'ai pas sommeil**.	*Ela **está errada**; eu **não estou com sono**.*
Nous **n'avons pas envie de** danser.	*Nós **não queremos** dançar.*

Avoir... ans: Perguntando a Idade de Alguém

Aprenda **Quel âge avez-vous ?** ou **Quel âge as-tu ?** (*Quantos anos você tem?*) como uma expressão fixa. Você aprenderá mais sobre as formas interrogativas no Capítulo 3.

Quel âge avez-vous ? — **J'ai** vingt-neuf ans.	*Quantos anos você tem?* — *Tenho vinte e nove anos.*

Exercício 2.11

Traduza as frases para o francês usando expressões idiomáticas com **avoir**.

1. Eu estou com frio e com sono.

   _____.

2. Ele tem vinte e cinco (**vingt-cinq**) anos.

   _____.

3. Precisamos de um novo apartamento.

   _____.

Os Verbos être e avoir, Pronomes Pessoais e Negação   37

4. Ela está com sorte em (**à**) Las Vegas!

_____!

5. Estamos com fome! Nós queremos almoçar (**déjeuner**).

_____.

6. Você (*fam.*) tem vergonha de suas (**tes**) notas (**notes**, *f.*) ruins?

_____?

7. As crianças têm sede.

_____.

8. A reunião (**La réunion**) acontece esta noite.

_____.

9. Ela não está com dor de cabeça hoje.

_____.

10. Eles estão acostumados a jantar tarde (**dîner tard**).

_____.

Exercício 2.12

Responda as perguntas pessoais com frases completas em francês usando expressões idiomáticas com **avoir**. *Depois, repita as respostas em voz alta.*

1. Quel âge avez-vous ?

_____.

2. Vous avez froid en hiver (*inverno*) ici ?

_____.

3. Vous avez raison ou tort dans les discussions politiques ?

_____.

4. Les fêtes ont lieu ce week-end ?

_____.

5. Vous avez mal à la tête quand (*quando*) vous avez faim ?

_____.

6. Votre chien a l'air intelligent ?

_____.

7. Vous avez envie de danser ce soir (*esta noite*) ?

   _____ .

8. Les étudiants ont sommeil en classe ? Et le professeur ?

   _____ .

9. Le professeur a toujours raison ?

   _____ .

10. Les petits enfants ont souvent peur des clowns (*palhaços*) ?

    _____ .

Vocabulário-chave

Sua casa ou apartamento e os móveis fazem parte dos ambientes mais familiares.

La maison (A casa)

- **Noms** (*Substantivos*)

Aprenda o gênero (masculino ou feminino) de cada um dos substantivos.

la bibliothèque (*biblioteca*)	la glace (*espelho*)
le bois (*madeira*)	le jardin (*jardim, quintal*)
le cahier (*caderno*)	la lampe (*lâmpada, luz*)
le canapé (*sofá*)	le lit (*cama*)
la chaise (*cadeira*)	la maison (*casa*)
la chambre (*quarto*)	le mur (*parede*)
la cheminée (*lareira; chaminé*)	l'ordinateur (*m.*) (*computador*)
la clé (*chave*)	le piano (*piano*)
le crayon (*lápis*)	le placard (*armário; guarda-roupas*)
la cuisine (*cozinha*)	le plafond (*teto*)
la cuisinière (*fogão*)	le plancher (*piso*)
le fauteuil (*poltrona*)	la porte (*porta*)
la fenêtre (*janela*)	le réveil (*despertador*)
le four (*forno*)	les rideaux (*m.*) (*cortinas*)
le foyer (*entrada, vestíbulo*)	la salle à manger (*sala de jantar*)
le frigo (*refrigerador*)	la salle de bains (*banheiro*)

Os Verbos être e avoir, Pronomes Pessoais e Negação

le salon (*sala de estar*)
le stylo (*caneta*)
le tableau (*quadro, pintura*)
le tapis (*tapete, carpete*)
la terrasse (*pátio, terraço*)
la vidéo (DVD) (*vídeo [DVD]*)

- **Adjectifs** *(Adjetivos)*

Na lista a seguir, as formas femininas dos adjetivos são mostradas apenas se o adjetivo muda.

agréable (*agradável*)
ancien(ne) (*velho[a]; antigo[a]*)
bleu marine (*azul-marinho*)

confortable (*confortável*)
extérieur(e) (*exterior*)
fin(e) (*fino[a], delicado[a]*)
gris(e) (*cinza*)
intérieur(e) (*dentro, interior*)

joli(e) (*bonito[a]*)
long(ue) (*longo[a]*)
ma, mon, mes (*meu, minha, meus, minhas*)
privé(e) (*particular*)
propre (*limpo[a]*)
simple (*simples*)
spacieux (-euse) (*espaçoso[a]*)

- **Adverbes** *(Advérbios)*

assez (de) (*bem; bastante*)
aussi (*também*)
beaucoup de (*muito*)
encore (*ainda*)

en général (*geralmente*)
toujours (*sempre*)
très (*muito*)

- **Prépositions** *(Preposições)*

avec (*com*)
dans (*em*)

devant (*na frente de*)

Exercício 2.13

Traduza as frases para o francês.

1. uma cozinha moderna _____

2. um apartamento agradável _____

3. uns guarda-roupas espaçosos _____

4. uma poltrona azul-marinho _____

5. na frente da grande janela _____

6. um espelho antigo _____

7. um forno limpo _____

8. um computador novo _____

9. um banheiro particular _____

10. umas cortinas longas _____

11. as paredes internas _____

12. uma sala de estar grande _____

13. um piano muito bonito _____

14. uma mesa com seis cadeiras _____

15. um refrigerador branco _____

 ## Interpretação de Texto

La maison de Jean-Pierre

Ma maison est grande et assez vieille, avec beaucoup de fenêtres. Les rideaux devant les fenêtres sont longs et **épais**. Les murs intérieurs sont **peints en blanc** ; l'extérieur de la maison est gris. La terrasse est jolie ; il y a encore des fleurs. Dans le foyer, il y a une glace ancienne et une table **en bois**. La salle à manger est simple, avec une table et **six** chaises ; le tapis est rouge et bleu marin. **Notre** cuisine est spacieuse ; **ses** murs sont jaunes et ses placards sont blancs.

Le frigo est assez grand ; la cuisinière et le four sont toujours propres. Dans le salon, il y a des fauteuils confortables et un piano. **Moi**, je n'ai pas de salle de bains privée, mais ma chambre est très agréable ; elle est bleue et blanche et **ensoleillée**. En général, **mon** ordinateur, **mes** livres, mes cahiers, mes crayons, mes stylos, etc., sont dans la bibliothèque **à côté**.

épais(se)	grosso(a)	ses	seus
peint(e) en (blanc)	pintado(a) de (branco)	moi	eu, meu, mim mesmo
en bois	de madeira	ensoleillé(e)	ensolarado(a), brilhante
six	seis	mon, mes	meu, meus
notre	nosso(a)	à côté	ao lado

Perguntas

Após ler o texto, responda as perguntas em francês.

1. La maison est vieille ou moderne ?

   _____ .

2. La cuisine est petite ou grande ?

   _____ .

3. Où (*Onde*) est le piano ?

   _____ .

4. Jean-Pierre a une salle de bains privée ?

   _____ .

5. Il a une chambre obscure (*escura*) ?

   _____ .

6. Où est l'ordinateur de Jean-Pierre ?

   _____ .

3

O Calendário, Verbos *-er* Regulares no Presente e Pronomes Interrogativos

Dias da Semana, Meses e Estações

Em francês, os dias da semana, com algumas exceções, são usados *sem* o artigo definido (**le/la/l'/les**). A semana começa na segunda-feira.

Algumas frases de exemplo nesta seção usam verbos que você aprenderá mais tarde. Muitos são cognatos e seus significados devem ficar claros com as traduções.

Les jours de la semaine (Os Dias da Semana)

lundi	*segunda-feira*	vendredi	*sexta-feira*
mardi	*terça-feira*	samedi	*sábado*
mercredi	*quarta-feira*	dimanche	*domingo*
jeudi	*quinta-feira*		

Quel jour sommes-nous aujourd'hui ?	*Que dia é hoje?*
(C'est quel jour aujourd'hui ?)	
— Nous sommes **jeudi**. (C'est **jeudi**.)	— *É **quinta-feira**.*
Maman arrive **samedi**, et Sylvie, **dimanche**.	*Mamãe chega **sábado** e Sylvie, **domingo**.*
Demain, c'est **vendredi**.	*Amanhã é **sexta-feira**.*

Para dizer que você faz a mesma atividade regularmente *toda segunda--feira, todo sábado, aos domingos* etc., use o artigo definido masculino no singular **le** antes do dia. O dia também fica no singular.

O Calendário, Verbos -er Regulares no Presente e Pronomes Interrogativos   43

Le lundi, je suis au gymnase.	**Às segundas**, *estou na academia.*
Les amis dînent ensemble **le vendredi**.	*Os amigos jantam juntos **toda sexta-feira**.*
Le mercredi, il y a un examen.	**Toda quarta-feira**, *tem um teste.*
Où est-ce que tu es **le dimanche** ?	*Onde você está **aos domingos**?*

Les mois de l'année (Os Meses do Ano)

janvier	*janeiro*	juillet	*julho*
février	*fevereiro*	août	*agosto*
mars	*março*	septembre	*setembro*
avril	*abril*	octobre	*outubro*
mai	*maio*	novembre	*novembro*
juin	*junho*	décembre	*dezembro*

A preposição **en** (*em*) é usada nas frases antes dos nomes dos meses. A frase **au mois de/d'** também pode ser usada.

Quel mois sommes-nous ?	*Em que mês estamos?*
— Nous sommes **en janvier**. (C'est janvier.)	*— Estamos em **janeiro**. (É janeiro.)*
Noël est **en décembre**.	*O Natal é **em dezembro**.*
On a des vacances **en août**.	*Temos férias **em agosto**.*
Les cours commencent **en septembre**.	*As aulas começam **em setembro**.*
Ils skient encore **au mois d'avril**.	*Eles ainda esquiam em **abril**.*

Les saisons (As Estações do Ano)

l'été (*m.*)	*verão*	l'hiver (*m.*)	*inverno*
l'automne (*m.*)	*outono*	le printemps	*primavera*

Os nomes das estações são usados com o artigo definido, preposição **en** ou com **au** (apenas com **au printemps**). Lembre-se de que as estações do ano no hemisfério norte e no hemisfério sul são contrárias.

L'hiver, c'est la saison froide.	***Inverno** é a estação fria.*
Arielle adore **l'automne**.	*Arielle adora o **outono**.*
Moi, je passe **l'été** à la plage.	*Eu estou passando o **verão** na praia.*

En été nous ne portons pas de manteau.
No verão, não usamos casaco.

Il est très occupé **en automne**.
*Ele está muito ocupado **no outono**.*

Au printemps, je porte toujours un chapeau.
***Na primavera**, eu sempre uso um chapéu.*

Tu es à Montréal **en hiver** ?
*Você está em Montreal **no inverno**?*

Les parties du jour (As Partes do Dia)

| le matin | *manhã* | le soir | *noite (começo)* |
| l'après-midi (*m.*) | *tarde* | la nuit | *noite* |

As partes do dia são usadas com o artigo definido para as atividades regulares ou usadas com palavras como **demain** (*amanhã*), **hier** (*ontem*) ou **ce/cet/cette** (*este/esta*). **Cette nuit** significa *noite passada*.

Le soir, nous regardons la télé.
***À noite** assistimos TV.*

Demain matin, je retourne au travail.
***Amanhã de manhã** volto ao trabalho.*

Cet après-midi, on déjeune avec les parents.
***Esta tarde** almoçamos com a família.*

La nuit, les animaux sont dans leur lit.
***À noite** os animais vão deitar.*

Exercício 3.1

Responda as frases em francês. Não são necessárias respostas completas.

1. Em quais dias da semana você trabalha?

   _____

2. Em quais dias da semana você gosta de praticar seus passatempos?

   _____

3. Quando (dias ou partes do dia) você estuda francês?

   _____

4. Quel jour sommes-nous ? Quel mois ?

   _____

O Calendário, Verbos -er Regulares no Presente e Pronomes Interrogativos   45

5. Quelle est votre saison préférée ?

_____

6. Quels sont les mois de l'hiver ? et de l'été ?

_____

7. Cite os meses que representam os feriados a seguir. Se um feriado for móvel, cite um mês ou meses típicos: Ação de Graças (**le jour de l'Action de grâces**) EUA? _____, Canadá? _____; Natal (**Noël**) _____; Páscoa (**Pâques**) _____; Independência (**la Fête nationale**) _____; Aniversário do Canadá (**la Fête du Canada**) _____; **le jour de la Bastille** _____; **Ramadan** _____; Chanucá (**Hanoukka**) _____; Feriado da rainha Vitória (Canadá) (**la Fête de la Reine**) _____; Dia do Soldado Veterano (**le jour du Souvenir**) _____.

Verbos Regulares no Presente

O francês tem três grupos de verbos com conjugações regulares. Geralmente são identificados pelas terminações no infinitivo: **-er** (**parler**, *falar, conversar*), **-ir** (**choisir**, *escolher*) ou **-re** (**attendre**, *esperar*).

Os verbos em francês regulares são conjugados adicionando seis terminações regulares à raiz ou ao radical do verbo — o infinitivo menos a terminação: **parl-**, **chois-** e **attend-**. Aprender o modelo de verbo de cada grupo permitirá conjugar a maioria dos verbos em francês.

Conjugando os Verbos Regulares em *-er*

A maioria dos verbos em francês tem infinitivos que terminam em **-er**: **parler** (*falar, conversar*), **aimer** (*gostar, amar*). Quando novos verbos são criados, em geral são verbos regulares terminados em **-er** (**cliquer sur**, *clicar em*; **mondialiser**, *globalizar*).

Todos os verbos em **-er** (exceto **aller**, *ir*) são *regulares*. As terminações do tempo presente para os verbos regulares em **-er** são: **-e, -es, -e, -ons, -ez** e **-ent**. Os verbos conjugados sempre incluem um sujeito ou pronome. As conjugações regulares dos verbos que terminam em **-ir** e **-re** são apresentadas nos Capítulos 4 e 5.

46 Elementos da Sentença

Presente do indicativo de parler (*falar, conversar*); Radical: parl-
FORMAS NO SINGULAR

je	parl**e**	*eu falo*
tu	parl**es** (*fam.*)	*você fala*
vous	parl**ez** (*fml.*)	*tu falas*
il	parl**e**	*ele fala*
elle	parl**e**	*ela fala*
on	parl**e**	*a gente fala*

FORMAS NO PLURAL

nous	parl**ons**	*nós falamos*
vous	parl**ez** (*fam./fml.*)	*vós falais*
ils	parl**ent**	*eles falam*
elles	parl**ent**	*elas falam*

Vous parlez français ?
— Bien sûr, et **je parle** aussi italien.
En Iran, **on parle** farsi.

Você fala *francês?*
— *Claro e **eu** também **falo** italiano.*
Fala-se *farsi no Irã.*

Veja mais dois verbos em **-er**, conjugados no tempo presente.

aimer (*gostar, amar*); Radical: **aim-**		**écouter** (*escutar*); Radical: **écout-**	
j'aim**e**	nous aim**ons**	j'écout**e**	nous écout**ons**
tu aim**es**	vous aim**ez**	tu écout**es**	vous écout**ez**
il/elle/on aim**e**	ils/elles aim**ent**	il/elle/on écout**e**	ils/elles écout**ent**

Como nas formas do **avoir**, o **-e** de **je** é omitido, ficando apenas **j'** antes do som de vogal. Ele é substituído por um apóstrofo e unido ao verbo: **j'a**ime, **j'é**coute.

Nous parlons avec les voisins.
J'aime beaucoup ce quartier.
Ton ami et toi, **vous écoutez** la radio ?

Nós falamos *com os vizinhos.*
Eu gosto *muito desta vizinhança.*
Você e seu amigo escutam *rádio?*

O Calendário, Verbos -er Regulares no Presente e Pronomes Interrogativos

Pronúncia das Formas do Verbo em -er

O **-s** final de um verbo conjugado não é pronunciado (**tu parles**), assim como o **-z** final (**vous parlez**) e a terminação **-ent** (**ils/elles aiment**). Deste modo, na linguagem oral, um verbo **-er** tem três formas pronunciadas: [paRl] (**je parle, tu parles, il/elle/on parle, ils/elles parlent**), [paR-lOⁿ] (**nous parlons**) e [paR-le] (**vous parlez**).

O **-s** final de um pronome pessoal (**nous, vous, ils, elles**) é pronunciado [z] quando precede imediatamente uma forma verbal começando com som de vogal. Isso é chamado de **liaison**.

    ils‿aiment [il-zem]   vous‿êtes [vu-zét]
    nous‿habitons [nu-za-bi-tOⁿ]   elles‿étudient [el-ze-tÜ-di]

Outros verbos regulares em **-er**:

adorer	*amar, adorar*	habiter	*morar*
aimer mieux	*preferir, gostar mais*	jouer	*jogar*
arriver	*chegar*	louer	*alugar*
chercher	*procurar*	regarder	*ver, assistir*
danser	*dançar*	rêver (de)	*sonhar com*
détester	*odiar, detestar*	travailler	*trabalhar*
étudier	*estudar*	trouver	*encontrar, achar*
expliquer	*explicar*	utiliser	*usar*
fermer	*fechar*	visiter	*visitar (um lugar)*

Exercício 3.2

Traduza as formas verbais para o francês.

1. nós falamos _____
2. ela ouve _____
3. eu gosto _____
4. elas alugam _____
5. você (*fml.*) usa _____
6. nós moramos _____
7. eu chego _____
8. ele odeia _____

9. você (*fam.*) sonha _____

10. ela acha _____

Exercício 3.3

*Mude as formas verbais do singular para o plural ou do plural para o singular. **Je** se torna **nous**, **il/elle** se torna **ils/elles**, **tu** se torna **vous**, e vice-versa. Preste atenção no significado.*

1. j'adore _____
2. nous dansons _____
3. vous regardez _____
4. tu expliques _____
5. il cherche _____
6. elles ferment _____
7. vous parlez _____
8. nous expliquons _____
9. elle utilise _____
10. tu détestes _____

Usos do Presente

O presente em francês é equivalente ao do português.

Je **parle** français.   *Eu **falo** francês.*

- O presente geralmente transmite a ideia de futuro próximo.

Elles **arrivent** vers six heures ce soir.   *Elas **chegarão** por volta das 18h esta noite.*

Tu **cherches** un emploi cet été ?   *Você **vai procurar** trabalho este verão?*

- Quando dois verbos são usados consecutivamente, o primeiro é conjugado e o segundo fica no infinitivo. O infinitivo vem logo depois de alguns verbos (como **aimer**, **aimer mieux**, **détester**, **préférer**) sem preposição.

O Calendário, Verbos -er Regulares no Presente e Pronomes Interrogativos 49

Vous **détestez regarder** la télé ?
Pas vrai !

*Você **odeia assistir** TV? Está brincando!*

— Oui, j'**aime mieux travailler**.

*— Sim, eu **prefiro trabalhar**.*

Outras construções com verbo + verbo requerem **à** ou **de** antes do infinitivo. O Capítulo 7 tem uma lista dos verbos comuns com a construção verbo + verbo.

Je commence **à** travailler.

Eu começo a trabalhar.

On refuse **de** continuer.

A gente se recusa a continuar.

- A negação simples dos verbos (em todos os tempos) é feita com **ne... pas**.

Nous fermons la porte.

Nós fechamos a porta.

Nous **ne** fermons **pas** la porte.

*Nós **não fechamos** a porta.*

Ne se torna **n'** (ou seja, é omitido) antes de som de vogal ou de **h** mudo.

Jacqueline habite ici.

Jacqueline mora aqui.

Jérôme **n'**habite **pas** ici.

*Jérôme **não** mora aqui.*

Elle écoute la radio.

Ela escuta o rádio.

Il **n'**écoute **pas** la radio.

*Ele **não** escuta o rádio.*

Se um verbo é seguido de um infinitivo, **ne/n'** e **pas** geralmente ficam em volta da forma verbal conjugada.

Nous aimons discuter.

Nós gostamos de discutir (problemas).

Vous **n'**aimez **pas** discuter.

*Você **não** gosta de discutir (problemas).*

Quando o infinitivo é negado, a combinação **ne pas** o antecede.

Je demande au professeur de **ne pas donner** d'examen.

*Eu pedi ao professor para **não dar** o teste.*

Ils aiment mieux **ne pas danser** samedi soir.

*Eles preferem **não dançar** no sábado à noite.*

- Como em **avoir**, nas frases negativas (exceto aquelas com **être**), o artigo indefinido (**un/une/des**) muda para **de/d'** após **ne... pas**. O substantivo depois de **de/d'** pode ser singular ou plural.

Le dimanche, on visite **un** musée.

Aos domingos, a gente visita um museu.

Le dimanche, on **ne** visite **pas de** musée.

Je **cherche des** oranges.

— Tu **ne trouves pas** d'oranges ?

Aos domingos, a gente **não** visita nenhum museu.

Eu **procuro** laranjas.

— Você **não encontrou nenhuma** laranja?

Verbos sem Preposição

Alguns verbos em francês não requerem preposição. Eles incluem **chercher** (*procurar*), **écouter** (*escutar, ouvir*) e **regarder** (*olhar, examinar*).

Com esses verbos em francês, o objeto direto vem imediatamente após o verbo.

Je **cherche** mon ami.

Nous **écoutons** une bonne émission.

Tu **regardes** les cartes de France ?

Eu **procuro** meu amigo.

Nós **ouvimos** um bom programa.

Você **está olhando** os mapas da França?

Exercício 3.4

Responda cada pergunta na negativa, formando uma frase completa.

1. Tu chantes bien ?

    Non, je _____.

2. Mireille travaille à la banque ?

    Non, elle _____.

3. André écoute souvent la radio ?

    Non, il _____.

4. Vous rêvez en classe ?

    Non, nous _____.

5. Tu aimes mieux le jogging ?

    Non, je _____.

6. Tes parents cherchent une nouvelle maison ?

    Non, ils _____.

O Calendário, Verbos -er Regulares no Presente e Pronomes Interrogativos   51

 Exercício 3.5

Complete cada frase com a forma correta do verbo apropriado. Escolha dentre os verbos listados abaixo, usando cada verbo apenas uma vez.

adorer, aimer, aimer mieux, danser, écouter, étudier, louer, parler, refuser, regarder, trouver, utiliser

EXEMPLO: Les étudiants _____*louent*_____ un bel appartement. (*alugar*)

1. Je/J' _____ la radio le matin. (*ouvir*)
2. Nous _____ après les cours. (*estudar*)
3. On _____ travailler le samedi. (*não gostar*)
4. Vous _____ un ordinateur tous les jours ? (*usar*)
5. Tu _____ au prof dans son bureau. (*falar*)
6. Mes parents _____ de prêter (*emprestar*) la voiture. (*recusar*)
7. Marc et Josiane _____ _____ la télé le soir. (*adorar assistir*)
8. Tu _____ le vendredi soir ? (*não dançar*)
9. Nous _____ regarder un film. (*preferir*)
10. Amélie _____ de bonnes carottes au marché. (*encontrar*)

 Exercício 3.6

Leia cada afirmativa indireta em português e escreva a afirmativa direta em francês.

1. Meu amigo diz que odeia trabalhar.

    « Je _____. »

2. Ele diz que Robert está procurando um trabalho (**un emploi**).

    « Robert _____. »

3. E mais, ele diz que Robert não gosta de viajar (**voyager**).

    « Robert _____. »

4. Marguerite diz que vai falar com o (**au**) professor depois da aula.

« Je _____. »

5. Os outros alunos dizem que não estudam muito.

« Nous _____. »

Exercício 3.7

Complete cada lacuna com um verbo escolhido na lista; os verbos podem ser usados mais de uma vez. Verifique se as formas verbais do presente estão corretas.

arriver, avoir, chanter, écouter, être, étudier, habiter, jouer, louer, parler, regarder

1. Richard _____ son iPod dans le parc.
2. Simone _____ beaucoup ; les leçons de français _____ difficiles !
3. Nous _____ toujours à la maison à six heures du soir.
4. Pendant la fête les enfants _____ des chansons et _____ de la guitare.
5. Dans les conversations, qui _____ le plus, les hommes ou les femmes ?
6. Dans mon expérience, les hommes et les femmes _____ les uns aussi souvent que (*tanto quanto*) les autres, mais ils _____ des intérêts différents.
7. Le week-end, nous _____ libres de _____ la télévision.
8. Je ne/n' _____ pas besoin de _____ un appart; je/j' _____ chez mes parents !

Perguntas e Pronomes Interrogativos

A maioria das perguntas (ou interrogativas) em francês contém um verbo. As interrogativas pedem uma resposta com *sim/não*, informações ou fatos. Há quatro tipos de perguntas com *sim/não*: três são muito coloquiais; a quarta é usada na escrita e, algumas vezes, em conversas. Perguntas que pedem *informação* ou *fatos* normalmente começam com pronomes interrogativos como **Qui... ?** (*Quem...?*), **Que... ?/Qu'est-ce que... ?** (*O Que...?*) or **Quand... ?** (*Quando...?*).

Perguntas com *Sim/Não*

Como em português, o francês tem vários tipos de perguntas com *sim/não*.

Perguntas com *Sim/Não* sem Alteração na Ordem das Palavras

- **Perguntas com entonação crescente**

  Nesse tipo de pergunta, o tom de voz sobe no final da frase para criar uma interrogação vocal. A ordem do sujeito e do verbo fica inalterada.

Vous êtes d'ici ?	*Você é daqui?*
On a du temps pour un café ?	*A gente tem tempo para um café?*

- **Perguntas no final da frase**

  Aqui, a expressão invariável **n'est-ce pas ?** é adicionada ao final da frase. O falante geralmente espera uma concordância ou confirmação. A ordem do sujeito e verbo não muda.

Tu es allemand, **n'est-ce pas** ?	*Você é alemão, **não é**?*
En été on a des vacances, **n'est-ce pas** ?	*A gente entra em férias no verão, **não é**?*

  Em francês, **n'est-ce pas ?** é o equivalente a *não é?* no português.

- **Perguntas começando com est-ce que...**

  Nessa forma, a afirmativa inteira é precedida por **est-ce que**. A ordem do sujeito e verbo da frase não muda. **Est-ce que** é pronunciado como uma única palavra com duas sílabas [és-kê]. Antes de vogal, **est-ce que** se torna **est-ce qu'** : **Est-ce qu'il(s).../Est-ce qu'elle(s)...** [es-kil/es-kel].

Est-ce que nous sommes déjà en ville ?	*Nós já estamos na cidade?*
Est-ce qu'elle a une opinion ?	*Ela tem uma opinião?*

Exercício 3.8

Faça uma pergunta com sim/não com base em cada uma das afirmativas, como se tivesse acabado de perguntar ao falante. Use várias formas interrogativas. As respostas sugeridas estão no Gabarito final.

EXEMPLO: Fatima est française. *Fatima est française, n'est-ce pas?*

1. Je suis étudiante.

   _____?

2. Léonard et Claudine détestent le cinéma.

   _____?

3. Les voisins ont un gros chien.

   _____?

4. Nous avons des opinions politiques.

   _____?

5. Micheline aime mieux jouer au tennis.

   _____?

6. Je travaille dans une boulangerie.

   _____?

7. Raoul joue de la trompette.

   _____?

8. Nous regardons des vidéos vendredi soir.

   _____?

Perguntas com *Sim/Não* Alterando a Ordem das Palavras

Em francês, as perguntas com mudança na ordem do sujeito e verbo (inversão) em geral são usadas na escrita ou linguagem oral formal. As perguntas curtas com inversão normalmente são usadas na linguagem coloquial.

- Nas perguntas com pronomes pessoais, o pronome e o verbo são invertidos. Um hífen liga o pronome ao verbo.

    Êtes-vous déjà en retard ?   *Você **já está** atrasado?*
    Avons-nous assez d'argent ?   ***Nós temos** dinheiro suficiente?*
    Sont-elles au travail ?   *Elas estão no trabalho?*

O Calendário, Verbos -er Regulares no Presente e Pronomes Interrogativos   55

- Nas frases negativas com inversão, **ne/n'** antecede o verbo conjugado e **pas** vem depois do pronome pessoal invertido.

  N'as-tu pas envie de manger ?   *Você não quer comer?*
  Ne sommes-nous pas à la gare ?   *Não estamos na estação de trem?*
  N'ont-ils pas soif ?   *Eles não estão com sede?*

- O pronome pessoal **je** quase nunca é invertido com o verbo. Use **Est-ce que... ?**.

  Est-ce que je suis à l'heure ?   *Eu cheguei na hora?*

  Contudo, vários verbos irregulares podem inverter a primeira pessoa do singular **je**: (verbo: **être**) **Suis-je... ?** (*Eu sou/estou...?*), (verbo: **pouvoir**) **Puis-je... ?** (*Eu posso...?*) e (verbo: **devoir**) **Dois-je... ?** (*Eu devo...?*). Essas três formas são encontradas apenas na linguagem bem formal.

- Em uma pergunta invertida, quando a forma verbal na terceira pessoa do singular (**il/elle/on**) termina com vogal, a letra **-t-**, entre hifens, é colocada entre o verbo e o pronome para ajudar na pronúncia.

  A-t-on l'adresse de Marianne ?   *Nós temos o endereço de*
  [a-tO^n]   *Marianne?*

  Em especial, observe a forma interrogativa invertida da expressão **il y a** (*existe/há, existem/há*). No afirmativo, ela fica assim:

  Y a-t-il... ?   *Existe...? Existem...?*
  Y a-t-il des devoirs ?   *Há algum dever de casa?*

  Des se torna **de/d'** na forma negativa da pergunta.

  N'y a-t-il pas de... ?   *Não existe...? Não existem...?*
  N'y a-t-il pas de bons films ?   *Não existe nenhum filme bom?*
  N'y a-t-il pas d'eau ?   *Não tem (há) água?*

  Contudo, conversas cotidianas fazem perguntas como **Il y a des devoirs ?** e **Il n'y a pas d'eau ?** sem inversão.

  O **-t-** adicionado entre as vogais na pergunta invertida na terceira pessoa do singular é encontrado em todos os verbos no presente (veja os Capítulos 5 e 6).

  Parle-**t**-il ?   [paR-lê-til]   *Ele vai falar?*
  Discute-**t**-elle ?   [dis-kÜ-tê-tel]   *Ela argumenta?*
  Ne va-**t**-elle pas   [va-tel]   *Ela não vai morar em*
      habiter à Paris ?   *Paris?*

Perguntas com Sujeitos

Quando invertemos uma pergunta com sujeito, *ambos*, o sujeito e o pronome invertido, são usados.

Ce monsieur est-**il** français ?   *Aquele homem é francês?*
Simon a-t-**il** une moto ?   *Simon tem uma moto?*
Annick et Chantal n'ont-**elles** pas de logement ?   *Annick e Chantal não têm casa?*

Esta tabela resume como fazer perguntas com a inversão do sujeito e verbo em francês.

Resumo da Inversão do Sujeito e Verbo nas Perguntas

	SUJEITO PRONOMINAL	SUJEITO
Afirmativo	Elle est professeur. *Ela é professora.*	Renée est professeur. *Renée é professora.*
Interrogativo	**Est-elle** professeur ? *Ela é professora?*	**Renée est-elle** professeur ? *Renée é professora?*
Pergunta Negativa	**N'est-elle pas** professeur ? *Ela não é professora?*	**Renée n'est-elle pas** professeur ? *Renée não é professora?*

Exercício 3.9

Traduza as perguntas em português para perguntas com sim/não em francês usando a inversão.

1. Você (*fam.*) tem um gato?

   _____?

2. Sylvie toca (**du**) piano?

   _____?

3. Você (*fml.*) é americano?

   _____?

4. Você (*fam.*) gosta mais de tênis ou golfe?

   _____?

O Calendário, Verbos -er Regulares no Presente e Pronomes Interrogativos   57

5. Vamos jogar (au) Scrabble esta noite?

_____?

6. As crianças estão com fome?

_____?

7. Jacques não é professor?

_____?

8. Você (*fam.*) não trabalha em uma livraria?

_____?

Exercício 3.10

Crie oito perguntas com sim/não em francês que você pode fazer ao seu companheiro de viagem durante o voo.

1. _____?
2. _____?
3. _____?
4. _____?
5. _____?
6. _____?
7. _____?
8. _____?

Perguntas com Pronomes Interrogativos

As perguntas com pronomes interrogativos começam com uma palavra ou expressão interrogativa como **Qu'est-ce que...** ? (*O que...?*); **Quel(le)(s)...** ? (*Qual(is)...?*) e **Comment...** ? (*Como...?*).

Essas perguntas podem vir com uma expressão interrogativa + inversão do sujeito e verbo, e também com **est-ce que**, sem mudar a ordem das palavras. Alguns dos exemplos a seguir usam verbos que você aprenderá a conjugar mais tarde.

Pronome Interrogativo como *Sujeito* do Verbo

Nas frases *Ela vê um cachorro* e *Sam compra um carro*, as palavras *Ela* e *Sam* são os *sujeitos* da frase. As perguntas que correspondem a essas frases seriam: **Quem** *vê o cachorro?* e **Quem** *compra um carro?*

Uma *coisa* também pode ser o sujeito de uma pergunta: **O que está** *acontecendo?* **O que** *faz esse barulho?* Em francês, não há uma forma curta de perguntar sobre *coisas* como o sujeito da pergunta. Estude as seguintes formas em francês e seus equivalentes em português.

Pessoas: Sujeito Longo

Qui est-ce qui (como sujeito) **+** verbo	*Quem...?*
Qui est-ce qui arrive ?	*Quem chega?*

Pessoas: Sujeito Curto (Mais Comum)

Qui (como sujeito) **+** verbo	*Quem...?*
Qui arrive ?	*Quem chega?*
Qui parle ?	*Quem fala?*

Coisas: Sujeito Longo

Qu'est-ce qui (como sujeito) **+** verbo	*O que...?*
Qu'est-ce qui arrive ?	*O que está acontecendo?*
Qu'est-ce qui est dans la rue ?	*O que aconteceu (lá) na rua?*

Pronome Interrogativo como Objeto do Verbo

Nas frases em português *Eu vejo Ricardo* e *Eu vejo o carro*, *Ricardo* e *o carro* são *objetos* do verbo *ver*. As perguntas correspondentes em português seriam: **Quem** *você vê?* e **O que** *você vê?* Estude as seguintes formas em francês e os equivalentes em português.

Pessoas: Objeto Longo

Qui est-ce que/qu' **+** sujeito **+** verbo	*Quem...?*
Qui est-ce que tu invites ?	*Quem você convidou?*
Qui est-ce que vous attendez ?	*Quem você está esperando?*
Qui est-ce qu'elle aime ?	*Quem ela ama?*

Pessoas: Objeto Curto

Qui (como objeto) **+** verbo/sujeito invertidos	*Quem...?*
Qui invitez-vous ?	*Quem você convidou?*
Qui est-ce ?	*Quem é?*
Qui aime-t-elle ?	*Quem ela ama?*

O Calendário, Verbos -er Regulares no Presente e Pronomes Interrogativos

Coisas: Objeto Longo

Qu'est-ce que/qu' + sujeito + verbo   O que...?

Qu'est-ce que tu as ?	*O que você tem?/**Qual** é o problema?*
Qu'est-ce que vous pensez ?	*O que você acha?*

Coisas: Objeto Curto

Que/Qu' + verbo/sujeito pronominal invertido   O que...?

Qu'a-t-il ?	*O que ele tem?/**Qual** é o problema?*
Que cherchez-vous ?	*O que você está procurando?*

Que/Qu' + verbo + sujeito invertido   O que...?

Que regarde Iris ?	*O que Iris está olhando?*
Que cherche le prof ?	*O que o professor procura?*

Exercício 3.11

Traduza as frases para o português.

1. Qui arrive samedi ? _____?
2. Que cherchent les enfants ? _____?
3. Qui est-ce que tu invites ? _____?
4. Qu'est-ce qu'elle regarde ? _____?
5. Qu'aimes-tu ? _____?

Agora, traduza estas perguntas para o francês.

6. Quem é? _____?
7. O que está acontecendo? _____?
8. O que você (*fam.*) tem? _____?
9. Quem ela está ouvindo? _____?
10. O que você (*fml.*) está olhando? _____?

Pronomes Interrogativos (com Inversão de Palavras ou *est-ce que/qu'*)

Perguntas para obter informações diferentes de *O que...?* ou *Quem...?* (como sujeito ou objeto) usam palavras específicas.

Comment... ?   *Como...? O que...?*

Comment vas-tu ?	***Como** vai você?*
Comment est-il ?	***Como** ele é?*

Combien (de/d')... ?   *Quanto(s)...?*

Combien coûte-t-il ?	***Quanto** custa?*
Combien est-ce que ça coûte ?	
Combien d'heures travaillez-vous ?	***Quantas** horas você trabalha?*

Où... ?   *Onde...?*

Où vas-tu ?/**Où est-ce que** tu vas ?	***Onde** você vai?*

Quand... ?   *Quando...?*

Quand arrive-t-elle ?/**Quand est-ce qu'**elle arrive ?	***Quando** ela chega?*

Quel(le)(s) (como adjetivo) + substantivo + verbo   *Que (Qual)...?*

Quel(le)(s) é um adjetivo que sempre concorda com o substantivo.

Quelle heure est-il ?	***Que** horas são?*

Quel(le)(s) + **être** + substantivo

Quel est ton film préféré ?	***Qual** é seu filme preferido?*

Pourquoi... ?   *Por que...?*

Pourquoi Gérard arrive-t-il si tard ?	***Por que** Gérard chega tão tarde?*
Pourquoi est-ce que Gérard arrive si tard ?	

A resposta coloquial para uma pergunta **pourquoi** (*por que*) geralmente começa com **parce que** (*porque*).

Comment vas-tu ?	***Como** vai você? (fam.)*
Comment est-elle ?	***Como** ela é?*
Combien d'argent as-tu ?	***Quanto** dinheiro você tem?*

O Calendário, Verbos -er Regulares no Presente e Pronomes Interrogativos

Où allons-nous ? **Onde** *nós vamos?*
Quand est-ce qu'on dîne ? **Quando** *é que vamos jantar?*
Quand dîne-t-on ? **Quando** *vamos jantar?*
Quel livre aimes-tu ? **De qual** *livro você gosta?*
Quelle est son adresse ? **Qual é** *seu endereço?*
Quelles sont vos opinions ? **Quais são** *suas opiniões?*
Pourquoi es-tu en retard ? **Por que** *você está atrasado?*

Exercício 3.12

Traduza as perguntas do francês para o português.

1. Quel restaurant aimes-tu ? _____?
2. Quand arrivons-nous au cinéma ? _____?
3. Pourquoi Marie-Laure est-elle contente ? _____?
4. Comment vas-tu ? _____?
5. Comment est le professeur de maths ? _____?

Agora, traduza do português para o francês.

6. Como vai você (*fml.*)? _____?
7. Por que os alunos adoram música? _____?
8. Onde é a livraria? _____?
9. Quais são os melhores (**meilleurs**) cursos? _____?
10. Quando você (*fam.*) estuda? _____?

Exercício 3.13

Leia e responda as perguntas em voz alta, depois escreva a resposta.

1. Comment allez-vous ?

_____.

2. Où est votre famille ? Ma... (*Minha...*)

_____.

3. D'où êtes-vous ?

_____ .

4. Avez-vous une voiture ? Quelle sorte de voiture ?

_____ .

5. Où est votre maison ou votre appartement ? Elle est.../Il est...

_____ .

6. Comment est la maison ou l'appartement où vous habitez ?

_____ .

Vocabulário-chave

Nas listas a seguir, você verá que os substantivos estão divididos em masculino e feminino.

Noms masculins (Substantivos Masculinos)

l'an   (*o ano*)
l'anniversaire   (*o aniversário*)
l'arbre   (*a árvore*)
l'argent   (*o dinheiro*)
l'ascenseur   (*o elevador*)
l'autobus   (*o ônibus*)
l'avion   (*o avião*)
les bagages   (*bagagem*)
le bâtiment   (*o edifício*)
le bruit   (*o barulho*)
les cheveux   (*o cabelo*)
le crayon   (*o lápis*)
les devoirs   (*o dever de casa*)
l'enfant   (*a criança*)
l'escalier   (*a escada*)
l'étage   (*o piso/andar [edifício]*)
le feutre   (*caneta hidrográfica*)
le foyer   (*a lareira*)
les gens   (*as pessoas*)
le jardin   (*o jardim, o quintal*)
le jour   (*o dia*)
le journal   (*o jornal*)
le lieu   (*o lugar*)
le magasin   (*loja*)
le mail   (*o e-mail*)
le médicament   (*o remédio*)
le message   (*a mensagem*)
le mois   (*o mês*)
le mot   (*a palavra*)
le mur   (*a parede*)
le musée   (*o museu*)
le papier   (*o papel*)
le parc   (*o parque*)
le pays   (*o país*)
le prix   (*o preço*)
le rêve   (*o sonho*)
le stylo   (*a caneta esferográfica*)
le théâtre   (*o teatro*)
le thème   (*o assunto*)
le voyage   (*a viagem*)

O Calendário, Verbos -er Regulares no Presente e Pronomes Interrogativos 63

Noms féminins (Substantivos Femininos)

l'addition   (a conta)
l'avenue   (a avenida)
la bibliothèque   (a biblioteca)
la campagne   (o interior)
la carte postale   (o cartão postal)
la chambre   (o quarto)
la chemise   (a camisa)
la clé   (a chave)
la cuisine   (a cozinha)
la douche   (a ducha, o banho)
l'école   (a escola)
l'église   (a igreja)
l'entrée   (a entrada; o primeiro prato)
la fête   (a festa; o feriado)
la feuille   (a folha; folha [papel])
la guerre   (a guerra)
la lettre   (a letra)

la librairie   (a livraria)
la maison   (a casa)
la musique   (a música)
la page   (a página)
la phrase   (a frase)
la pièce   (o cômodo; a peça [teatro])
la plage   (a praia)
la porte   (a porta)
la question   (a pergunta)
la rue   (a rua)
la salle de classe   (a sala de aula)
la santé   (a saúde)
la semaine   (a semana)

la soirée   (a noite; festa)
la sortie   (a saída)
la ville   (a cidade)
la voiture   (o carro)

Adjectifs (Adjetivos)

affectueux (-euse)   (carinhoso[a])
aimable   (gentil, bom [boa])
amical(e)   (amigável)
aveugle   (cego)
bas(se)   (baixo[a], curto[a])
beau/bel/belle   (bonito[a])
court(e)   (curto[a] [comprimento])
curieux (-euse)   (curioso[a]; estranho[a])
dangereux (-euse)   (perigoso[a])
difficile   (difícil)
doux (-ce)   (doce; suave)
drôle   (engraçado[a])
dur(e)   (duro[a])
élégant(e)   (elegante)
étrange   (estranho[a])
étroit(e)   (estreito[a])
facile   (fácil)
faible   (fraco[a])
fidèle   (fiel)

fier (-ère)   (orgulhoso[a])
gentil(le)   (bom [boa])
grand(e)   (alto[a])
large   (largo[a])
lent(e)   (lento[a])
libre   (livre)
long(ue)   (longo[a])
lourd(e)   (pesado[a])

nouveau/nouvel/nouvelle   (novo[a])
paresseux (-euse)   (preguiçoso[a])
particulier (-ière)   (especial)
passionnant(e)   (fascinante)
petit(e)   (pequeno[a] [altura])
profond(e)   (profundo[a])
rapide   (rápido[a])
sourd(e)   (surdo[a])
spécial(e)   (especial)
timide   (tímido[a])
tranquille   (tranquilo[a])

> *Conjonctions* (**Conjunções**)
>
> As conjunções ligam ideias e partes de uma frase. Você aprendeu várias no Capítulo 2.
>
> donc   (*portanto, então*)   parce que/qu'   (*porque*)
> et   (*e*)   pendant que/qu' (*durante*)
> mais   (*mas*)   puisque/puisqu' (*uma vez que* [motivo])
> ou   (*ou*)   si   (*se*)

Exercício 3.14

Traduza as frases para o francês usando o novo vocabulário aprendido.

1. um aniversário especial _____
2. uma viagem perigosa _____
3. uma festa elegante _____
4. um barulho estranho _____
5. uns sonhos fascinantes _____
6. uma amiga fiel _____
7. uma criança cega _____
8. uma escada estreita _____
9. umas frases difíceis _____
10. umas chaves pesadas _____

Interpretação de Texto

Une petite ville en province

Avec des amis canadiens, je suis en France — à Évreux, une petite ville ancienne de Normandie, **entre** Paris et Rouen. Nous sommes ici en juillet avec les parents de Laure. Laure et moi, nous étudions le français. **La mère de Laure** est archéologue et **son père** est législateur au Canada.

À Évreux, il y a une école d'été qui offre des cours de langue, d'art, d'histoire et de musique. C'est l'été, le climat est merveilleux et nos nouveaux amis français sont très sympathiques. Le week-end, les jeunes

O Calendário, Verbos -er Regulares no Presente e Pronomes Interrogativos 65

organisent souvent des fêtes. De lundi à vendredi, nous avons nos cours, et nous sommes des étudiantes sérieuses.

La mère de Laure est très contente parce qu'il y a **dans les environs** des ruines des villages du **cinquième siècle**. Le père de Laure est content parce que ce sont des vacances tranquilles et **reposantes**. Et moi, je suis heureuse dans la maison normande que nous louons. J'ai **mes copains**, de la bonne conversation, des cours intéressants et les bons **repas** normands !

entre (*entre*)	cinquième siècle (*século V*)
la mère de Laure (mãe de *Laure*)	reposant(e)(s) (*tranquilo*)
son père (*pai dela*)	mes copains (*meus amigos, companheiros*[*fam.*])
dans les environs (*na vizinhança*)	le repas (*refeição*)

Perguntas

1. Où est la narratrice ?

2. Est-elle seule (*sozinha*) en vacances ?

3. Quels cours offre l'école d'été ?

4. Qu'est-ce que les deux jeunes filles étudient ?

5. Pourquoi la mère de Laure est-elle contente ?

6. Le père de Laure travaille-t-il pendant les vacances ?

4

Números, Datas e Horas; e Verbos *-ir* Regulares no Presente

Números Cardinais

Um número *cardinal* é qualquer número que expresse uma quantidade, como *um, dois, três*. Veja os números cardinais em francês até 99.

0	zéro	18	dix-huit
1	un	19	dix-neuf
2	deux	20	vingt
3	trois	**21**	**vingt** et **un**
4	quatre	22	vingt-deux
5	cinq	23	vingt-trois
6	six	24	vingt-quatre
7	sept	25	vingt-cinq
8	huit	26	vingt-six
9	neuf	27	vingt-sept
10	dix	28	vingt-huit
11	onze	29	vingt-neuf
12	douze	30	trente
13	treize	31	trente **et** un
14	quatorze	32	trente-deux
15	quinze	33	trente-trois
16	seize	34	trente-quatre
17	dix-sept	35	trente-cinq

Números, Datas e Horas; e Verbos -ir Regulares no Presente 67

36	trente-six	76	soixante-seize
37	trente-sept	77	soixante-dix-sept
38	trente-huit	78	soixante-dix-huit
39	trente-neuf	79	soixante-dix-neuf
40	quarante	80	**quatre-vingts**
50	cinquante	81	**quatre-vingt-un**
60	soixante	82	quatre-vingt-deux
70	**soixante-dix**	83	quatre-vingt-trois
71	**soixante et onze**	90	**quatre-vingt-dix**
72	soixante-douze	91	**quatre-vingt-onze**
73	soixante-treize	92	quatre-vingt-douze
74	soixante-quatorze	93	quatre-vingt-treize
75	soixante-quinze	99	quatre-vingt-dix-neuf

Pronúncia dos Números

A consoante final dos números **cinq**, **six**, e **dix** não é *pronunciada* antes de uma palavra que começa com consoante: **cinq** [sa^n] **livres**, **six** [si] **femmes**, **dix** [di] **petits chats**. O som do **x** [s] se torna [z] antes de vogal: **six** [siz] **oranges**. A consoante final de **deux**, **cinq**, **six**, **dix** e **vingt** é *pronunciada* no início de uma palavra que começa com vogal: **deux** [dêz] **étudiants**, **cinq** [sa^nk] **images**, **dix** [diz] **hommes**, **vingt** [va^nt] **articles**.

- Os números de **17** (**dix-sept**) a **19** (**dix-neuf**) são formados pela combinação dos números.

- Setenta (**soixante-dix**) é, literalmente, "sessenta dez", setenta e um (**soixante et onze**) é "sessenta e onze" etc. Oitenta (**quatre-vingts**), "quatro vintes" inicia uma nova série que termina em *noventa e nove* (**quatre-vingt-dix-neuf**).

- Oitenta (**quatre-vingts**) tem **-s**, mas os números desse intervalo não: **quatre-vingt-un**.

- Na Bélgica e na Suíça francesa, **70** é **septante** (**septante et un**, **septante-deux...**); **90** é **nonante** (**nonante et un**, **nonante-deux...**). Na Bélgica, **80** é **huitante** (**huitante et un**, **huitante-deux...**); enquanto a Suíça francesa usa **quatre-vingts** etc.

- Quando um substantivo feminino vem depois dos números **un**, **vingt et un**, **trente et un** etc., **-e** é adicionado a **un**: *une* **table**, **vingt et** *une* **étudiantes**, **trente et** *une* **voitures**.

Calculando em francês

+	plus *ou* et	quatorze **plus** (**et**) quinze **font** (**égalent**) vingt-neuf
−	moins	vingt **moins** douze **font** (**égalent**) huit
×	fois	six **fois** dix **font** (**égalent**) soixante
÷	divisé par	trente-six **divisé par** douze **font** (**égalent**) trois
=	font *ou* égalent	

Exercício 4.1

Continue cada série com mais três números, escrevendo-os em francês.

1. un, deux, trois, _____

2. deux, quatre, six, _____

3. vingt, trente, quarante, _____

4. sept, quatorze, vingt et un, _____

5. soixante-sept, soixante-huit, soixante-neuf, _____

6. quatre-vingt-huit, soixante-dix-sept, soixante-six, _____

Exercício 4.2

Resolva os problemas e escreva as respostas em francês.

1. quatre-vingts ÷ quatre = _____.
2. quarante-cinq + quarante-cinq = _____.
3. vingt et un × trois = _____.
4. soixante et onze − vingt-six = _____.

5. quatre-vingt-huit − trente-quatre = _____.
6. quarante-huit × deux = _____.

Números a partir de 100

Estes são os números começando com 100:

100	cent	700	sept cents
101	cent un	800	huit cents
102	cent deux	900	neuf cents
200	deux cents	970	neuf cent soixante-dix
201	deux cent un	980	neuf cent quatre-vingts
222	deux cent vingt-deux	999	neuf cent quatre-vingt-dix-neuf
300	trois cents	1 000	mille
400	quatre cents	1 001	mille un
500	cinq cents	2 000	deux mille
600	six cents	3 750	trois mille sept cent cinquante

999 999	neuf cent quatre-vingt-dix-neuf mille neuf cent quatre-vingt-dix-neuf
1 000 000	un million
1 000 000 000	un milliard

Falando de Números

Números são uma parte crucial da vida. As pessoas lhe dão seus números de telefone, marcam compromissos em horários e endereços específicos, você quer saber quanto as coisas custam etc. Experimente praticar os números com um parceiro, talvez até um falante nativo de francês.

- O **-s** de **cents** (**trois cents**) é omitido quando seguido de qualquer outro número: **201** (**deux cent un**), **735** (**sept cent trente-cinq**).

- Como **cent**, **mille** (*mil*) não tem artigo. A palavra **mille** nunca termina com **-s**: **1 004** (**mille quatre**), **7 000** (**sept mille**), **9 999** (**neuf mille neuf cent quatre-vingt-dix-neuf**).

- A moeda da União Europeia (agora usada por 16 países que fazem parte dela, incluindo a França, e seis países fora da UE) é **l'euro** (*m.*) (€); ele é dividido em 100 **centimes** (*m.*).

- Para expressar a casa do milhar nos números, o francês usa um espaço ou ponto: **2 695/2.695**. Nos números decimais, como em preços, o francês usa vírgula, como no português: **77,50€/15,90€**.

- Os substantivos **million** (*milhão*) e **milliard** (*bilhão*) têm **-s** no plural: **300 000€** (**deux millions trois cent mille euros**). A preposição **de/d'** é usada entre **million(s)** ou **milliard(s)** e um substantivo: **un milliard d'euros**, **trois millions d'habitants**.

Exercício 4.3

Leia em voz alta os preços em euro. Em seguida, escreva-os por extenso.

1. deux litres de lait : 2€ 50 centimes _____
2. un kilo d'oranges : 4€ 75 centimes _____
3. un dîner à deux : 44€ _____
4. une paire de chaussures : 110€ _____
5. une nuit dans un hôtel parisien : 188€ _____
6. une voiture Smart : 9.450€ _____

Números Ordinais

Os números ordinais expressam uma posição em uma série, como *primeiro*, *segundo*, *terceiro*, *quarto* e *quinto*.

Em francês, os números ordinais, com exceção de **le premier/la première** (*primeiro[a]*), são formados acrescentando **-ième** aos números cardinais. Exceto para **le premier/la première**, apenas o artigo (**le/la/les**) muda para concordar com o substantivo.

le premier/la première	le/la onzième	le/la vingt et unième
le/la deuxième	le/la douzième	le/la vingt-deuxième
le/la troisième	le/la treizième	le/la trentième
le/la quatrième	le/la quatorzième	le/la quatre-vingtième
le/la cinquième	le/la quinzième	le/la quatre-vingt-dixième
le/la sixième	le/la seizième	le/la centième
le/la septième	le/la dix-septième	
le/la huitième	le/la dix-huitième	

le/la neuvième   le/la dix-neuvième
le/la dixième   le/la vingtième

le **premier** homme	*o primeiro homem*
la **première** classe	*a primeira aula*
le **quatrième** étage	*o quarto andar*
le **sixième** mois	*o sexto mês*
la **trente-neuvième** marche	*o trigésimo nono passo*
Où est le **dix-huitième** arrondissement ?	*Onde é o décimo oitavo arrondissement (distrito de Paris)?*
C'est ton **cinquième** repas du jour ?	*É a sua quinta refeição do dia?*
Le **dixième** chapitre est intéressant.	*O décimo capítulo é interessante.*
Le cabinet du médecin est au **sixième** étage.	*O consultório do médico é no sexto andar.*

- Observe a grafia irregular de **cinquième** e **neuvième**, e as formas **vingt et unième**, **trente et unième** etc.
- **Le** e **la** não caem antes de **huitième** e **onzième**: **le huitième étudiant** (*o oitavo estudante*), **la onzième cliente** (*a décima primeira cliente*).
- A abreviação **e**, impressa algumas vezes sobrescrita, indica que um número deve ser lido como ordinal, assim como o sufixo **-ième**: **5 = cinq**; **5e** e **5ième = le/la cinquième**.
- Na França, como no Brasil, o primeiro nível de um prédio é **le rez-de-chaussée** (*o térreo*). O segundo nível é **le premier étage** (*o primeiro andar*), e daí por diante.

Exercício 4.4

Traduza as frases para o francês.

1. Em (**À**) Paris, o décimo sexto arrondissement (*m.*) é muito (**très**) elegante.

_____ .

2. A Sorbonne fica no quinto arrondissement.

_____ .

3. O apartamento de Alain fica no **(au)** quarto andar.

4. Esta é a primeira vez **(fois**, *f.*) que visito Paris.

5. Esta é a vigésima vez que ele está assistindo o primeiro *Harry Potter*!

As Datas

O francês usa o artigo definido **le** e os números cardinais de 2 a 31 para indicar todos os dias do mês, exceto o *primeiro*, que usa o número ordinal **le premier**.

Quelle est la date d'aujourd'hui ?	*Qual é a data de hoje? (Que dia é hoje?)*
— Aujourd'hui, c'est **le premier** août.	*— Hoje é **primeiro** de agosto.*
C'est **le premier** janvier, le Nouvel An.	*É **primeiro** de janeiro, Ano-Novo.*
Demain, c'est **le deux** août.	*Amanhã é **dois** de agosto.*
Aujourd'hui, c'est **le cinq** juillet.	*Hoje é **cinco** de julho.*
— Demain, c'est **le six** juillet.	*— Amanhã é **seis** de julho.*
C'est lundi, **le vingt-huit** février.	*É segunda-feira, **vinte e oito** de fevereiro.*
C'est dimanche, **le trente et un** octobre.	*É domingo, **trinta e um** de outubro.*

- *Os anos são expressos com um múltiplo de* **cent** *ou com* **mille.**

1789	**dix-sept cent quatre-vingt-neuf** *ou* **mille sept cent quatre-vingt-neuf**
1956	**dix-neuf cent cinquante-six** *ou* **mille neuf cent cinquante-six**
1984	**dix-neuf cent quatre-vingt-quatre** *ou* **mille neuf cent quatre-vingt-quatre**
2010	**deux mille dix**
2013	**deux mille treize**

Números, Datas e Horas; e Verbos -ir Regulares no Presente 73

- **A seguir estão exemplos de algumas datas escritas por extenso em francês:**

  2.9.2009   le **deux** septembre deux mille neuf

  13.11.1993   le **treize** novembre dix-neuf cent quatre-vingt-treize

  31.12.2005   le **trente et un** décembre deux mille cinq

- **En *é usado para informar o ano em uma frase completa.***

  Il est né **en 1974 (mille neuf cent soixante-quatorze).**   *Ele nasceu **em 1974**.*

  Nous sommes **en 2010 (deux mille dix).**   *Estamos **em 2010**.*

- **Les années cinquante/soixante/soixante-dix/quatre-vingts...** *(anos cinquenta, sessenta, setenta, oitenta...) são usados para se referir à década ou época.*

Exercício 4.5

Combine as datas abaixo com seus respectivos eventos importantes. Depois escreva uma frase com a data completa e o evento, como no exemplo:

11.09.2001, 7.12.1941, 22.11.1963, 29.3.1973, 24.10.1929, 1.01.1863, 14.07.1789, 18.06.1940, 10.11.1989

EXEMPLO: la prise de la Bastille à Paris
Le quatorze juillet dix-sept cent (ou mille sept cent) quatre-vingt-dix-neuf, c'est la prise de la Bastille à Paris.

1. l'appel du général de Gaulle vers la France libre

_____ .

2. le Krach de Wall Street, jeudi noir

_____ .

3. l'attaque japonaise de Pearl Harbor

_____ .

4. la fin de la guerre américaine du Viêt-Nam

_____ .

Elementos da Sentença

5. les attentats contre le World Trade Center à New York

_____ .

6. la destruction du mur de Berlin

_____ .

7. la proclamation de l'émancipation des esclaves américains

_____ .

8. l'assassinat de John F. Kennedy

_____ .

Exercício 4.6

Responda as perguntas em francês escrevendo as datas e o ano quando necessário.

1. Quelle est la date d'aujourd'hui ?

_____

2. Donnez les dates (jour et mois) suivantes:

   a. le Nouvel An _____

   b. la fête nationale des États-Unis _____

   c. la fête nationale française _____

   d. la fête nationale canadienne (1.07) _____

   e. Noël _____

   f. l'Halloween _____

   g. le Poisson d'avril (1.04) _____

3. Quelle est la date de votre anniversaire ?

_____

4. En quelle année êtes-vous né(e) ? Je suis né(e) en...

_____

5. Si vous êtes marié(e), quelle est votre date d'anniversaire ? Et l'anniversaire de vos parents ? _____

Dizendo as Horas

Para expressar o *tempo*, no sentido de dizer a hora, o francês usa **l'heure**. Para perguntar a hora, diga:

Excusez-moi, **quelle heure est-il** ?   *Com licença, **que horas são**?*

- As expressões em francês para dizer a hora sempre usam a terceira pessoa do singular do verbo **être**, precedida do **il** impessoal (**Il est...**). Comece aprendendo as expressões para dizer a hora, desde uma hora até onze horas. A partir de duas horas, o plural é **heures**.

Il est **une heure**. (*É uma hora*.)

Il est **deux heures**. (*São duas horas*.)

Il est **trois heures**. (*São três horas*.)

Il est **quatre heures**. (*São quatro horas*.)

Il est **dix heures**. (*São dez horas*.)

Il est **onze heures**. (*São onze horas*.)

- As doze horas, *meio-dia* e *meia-noite*, são expressas em francês com **midi** e **minuit**.

Il est **midi**. (*É meio-dia*.)   Il est **minuit**. (*É meia-noite*.)

- Para perguntar *a que horas* algo acontece, use **à quelle heure** na pergunta, como a seguir. A resposta é expressa com **à** + a hora do dia.

À quelle heure commence le cours ?

— **À** dix heures.

À quelle heure déjeunes-tu ?

— **À** midi.

A que horas começa a aula?

— *Às dez (horas).*

A que horas você almoça?

— *Ao meio-dia (12 horas).*

- Para indicar as partes do dia, use **du matin** (*da manhã*), **de l'après-midi** (*da tarde*) e **du soir** (*da noite*).

Il est huit heures **du matin**.

Il est trois heures **de l'après-midi**.

Il est dix heures **du soir**.

*São oito horas **da manhã**.*

*São três horas **da tarde**.*

*São dez horas **da noite**.*

Sistema de 24 Horas

O sistema de 24 horas é muito usado na França para horários de transportes, entretenimento e para marcar compromissos, a fim de evitar ambiguidade.

Note a abreviação do **h** para **heures** quando a hora é dada com números.

	Sistema de 24 Horas	Sistema de 12 Horas
07:00	**sept** heures	**sept** heures (du matin)
11:00	**onze** heures	**onze** heures (du matin)
14:00	**quatorze** heures	**deux** heures (**de l'après-midi**)
17:00	**dix-sept** heures	**cinq** heures (**de l'après midi**)
20:00	**vingt** heures	**huit** heures (**du soir**)
23:00	**vingt-trois** heures	**onze** heures (**du soir**)

- Para expressar o tempo decorrido *após* a hora cheia, informe a hora + o número de minutos.

Il est une heure **vingt**.   São 01:**20** (*uma hora e vinte minutos*).
Il est cinq heures **dix**.   São 05:**10** (*cinco horas e dez minutos*).
Il est deux heures **cinq**.   São 02:**05** (*duas horas e cinco minutos*).
Il est huit heures **quarante-cinq**.   São 08:**45** (*oito horas e quarenta e cinco minutos*).

Quando se passarem *quinze minutos* após a hora cheia, use **quinze** (*quinze*) ou **et quart** (*e um quarto*).

Il est trois heures **quinze**.   São 03:**15**.
Il est six heures **et quart**.   São 06:**15**.

Quando se passar *metade* da hora, use **trente** (*trinta*) ou **et demi(e)** (*e meia*). **Demie** é feminino (com **-e** no final) quando qualifica **heure(s)**; tem a grafia **demi** (masculino) quando qualifica **midi** (*meio-dia*) e **minuit** (*meia-noite*).

Il est neuf heures **trente**.   São 09:**30**.
Il est huit heures **et demie**.   São 08:**30**.
Il est dix heures **et demie**.   São 10:**30**.
Il est **midi et demi**.   São **12:30** (*meio-dia e meia*).
Il est **minuit et demi**.   São **12:30** (*meia-noite e meia*).

Números, Datas e Horas; e Verbos -ir Regulares no Presente

- Para expressar um tempo *antes* da hora, informe a hora + **moins** (*menos*) + o número de minutos. Para *quinze* minutos para a hora (antes dela), use **moins le quart**.

    Il est trois heures **moins dix**.   São 02:50 (***dez para três***).
    Il est onze heures **moins cinq**.   São 10:55 (***cinco para onze***).
    Il est neuf heures **moins le quart**.   São 08:45 (***quinze para nove***).
    Il est midi **moins le quart**.   São 11:45 (***quinze** para o meio-dia*).

    Como no português, é possível *acrescentar* minutos à hora anterior para expressar o tempo antes da hora.

    Il est quatre heures **trente-cinq**.   São 04:35 (*vinte e cinco para as cinco*).

Exercício 4.7

Você tem um amigo que geralmente chega atrasado. Adicione meia hora a cada hora do dia e escreva o novo horário usando uma frase completa.

1. Il est cinq heures et quart. _____.
2. Il est huit heures dix. _____.
3. Il est midi. _____.
4. Il est une heure et demie. _____.
5. Il est trois heures moins le quart. _____.
6. Il est neuf heures vingt. _____.

Exercício 4.8

Responda as perguntas pessoais por extenso.

1. C'est jeudi. Vous déjeunez. Quelle heure est-il ?

   _____.

2. Vous êtes en train de travailler. Quelle heure est-il ?

   _____.

3. Vous êtes dans le métro, dans le bus ou dans la voiture. Quelle heure est-il ?

   _____.

4. Vous dînez au restaurant. Quelle heure est-il ?

_____ .

5. Vous regardez un film. Quelle heure est-il ?

_____ .

Expressões Usadas para a Hora do Dia

Aprenda as seguintes expressões usadas ao informar a hora. As duas primeiras usam o **il** *impessoal* com o verbo **être**.

Il est **tard** ! (*É tarde!*)   Il est **tôt** ! (*É cedo!*)

Com as expressões a seguir, a frase tem um pronome pessoal ou substantivo.

de bonne heure	cedo (de manhã)
être en avance	estar adiantado, chegar cedo
être à l'heure	chegar na hora, ser pontual
être en retard	estar atrasado

Nous quittons la maison **de bonne heure**.	Nós saímos de casa **cedo pela manhã**.
Amélie **est en retard** ce matin !	Amélie **está atrasada** esta manhã!
On arrive **en avance** pour avoir une place.	A gente chega **cedo** para conseguir um lugar.
Il n'est pas toujours facile d'**être à l'heure**.	Nem sempre é fácil **chegar na hora**.

Verbos *-ir* Regulares no Presente

Veja a conjugação dos verbos regulares em francês com os infinitivos terminando em **-ir**.

Presente do indicativo de choisir (*escolher, selecionar*)

je chois**is**	nous chois**issons**
tu chois**is**	vous chois**issez**
il/elle/on chois**it**	ils/elles chois**issent**

Elles **choisissent** toujours des cours difficiles.
— Tu **ne choisis pas** les mêmes ?
Vous **choisissez** vos amis avec soin.

*Elas sempre **escolhem** aulas difíceis.*
*— Você não **escolheu** as mesmas?*
*Você **escolhe** seus amigos com cuidado.*

Plural dos Verbos -*ir* Regulares

Observe a pronúncia e ortografia do plural dos verbos **-ir** regulares, nos quais **-iss-** [is] é adicionado entre o radical do verbo (**chois-**) e as terminações pessoais. Assim, os verbos **-ir** regulares têm quatro formas diferentes de pronúncia.

je/tu/il/elle/on choisis/choisit   [shuá-zi]
nous chois**iss**ons   [shuá-zi-sO^n]
vous chois**iss**ez   [shuá-zi-sê]
ils/elles chois**iss**ent   [shuá-zis]

- Outros verbos **-ir** regulares incluem:

agir   *agir*
finir (de), finir par (+ *inf.*)   *terminar; acabar (de fazer)*
réfléchir (à)   *refletir (sobre), considerar*
remplir   *preencher; completar*
réussir (à)   *ter sucesso* (em); *conseguir*

Ma mère **agit** toujours raisonnablement.
Ils **remplissent** les formulaires.
Tu **réussis** à contacter notre prof ?
Vous **finissez** bientôt ?

*Minha mãe sempre **age** de maneira razoável.*
*Eles **preenchem** os formulários.*
*Você **conseguiu** contatar nosso professor?*
*Você **terminará** cedo?*

- O verbo **réfléchir** (*refletir sobre, contemplar*) requer **à** antes de um substantivo.

Nous **réfléchissons aux** questions.
— Moi, je **réfléchis à** l'avenir.

Nós estamos refletindo sobre as perguntas.
— Eu estou refletindo sobre o futuro.

À contrai com os artigos definidos **le** e **les** para formar **au** e **aux**. **La** e **l'** não contraem com **à**.

80 Elementos da Sentença

- O verbo **réussir** é usado com **à** antes de um infinitivo e um substantivo na expressão **réussir à un examen** (*passar em uma prova*).

Je **réussis à terminer** mon projet.	*Estou conseguindo terminar meu projeto.*
D'habitude, ils **réussissent à leurs examens**.	*Em geral, eles **passam nas provas**.*

- **Finir** é seguido da preposição **de** antes de um infinitivo. **Finir par** + infinitivo significa *acabar fazendo algo*.

Tu **finis de travailler** à trois heures ?	*Você **termina o trabalho** às três horas?*
Nous **finissons** souvent **par parler** avec le patron.	*Muitas vezes, nós **acabamos conversando com o patrão**.*

- Muitos verbos que descrevem uma mudança física ou transformação são verbos **-ir** regulares.

blanchir (*alvejar, branquear*)	pâlir (*ficar pálido*)
brunir (*bronzear; ficar moreno*)	ralentir (*desacelerar*)
élargir (*alargar, ampliar*)	rétrécir (*encolher, ficar menor*)
grandir (*crescer*)	rougir (*corar, ficar vermelho*)
grossir (*engordar*)	salir (*sujar*)
jaunir (*amarelar*)	vieillir (*envelhecer*)
maigrir (*emagrecer*)	

Nous **ralentissons** devant l'école.	*Nós **desaceleramos** na frente da escola.*
Roméo **rougit** en présence de Juliette.	*Romeu **fica vermelho** quando está com Julieta.*
Les enfants **grandissent** vite !	*As crianças **crescem** rápido!*
Je **vieillis** dans ce boulot !	*Eu **estou envelhecendo** neste trabalho!*

Vários grupos de verbos **-ir** *irregulares* serão apresentados nos Capítulos 7 e 8.

Exercício 4.9

Traduza as frases para o francês.

1. Nós escolhemos. _____.
2. Você (*fam.*) age bem. _____.
3. Elas ficam vermelhas. _____.
4. Eu tenho sucesso. _____.
5. As crianças crescem. _____.
6. A gente (**On**) aumenta a rua. _____.
7. Você (*fml.*) está emagrecendo. _____.
8. Eu desacelero à noite (**la nuit**). _____.
9. As folhas (**Les feuilles**) estão ficando amarelas. _____.
10. Nós terminamos de trabalhar. _____.

Exercício 4.10

Complete as frases com o verbo adequado na forma correta. Considere usar o infinitivo. Escolha dentre os verbos sugeridos.

blanchir, choisir, finir, grandir, grossir, pâlir, remplir, réussir, rougir

1. Éric, vous avez peur de quelque chose ? Vous _____.
2. Nous _____ un grand verre d'eau pour vous.
3. Est-ce que tu _____ bien tes cours ? Il y a énormément de choix ici !
4. Les jeunes chiens _____ très vite.
5. Vendredi après-midi, les employés _____ rapidement le travail.
6. _____-vous toujours aux examens ?
7. Trop de gâteaux, ça fait _____ !
8. Georges est amoureux de Marie. En présence d'elle, il _____ toujours.

Vocabulário-chave

Alimentos e roupas são algumas de nossas necessidades básicas de compra. As cidades em regiões que falam francês geralmente têm pequenas lojas populares, além de supermercados e lojas de departamento.

Les magasins et les commerces (Lojas e Comércio)

l'agence de voyages (*f.*)   (*a agência de viagens*)
la blanchisserie   (*a lavanderia*)
la boucherie   (*o açougue*)
la boulangerie   (*a padaria*)
la charcuterie   (*a delicatéssen; a casa de frios*)
le/la coiffeur (-euse)   (*o[a] cabeleireiro[a]*)
la confiserie   (*a loja de doces*)
le cordonnier   (*o sapateiro*)
la droguerie   (*a loja de ferramentas, produtos de limpeza*)
l'épicerie (*f.*)   (*a mercearia*)
le/la fleuriste   (*a floricultura*)
le grand magasin   (*a loja de departamentos*)
l'hypermarché (*m.*)   (*o hipermercado*)
la librairie   (*a livraria*)
le magasin de chaussures   (*a sapataria*)
le magasin de fruits et légumes   (*a quitanda*)
le magasin d'informatique   (*a loja de informática*)
le magasin de vêtements   (*a loja de roupas*)
le marchand de vins   (*a loja de vinhos*)
l'opticien (*m.*)   (*o oftalmologista*)
la papeterie   (*a papelaria*)
la pâtisserie   (*a confeitaria*)
la pharmacie   (*a drogaria, a farmácia*)
la poste   (*o correio*)
un rabais   (*um desconto*)
la quincaillerie   (*a loja de ferragens*)
des soldes (*m. pl.*)   (*uma liquidação*)
le supermarché   (*o supermercado*)
le tailleur   (*o alfaiate*)
la teinturerie   (*a tinturaria*)

Exercício 4.11

Onde é possível encontrar estes produtos? Escreva o nome da loja ou comércio ao lado do produto ou serviço dado. Use **à la/au/à l'** *para lugares e* **chez le/la/l'** *para pessoas.*

1. de la salade et des fruits _____
2. des bonbons _____
3. des livres _____
4. du papier et des cahiers _____
5. des fleurs _____
6. un billet d'avion _____
7. des médicaments _____
8. des lentilles de contact _____

Vocabulário-chave

Les repas et les provisions (Refeições e Alimentos)

l'abricot (m.)   (o damasco)
l'addition (f.)   (a conta)
l'ananas (m.)   (o abacaxi)
l'apéritif (m.)   (o aperitivo)
l'assiette (f.)   (o prato; a tigela)
la baguette   (a baguete)
la banane   (a banana)
le beurre   (a manteira)
la bière   (a cerveja)
le bifteck   (o bife)
le bœuf   (a carne vermelha)
la boisson   (a bebida)
la bouteille   (a garrafa)
le café   (o café)
la carotte   (a cenoura)
la carte   (o cardápio)
le céleri   (o aipo)
les épices (f.)   (os temperos)
la farine   (a farinha)

les céréales (f.)   (os cereais)
les cerises (f.)   (as cerejas)
les champignons (m.)   (os cogumelos)
le chocolat   (o chocolate)
le/la client(e)   (o[a] cliente)
la confiture   (a geleia, conservas)
le couteau   (a faca)
la crème   (o creme)
les crevettes (f.)   (o camarão)
le croissant   (o croissant)
la cuillère   (a colher)
le déjeuner   (o almoço)
le dessert   (a sobremesa)
le dîner   (o jantar)
l'eau (minérale) (f.)   (a água [mineral])
l'entrée (f.)   (a entrada)
les petits pois (m.)   (as ervilhas)

Elementos da Sentença

la fourchette (*o garfo*)
les fraises (*f.*) (*os morangos*)
les framboises (*f.*) (*as framboesas*)
les frites (*f.*) (*a batata frita*)
le fromage (*o queijo*)
le fruit (*a fruta*)
le gâteau (*o bolo; o cookie*)
la glace (*o sorvete*)
le goûter (*o lanche da tarde*)
les °haricots verts (*m.*) (*o feijão verde*)
les herbes (*f.*) (*as ervas*)
le °homard (*a lagosta*)
les °hors-d'œuvre (*m.*) (*os aperitivos*)
l'huile d'olive (*f.*) (*o azeite de oliva*)
le jambon (*o presunto*)
le lait (*o leite*)
le lard (*o bacon*)
le légume (*o legume*)
la limonade (*a soda limonada*)
le melon (*o melão*)
le menu du jour (*o prato do dia*)
la noix (*a noz*)
l'œuf (*m.*) (*o ovo*)
les olives (*f.*) (*a azeitonas*)
l'orange (*f.*) (*a laranja*)
le pain (*o pão*)
le pain au chocolat (*o croissant de chocolate*)
la pêche (*o pêssego*)
la petite cuillère (*a colher de chá*)
le petit déjeuner (*o café da manhã*)

le plat (*o prato; porção*)
le plat principal (*o prato principal*)
la poire (*a pera*)
le poisson (*o peixe*)
le poivre (*a pimenta*)
le poivron (*o pimentão*)
la pomme (*a maçã*)
la pomme de terre (*a batata*)
le porc (*a carne de porco*)
le potage (*a sopa de legumes*)
le poulet (*a galinha*)
le pourboire (*a gorjeta*)
le raisin (*a uva*)
le riz (*o arroz*)
la salade (*a salada; o alface*)
le sandwich (*o sanduíche*)
les saucisses (*f. pl.*) (*as salsichas*)
le sel (*o sal*)
le/la serveur (-euse) (*o garçom [a garçonete]*)
service compris (*a gorjeta inclusa*)
la serviette (*o guardanapo; a toalha*)
la soupe (*a sopa*)
le sucre (*o açúcar*)
la tartine (*o canapé*)
la tasse (*a xícara*)
la tarte (*a torta*)
le thé (*o chá*)
la tomate (*o tomate*)
le veau (*a vitela*)
le verre (*o copo*)
la viande (*a carne*)
le vin (*o vinho*)
le yaourt (*o iogurte*)
la moutarde (*a mostarda*)
le pamplemousse (*a toranja*)
les petits pains (*m.*) (*os pãezinhos*)

Exercício 4.12

Liste alguns ingredientes típicos necessários para as receitas. Use a frase **j'ai besoin de/d'...** *ou* **on a besoin de/d'...** *(sem artigo).*

1. une omelette : _____
2. un gâteau au chocolat : _____
3. une salade de fruits : _____
4. un potage aux légumes : _____

Exercício 4.13

Complete as frases com o substantivo ou substantivos adequados das listas de vocabulário anteriores.

1. Avant le dîner, nous posons sur la table _____.
2. Au restaurant, le serveur apporte d'abord _____.
3. Au petit déjeuner, j'aime _____.
4. Je n'aime pas beaucoup le café, s'il n'a pas beaucoup de _____ et trois cuillérées de _____.
5. Au déjeuner, je suis toujours pressé(e), donc je préfère _____.
6. Les végétariens refusent généralement _____ ; ils aiment mieux _____.

Interpretação de Texto

Au restaurant

Il est une heure de l'après-midi et le restaurant français est **plein**. C'est **une brasserie du quartier** économique et **très fréquentée**. Elle a dix-huit tables et cinq serveurs excellents. Il y a quatre ou cinq clients à **chaque** table. L'ambiance est **chaleureuse**. Les gens sont **détendus** parce que c'est **un jour de fête**, le premier mai, **le jour du travail**.

L'établissement a deux étages ; au **rez-de-chaussée** il y a des boissons, des sandwichs et des salades ; au **premier étage**, il y a le menu complet. Sur la carte, il y a un menu du jour au **prix fixe** et d'autres plats : du poulet, de la viande et du poisson. Le menu du jour propose une soupe, du **saumon poché**, des pommes de terre, des légumes, de la salade, un dessert et une boisson — du café ou du thé. Tout est délicieux aujourd'hui !

plein(e)	*cheio(a)*
une brasserie	*bistrô*
du quartier	*da vizinhança*
très fréquenté(e)	*muito popular*
chaque	*cada*
chaleureux (-euse)	*caloroso(a), amigável*
détendu(e)	*relaxado(a)*
jour de fête	*feriado*
le jour du Travail	*Dia do Trabalho*
l'établissement (*m.*)	*lugar, comércio*
le rez-de-chaussée	*térreo*
premier étage	*primeiro andar*
prix fixe	*cardápio com preço fixo*
du saumon poché	*salmão escaldado*

Perguntas

Após a leitura, responda as perguntas em francês.

1. À quelle heure est-ce que les amis déjeunent ?

_____ .

2. Où déjeunent-ils ? _____.

_____ .

3. Est-ce que le restaurant est vide (*vazio*) ? _____.

_____ .

4. Si non, pourquoi n'est-il pas vide ? _____.

_____ .

5. Quel étage choisissent-ils ? Pourquoi ? _____.

_____ .

6. Imaginez le repas du narrateur. _____.

_____ .

5

Verbos -re Regulares no Presente e Verbos -er com Mudanças na Ortografia

Verbos -re Regulares no Presente do Indicativo

Os verbos regulares com infinitivos terminando em **-re** são conjugados no presente do indicativo como a seguir:

Presente de attendre *(aguardar, esperar)*	
j'attend**s**	nous attend**ons**
tu attend**s**	vous attend**ez**
il/elle/on attend	ils/elles attend**ent**
Elle **attend** l'autobus, et nous **attendons** la conférence.	*Ela **espera** o ônibus e nós **aguardamos** a palestra.*
Mes amis **attendent** les vacances.	*Meus amigos **aguardam** as férias.*

Preste atenção nestes detalhes dos verbos **-re** regulares:

- A terceira pessoa do singular (**il/elle/on attend**) dos verbos **-re** regulares não tem terminação. Para conjugá-lo, retire a terminação do infinitivo (**-re**); o radical do verbo é a forma conjugada. Nessa forma, a letra **-d** não é pronunciada e a palavra termina com a vogal nasal:

  elle attend [a-tA^n], **il vend** [vA^n]

- O verbo *esperar* em português requer ou não a preposição *por* antes do substantivo. Em francês, **attendre** vem seguido diretamente pelo substantivo.

  J'attends mon ami.   *Estou esperando (**por**) meu amigo.*

Elementos da Sentença

- Em francês, **attendre** não significa *atender* (*uma necessidade, telefone etc.*).

  Outros verbos **-re** regulares incluem:

défendre	*defender; proibir*
descendre	*descer; saltar*
entendre	*ouvir*
perdre	*perder*
perdre du temps	*perder tempo*
rendre	*devolver; retornar*
répondre (à)	*responder; atender*
rendre visite à	*visitar (uma pessoa)*
tendre	*esticar (algo); oferecer*
vendre	*vender*

Michel **vend** sa vieille voiture.	*Michel **vende** seu carro velho.*
Nous **rendons visite aux** voisins dimanche.	*Nós vamos **visitar os** vizinhos no domingo.*
Tu **entends** ? C'est ton portable.	***Ouviu**? É seu celular.*
— Je **réponds** !	*— Vou **atender**!*
Les enfants **perdent** souvent les clés.	*As crianças geralmente **perdem** as chaves.*
Où est-ce qu'on **descend** de l'autobus ?	*Onde **descemos** do ônibus?*

- **Rendre visite** e **répondre** requerem a preposição **à** antes de um substantivo.

Ils **répondent** toujours **à** mes questions.	*Eles sempre **respondem** às minhas perguntas.*
Tu **rends visite aux** voisins ?	*Você **visita** os vizinhos?*

Use o verbo **visiter** + substantivo para expressar uma visita a uma cidade, prédio, museu, local físico etc. Use **rendre visite à** para expressar uma visita a pessoas.

Os verbos irregulares com infinitivos terminando em **-re** são apresentados nos Capítulos 7 a 9.

Perguntas invertidas e *liaison*

Na *pergunta invertida*, o **-d** dos verbos **-re** regulares na terceira pessoa do singular é pronunciado [t]. Ele se liga à vogal em **-il**, **-elle** ou **-on**.

Ven**d**-on... ?	[vAⁿ-tOⁿ]	*Eles vendem...?*
Atten**d**-il ?	[a-tAⁿ-til]	*Ele espera?*
Per**d**-elle... ?	[peR-tel]	*Ela perdeu...?*

A **liaison** com a letra **t** [t] também é pronunciada na terceira pessoa do singular ou plural, ligando-se ao pronome pessoal seguinte iniciando com vogal. Isso se aplica aos verbos de todos os grupos.

Vendent-elles... ?	[vAⁿ-d(e)-tel]	*Elas vendem...?*
Aiment-ils... ?	[em-til]	*Eles amam...?*
Choisit-on... ?	[shua-zi-tOⁿ]	*A gente escolhe...?*

Exercício 5.1

Fale e escreva as frases em francês. Use o presente dos verbos regulares terminando em **-re**.

1. Você (*fam.*) desce? _____?
2. Eu perco. _____.
3. Nós respondemos. _____.
4. Xavier vende um caminhão (**un camion**). _____.
5. Elas visitam o avô. _____.
6. Você (*fml.*) não responde. _____.
7. Nós esperamos Charles. _____.
8. Eles defendem seus clientes. _____.
9. O aluno não está perdendo tempo. _____.
10. Você (*fml.*) ouve? _____?
11. Ela devolve o livro? _____?
12. Eu atendo o telefone. _____.

Elementos da Sentença

📝 Vocabulário-chave

Com que frequência você faz as coisas? Os seguintes advérbios são usados após os verbos para informar com que frequência ou o quanto se faz algo. Você já usa alguns.

Expressions de temps (Expressões de Frequência e Tempo)

beaucoup   (*muito; geralmente*)

quelquefois, parfois   (*algumas vezes*)

rarement   (*raramente*)

souvent   (*com frequência*)

toujours   (*sempre*)

très peu   (*raramente, muito pouco*)

un peu   (*um pouco*)

J'étudie **toujours** à la maison.	*Eu **sempre** estudo em casa.*
Gaspard réussit **rarement**.	*Gaspard **raramente** tem êxito.*
Ils ne répondent pas **beaucoup**.	*Eles não respondem **muito**.*

As expressões abaixo também ajudam a situar a ação e podem ser usadas com o presente, algumas vezes com o significado de futuro próximo.

actuellement	*no presente, atualmente, hoje*
bientôt	*logo*
en ce moment	*neste momento*
maintenant	*agora*
(un peu) plus tard	*(um pouco) mais tarde*
prochain(e)	*próximo(a) (adj.)*
tout à l'heure	*daqui a pouco*

Où est-ce que tu travailles **actuellement** ?	*Onde você trabalha **atualmente**?*
Attends ! Je descends **bientôt**.	*Espere! Desço **logo**.*
On rend visite à Sylvie **tout à l'heure**.	*Vamos visitar Sylvie **daqui a pouco**.*
Paul quitte son boulot **la semaine prochaine**.	*Paul vai sair do trabalho na **próxima semana**.*

Verbos -re Regulares no Presente e Verbos -er com Mudanças na Ortografia

Exercício 5.2

Complete cada frase com a forma correta dos verbos listados e traduza para o francês as expressões de tempo e frequência entre parênteses. Alguns dos verbos dados serão usados mais de uma vez.

attendre, défendre, descendre, entendre, perdre, rendre, répondre, vendre

1. Le samedi et le dimanche, on _____ (*com frequência*) _____ du temps ; on adore le week-end !
2. Tu _____ (*raramente*) _____ des amis qui trichent (*trapacear*).
3. Attends-moi ! Je _____ (*atualmente*) _____ au téléphone.
4. À l'épicerie, les employés _____ (*sempre*) _____ la monnaie en espèces (*em dinheiro*).
5. (*Neste momento*) _____ je/j' _____ les résultats de l'examen.
6. _____-vous (*agora*) _____ le bruit des avions ?
7. Nous _____ (*logo*) _____ la vieille auto de Papa à un étudiant pauvre.
8. La semaine (*próxima*) _____, c'est promis : on _____ à tous les courriels de la semaine passée, n'est-ce pas ?
9. Margot _____ (*às vezes*) _____ visite à des amis à Montréal.
10. Est-ce que tu _____ (*mais tarde*) _____ en ville retrouver tes amis ?
11. Les gens très organisés _____ (*muito pouco*) _____ leurs affaires (*suas coisas*).

Depuis versus *Desde*

A palavra **depuis**, que significa *há (por)* ou *desde* (no tempo), vem após os verbos no presente. Ela antecede um período de tempo (**deux ans, cinq minutes…**) ou um ponto de partida no tempo (**le 15 août, midi, cinq heures, 2003, mon enfance, le début de l'année…**).

J'étudie le français **depuis un an**.   Eu estudo francês **há um ano**.
Nous attendons le bus **depuis quelque temps**.   Estamos esperando o ônibus **há algum tempo**.
Mon frère habite à Paris **depuis mars**.   Meu irmão mora em Paris **desde março**.
Ils sont membres de ce groupe **depuis 2002**.   Eles são membros do grupo **desde 2002**.

- O francês sempre usa o *presente* com **depuis** (**Ils sont...**, **J'étudie...**, **Mon frère habite...**), se a ação é atual ou está acontecendo.
- Para peguntar *Desde quando...?* com um *ponto no tempo*, diga **Depuis quand... ?**

Depuis quand voyagez-vous ?   **Desde quando** vocês estão viajando?
— Nous voyageons **depuis le 25 janvier**.   — Estamos viajando **desde 25 de janeiro**.

Para perguntar *Por quanto tempo...?* ou *Há quanto tempo...?* com uma *duração de tempo*, diga **Depuis combien de temps... ?**

Depuis combien de temps habites-tu ici ?   **Há quanto tempo** você mora aqui?
— J'habite ici **depuis six ans**.   — Moro aqui **há seis anos**.

Outras Expressões em Francês para *Desde*

Quando usadas no presente, as expressões (**il y a... que..., voilà... que...** e **ça fait... que...**) têm o mesmo significado de **depuis** (*desde, há*).

Essas expressões, com cada uma incluindo o tempo transcorrido, antecedem o verbo principal.

J'habite à Paris **depuis deux ans**.
Il y a deux ans que j'habite à Paris.   Eu moro em Paris **há dois anos**.
Voilà deux ans que j'habite à Paris.
Ça fait deux ans que j'habite à Paris.

Exercício 5.3

*Responda as perguntas pessoais usando **depuis** e o presente. Aqui, a resposta para* **votre...** *(seu, sua, seus, suas) é* **mon/ma/mes...** *(meu, minha, meus, minhas), antes de um substantivo.*

1. Depuis combien de temps étudiez-vous le français ?

   _____.

2. Depuis quand êtes-vous étudiant(e) ?

   _____.

3. Parlez-vous une autre langue ? Depuis quand ?

   _____.

4. Depuis quand habitez-vous votre maison ?

   _____.

5. Depuis combien de temps travaillez-vous ? Et dans ce lieu (*lugar*) de travail ?

   _____.

6. Depuis quand passez-vous du temps avec votre meilleur(e) ami(e) ?

   _____.

Verbos *-er* com Mudanças na Ortografia

As conjugações dos vários grupos de verbos **-er** regulares têm pequenas irregularidades na ortografia.

Há seis padrões principais de mudanças na ortografia. Aprenda os seguintes modelos e saberá os outros em cada grupo.

Verbos como *commencer* (começar)

Para manter o som suave do [s], os verbos com infinitivos terminando em **-cer** mudam **-c-** para **-ç-** (**c** cedilhado) quando **-c-** ocorre antes de **-a-** ou **-o-**.

No presente do indicativo, essa mudança ocorre apenas na forma **nous** (**nous commençons**).

Presente de *commencer* e *lancer*

commencer (*começar*)

je commence	nous commen**ç**ons
tu commences	vous commencez
il/elle/on commence	ils/elles commencent

lancer (*atirar, lançar*)	
je lance	nous lançons
tu lances	vous lancez
il/elle/on lance	ils/elles lancent

A mudança de ortografia nos verbos **-cer** também é encontrada nas formas do pretérito imperfeito (Capítulo 14) e no particípio (Capítulo 12). Outros verbos como **commencer** incluem:

annoncer	*anunciar*	percer	*furar*
avancer	*avançar*	placer	*colocar*
dénoncer	*denunciar*	prononcer	*pronunciar*
divorcer	*divorciar*	remplacer	*substituir*
forcer (à)	*forçar*	tracer	*traçar*
menacer	*ameaçar*		

Tu **lances** ta boîte cette année ?	*Você **lança** seu negócio este ano?*
Nous **prononçons** bien le nouveau vocabulaire !	*Nós **pronunciamos** bem o novo vocabulário!*
Mes voisins sont en train de **divorcer**.	*Meus vizinhos **estão se divorciando**.*
— Quel dommage ! C'est un beau couple.	*— Que pena! Eles formam um casal adorável.*
Vous **remplacez** ce cours par un autre ?	*Você **substituiu** esta aula por outra?*

Verbos como *manger* (comer)

Para manter o som suave do **g** [j], os verbos com infinitivos terminando em **-ger** introduzem a letra **e** (**e** mudo) antes de **-a-** ou **-o-** no início da terminação conjugada do verbo. No presente do indicativo, essa mudança de ortografia ocorre na forma **nous** apenas (**nous mangeons**).

Presente de *manger* e *exiger*

manger (*comer*)	exiger (*exigir*)
je mange	j'exige
tu manges	tu exiges
il/elle/on mange	il/elle/on exige
nous mangeons	nous exigeons

vous mangez   vous exigez
ils/elles mangent   ils/elles exigent

A mudança de ortografia dos verbos **-ger** também é vista no pretérito imperfeito (Capítulo 14) e no particípio (Capítulo 12). Outros verbos como **manger** incluem:

arranger (*organizar*)   loger (*alojar [em algum lugar]; hospedar*)
bouger (*mexer*)
changer (*mudar*)   mélanger (*misturar*)
corriger (*corrigir*)   nager (*nadar*)
dégager (*liberar, desimpedir*)   neiger (*nevar*)
diriger (*direcionar*)   obliger (à) (*obrigar; forçar*)
échanger (*trocar*)   partager (*compartilhar*)
engager (*contratar*)   songer (à) (*sonhar; pensar sobre*)
interroger (*interrogar*)
juger (*julgar*)   voyager (*viajar*)

Nous **mélangeons** le sucre et les fruits. — *Nós **misturamos** o açúcar e as frutas.*
Mes parents **voyagent** beaucoup. — *Meus pais **viajam** muito.*
Le patron **engage** deux ingénieurs. — *O chefe **contratou** dois engenheiros.*
Nous **logeons** chez tante Lucie cet été ? — *Vamos nos **hospedar** na casa da tia Lucie este verão?*
Tu **nages** bien ? — *Você **nada** bem?*

Il neige (*neva*) é usado apenas na terceira pessoa do singular (impessoal).

Exercício 5.4

Traduza as frases para o francês usando os verbos conjugados, como **commencer** *e* **manger**.

1. Dividimos o sanduíche. _____.
2. Eles comem bem. _____.
3. Quando começamos a falar? _____?
4. Você (*fam.*) pronuncia a frase (**la phrase**). _____.
5. Os vizinhos estão hospedando dois alunos. _____.

96   Elementos da Sentença

6. Você (*fml.*) abriu um novo negócio (**l'entreprise** [*f.*])?

_____?

7. Charlotte mistura os ingredientes (**les ingrédients**).

_____ .

8. Nós avisamos sobre a festa? _____?

9. Você (*fml.*) troca livros? _____?

10. Você (*fam.*) não sonha com as férias? _____?

11. O professor exigiu o dever de casa. _____ .

12. Nós obrigamos as crianças a comerem legumes. _____ .

13. Você (*fam.*) traçou o plano (**le projet**)? _____?

14. O chefe não está contratando novos funcionários (**employés**, *m.*).

_____ .

15. Os pronomes (**pronoms**) substituem os substantivos (**noms**). _____ .

Verbos como *acheter* (comprar)

Os verbos com **e** mudo na sílaba antes do infinitivo **-er** (**acheter**, **lever**) mudam o **e** mudo para **è** (acrescentando um acento grave) nas formas que têm um **e** mudo na *terminação* do verbo. Isso significa que a regra *não* se aplica às formas **nous** e **vous**.

Presente de *acheter* e *lever*

acheter (*comprar*)	lever (*levantar, elevar*)
j'ach**è**te	je l**è**ve
tu ach**è**tes	tu l**è**ves
il/elle/on ach**è**te	il/elle/on l**è**ve
nous achetons	nous levons
vous achetez	vous levez
ils/elles ach**è**tent	ils/elles l**è**vent

Outros verbos como **acheter** incluem:

achever (de)	*acabar*
amener	*levar (alguém)*
élever	*elevar; educar*
emmener	*conduzir*

Verbos -re Regulares no Presente e Verbos -er com Mudanças na Ortografia

enlever	*retirar*
geler	*congelar*
se lever	*levantar, erguer*
mener	*liderar, guiar*
peser	*pesar*
promener	*passear* (por exemplo, *com o cachorro*)
se promener	*dar uma volta, dirigir*
soulever	*erguer*

O pronome **se** (ou **s'**), quando aparece com um infinitivo (**se lever**, **se promener**), indica que o verbo é reflexivo ou pronominal. Os verbos reflexivos e pronominais são apresentados no Capítulo 12.

Je **pèse** les légumes ?	***Devo pesar*** os legumes?
Nous **amenons** nos amis ce soir.	*Nós **traremos** nossos amigos esta noite.*
Guy et sa copine **promènent** le chien ?	*Guy e sua namorada **passeiam** com o cachorro?*
Tu **n'achèves pas** le travail ?	*Você **não terminou** o trabalho?*

Exercício 5.5

Traduza as frases para o francês usando os verbos conjugados, como **acheter** *e* **lever**.

1. Nós terminamos o trabalho. _____.
2. Marthe pesa as cebolas (**les oignons**). _____.
3. Você (*fam.*) passeia com o cachorro? _____?
4. Eles conduzem o cavalo (**le cheval**). _____.
5. Léon retira os livros. _____.
6. Não trouxe Christine esta noite. _____.
7. Nicolas e Lise educam bem as crianças. _____.
8. O que você (*fam.*) comprou? _____?
9. Pierre levanta as caixas grandes (**les gros cartons**). _____.
10. O guia leva os turistas para o hotel. _____.
11. Você (*fml.*) não comprou ovos? _____?
12. Levantamos a mão (**la main**) na aula. _____.

98   Elementos da Sentença

13. Émile cria coelhos (**des lapins**)? _____?

14. Elas acabaram de falar. _____.

15. Eu não comprei alimentos (**les provisions**). _____.

Verbos como *préférer* (preferir)

Os verbos com **-é-** (acento agudo) na sílaba antes do infinitivo **-er** (**préférer**, **céder**) mudam o **-é-** para **-è-** (com um acento grave) nas formas nas quais ele ocorre na sílaba final pronunciada.

A terminação do verbo após **-è-** *não é pronunciada*. Portanto, essa mudança na ortografia não se aplica às formas **nous** ou **vous**, ou ao infinitivo.

Presente de *préférer* e *céder*

préférer (*preferir*)	**céder** (*ceder, entregar*)
je préf**è**re	je c**è**de
tu préf**è**res	tu c**è**des
il/elle/on préf**è**re	il/elle/on c**è**de
nous préférons	nous cédons
vous préférez	vous cédez
ils/elles préf**è**rent	ils/elles c**è**dent

Verbos como **préférer** *mantêm* o acento agudo (**-é-**) em todas as formas do futuro e do condicional (**je préférerai** *eu preferirei*; **elle préférerait** *ela preferiria*) (Capítulo 15). Outros verbos como **préférer** incluem:

célébrer	*celebrar/comemorar*
compléter	*completar*
considérer	*considerar*
espérer	*esperar, ter esperança*
exagérer	*exagerar*
(s')inquiéter	*preocupar-se*
pénétrer	*penetrar*
posséder	*ter, possuir*
répéter	*repetir*
révéler	*mostrar, revelar*
suggérer	*sugerir*

Qu'est-ce que vous **préférez** ?
J'**espère** que tu **considères** le résultat.
Ils **suggèrent** que je mange moins de sucre.
Tu **exagères** !
— Non, je **n'exagère pas** ! Elle t'aime bien.

*O que você **prefere**?*
*Eu **espero** que você **considere** o resultado.*
*Eles **sugerem** que eu coma menos açúcar.*
*Você **exagera**!*
*— Não, eu **não exagero**! Ela gosta muito de você.*

Exercício 5.6

*Traduza as frases para o francês usando os verbos conjugados como **préférer** e **céder**.*

1. Nós esperamos ter sucesso. _____.
2. Elas comemoram o aniversário? _____?
3. Eu espero viajar no verão. _____.
4. O professor repete a pergunta. _____.
5. Ela não tem um carro. _____.
6. Ele exagera. _____.
7. O artigo mostra a verdade (**la vérité**). _____.
8. Você (*fam.*) considerou os fatos (**les faits**)?

_____?
9. Você (*fml.*) não está repetindo a aula? _____?
10. Você (*fam.*) preocupa seus (**tes**) pais! _____!
11. Sugerimos um bom filme. _____.
12. Você (*fam.*) não terminou a tarefa (**le devoir**)?

_____?
13. Você (*fml.*) prefere café ou chá? _____?
14. Ela cede a pista (**la voie**) para o outro carro.

_____.
15. Christophe prefere feijão verde. _____.

Verbos como *appeler* (chamar; mencionar) e *jeter* (jogar [fora])

O presente dos verbos com infinitivos terminando com **-eler** ou **-eter** dobram a consoante (**l** ou **t**) quando a terminação do verbo conjugado tem um **e** mudo. Essa mudança não ocorre no tempo presente das formas **nous** e **vous** de **appeler** e **jeter**.

Presente de *appeler* e *jeter*

appeler (*chamar; mencionar*)	jeter (*jogar [fora]*)
j'appelle	je jette
tu appelles	tu jettes
il/elle/on appelle	il/elle/on jette
nous appelons	nous jetons
vous appelez	vous jetez
ils/elles appellent	ils/elles jettent

A mudança na ortografia para uma consoante dupla dos verbos como **appeler** e **jeter** também ocorre em todas as formas do futuro e do condicional (Capítulo 15). Outros verbos como **appeler** e **jeter** incluem:

s'appeler	*chamar-se* (veja o Capítulo 12)
épeler	*soletrar*
projeter	*planejar; projetar*
rappeler	*recordar; lembrar; relembrar*
se rappeler	*lembrar-se* (veja o Capítulo 12)
rejeter	*rejeitar; repelir*
renouveler	*renovar; reformar*

Je vous **rappelle** que nous sommes en retard.	*Eu o **lembro** de que estamos atrasados.*
Vous **jetez** déjà les journaux ?	*Você já **jogou fora** os jornais?*
On **projette** le film lundi prochain.	*Eles **projetam** o filme na próxima segunda-feira.*
Elles **appellent** leurs amis le soir.	*Elas **chamaram (ligaram para)** seus amigos à noite.*

Exercício 5.7

Traduza as frases para o francês usando os verbos conjugados como **appeler** *e* **jeter**.

1. Qual é o seu (*fml.*) nome? _____?
2. Meu nome é Rachelle. _____.
3. Você (*fam.*) ligou para (chamou) Marc? _____?
4. Eu não joguei as revistas fora. _____.
5. Como se (**on**) soletra o nome? _____?
6. Nós planejamos tirar férias. _____.
7. Eu ligo para minha mãe aos sábados. _____.
8. Ela ligará para Zoé de novo esta noite (**ce soir**). _____.
9. Ele não arremessou a bola (**le ballon**). _____.
10. Nós reformamos o banheiro. _____.
11. Ela rejeita a ideia. _____.
12. Você (*fml.*) descartou os jornais velhos? _____?
13. Estou renovando o passaporte. _____.
14. Quando eles (**on**) vão exibir o filme? _____?
15. O que eles planejaram? _____?

Verbos como *envoyer* (enviar) e *essayer* (tentar)

Verbos com os infinitivos terminando em **-yer** mudam o **-y-** para **-i-** antes de um **e** mudo na terminação do verbo conjugado. Essa mudança na ortografia não ocorre nas formas **nous** e **vous**.

Presente de *envoyer* e *essayer*

envoyer (*enviar*)	**essayer** (*tentar*)
j'envo**i**e	j'essa**i**e
tu envo**i**es	tu essa**i**es
il/elle/on envo**i**e	il/elle/on essa**i**e
nous envoyons	nous essayons
vous envoyez	vous essayez
ils/elles envo**i**ent	ils/elles essa**i**ent

A mudança na ortografia dos verbos como **envoyer** também ocorre no futuro e no condicional (Capítulo 15).

Alguns escritores franceses não fazem essa mudança nos verbos que terminam em **-ayer** (**essayer** e **payer**), mantendo o **-y-** antes do **e** mudo (**j'essaye**, **elles essayent**). A pronúncia permanece igual: [jê-sé, el-ze-sé]. Outros verbos como **envoyer** e **essayer** incluem:

aboyer	*latir (cachorro)*
appuyer (sur)	*descansar sobre; apoiar; sustentar*
employer	*usar, empregar*
ennuyer	*chatear; perturbar*
essuyer	*limpar; aguentar, sofrer*
nettoyer	*limpar*
s'ennuyer	*estar/ficar entediado* (veja o Capítulo 12)
payer	*pagar*

Elles **envoient** des cartes au Nouvel An.   *Elas **enviam** cartões no Ano-Novo.*

Le samedi nous **nettoyons** la salle de bains.   *Nós **limpamos** o banheiro aos sábados.*

Je t'assure. Ce chien **aboie** toute la nuit.   *Acredite. Esse cachorro **late** a noite toda.*

Vous **payez** les factures à la fin du mois ?   *Você **paga** as contas no fim do mês?*

 Exercício 5.8

Traduza as frases para o francês usando verbos conjugados como **envoyer** *e* **essayer**.

1. Eu envio cartões postais. _____.
2. Você (*fam.*) não teve sucesso. _____.
3. O cachorrinho (**petit chien**) late. _____.
4. Ela tenta ser paciente. _____.
5. Ele apoia meu pedido (**ma demande**). _____.
6. Você (*fml.*) não usa computador? _____?

Verbos -re Regulares no Presente e Verbos -er com Mudanças na Ortografia   103

7. Nós usamos dicionários. _____.

8. Eu limpo o fogão. _____.

9. Você (*fam.*) paga o almoço. _____.

10. Évelyne limpa a cozinha. _____.

11. Ela chateia os alunos? _____?

12. Eu pressiono as teclas (**les touches**). _____.

13. Nós pagamos seus salários (**leur salaire**). _____.

14. Você (*fml.*) usa bem o dinheiro (**l'argent**)? _____?

15. Eles enviam os livros. _____.

Exercício 5.9

Usando os verbos sugeridos, complete as frases, possivelmente usando o infinitivo. Cada verbo será usado apenas uma vez.

acheter, annoncer, appeler, commencer, envoyer, essayer, jeter, lever, manger, partager, payer, préférer, projeter, prononcer, répéter, voyager

1. _____-tu les provisions à l'épicerie ?

2. Marc et Sophie n'aiment pas la cuisine vietnamienne ; ils _____ la cuisine thaïlandaise.

3. On _____ le film à vingt-deux heures.

4. Marie est à la poste ; elle _____ un gros paquet.

5. Le repas dans ce restaurant est trop copieux ; donc, nous _____ le plat.

6. Je trouve les exercices difficiles, pourtant je/j' _____ de finir les devoirs.

7. Il est déjà tard. Quand _____-nous à dîner ?

8. Finalement, nous _____ bien les voyelles et les consonnes françaises.

9. Le mardi soir, je/j' _____ toujours les vieux journaux.

10. Le professeur _____ un examen pour demain.

11. Monique _____ toujours la main, pour répondre à une question.

12. Les enfants adorent _____ des bonbons.

Elementos da Sentença

13. Mes parents sont libres maintenant ; ils _____ beaucoup en Europe.

14. Tu _____ les factures (*contas*) à la fin du mois ?

15. Vous êtes aussi dans cette classe ? Comment vous _____-vous ?

16. En classe, le prof _____-t-il les phrases plusieurs fois ?

Vocabulário-chave

Quando viajamos, geralmente queremos substituir itens, comprar roupas novas ou lembrancinhas.

Les vêtements et les accessoires (Roupas e Acessórios)

un appareil-photo   (*uma câmera*)

des bas (*m.*)   (*meias*)

des boucles d'oreille (*f.*)   (*brincos*)

un bracelet   (*uma pulseira*)

un caleçon   (*uma cueca*)

une ceinture   (*um cinto*)

un chapeau   (*um chapéu*)

des chaussettes (*f.*)   (*meias*)

des chaussures (*f.*)   (*sapatos*)

une chemise   (*uma camisa*)

un chemisier   (*uma blusa*)

un collier   (*um colar*)

une écharpe   (*um lenço [tricotado]*)

un foulard   (*um lenço [seda]*)

des gants (*m.*)   (*luvas*)

un gilet   (*um colete*)

un jean   (*jeans*)

une jupe   (*uma saia*)

des lunettes (de soleil) (*f.*)   (*óculos [de sol]*)

un maillot de bain   (*uma roupa de banho*)

un manteau   (*um casaco, sobretudo*)

une montre   (*um relógio*)

un pantalon   (*uma calça comprida*)

des pantoufles (*f.*)   (*pantufas*)

un parapluie   (*um guarda-chuva*)

un portable   (*um celular*)

un portefeuille   (*uma carteira*)

un pull   (*um suéter*)

un pyjama   (*um pijama*)

une robe   (*um vestido*)

une robe de nuit   (*uma camisola*)

un sac (à main)   (*uma bolsa [de mão]*)

des sandales (*f.*)   (*sandálias*)

un short   (*shorts*)

un slip   (*uma calcinha*)

un sweat-shirt   (*um moletom*)

un T-shirt   (*uma camiseta*)

un soutien-gorge   (*um sutiã*)

une veste   (*uma jaqueta*)

Articles de toilette (Artigos Pessoais)

une brosse à cheveux	uma escova de cabelo
une brosse à dents	uma escova de dente
des couches (jetables) (f.)	fraldas (descartáveis)
une crème démaquillante	um creme de limpeza, para a pele
une crème solaire	um protetor solar
du démêlant (m.)	condicionador (cabelo)
du dentifrice (m.)	creme dental
du déodorant (m.)	desodorante
une éponge	uma esponja
du fil et une aiguille	linha e agulha
une lotion (après-rasage)	uma loção (pós-barba)
du maquillage (m.)	maquiagem
un miroir	um espelho
des mouchoirs (m.)	lenços
une lime à ongles	uma lixa de unha
du vernis à ongles (m.)	esmalte
du papier hygiénique (m.)	papel higiênico
du parfum (m.)	perfume
un peigne	um pente
des lames de rasoir (f.)	lâmina de barbear
un rouge à lèvres	um batom
un rasoir (électrique)	um barbeador (elétrico)
un savon	um sabonete
un sèche-cheveux	um secador de cabelo
des serviettes hygiéniques (f.)	absorventes
du shampooing (m.)	xampu
des tampons périodiques (m.)	absorventes internos

 ## Exercício 5.10

Escreva os nomes dos itens em francês.

1. um batom _____
2. cuecas _____
3. lâminas de barbear _____
4. brincos _____

106 Elementos da Sentença

    5. um cinto _____

    6. um relógio _____

    7. uma calça jeans _____

    8. uma roupa de banho _____

    9. uma bolsa _____

    10. lenços _____

    11. um secador de cabelo _____

    12. uma jaqueta _____

    13. óculos de sol _____

    14. um guarda-chuva _____

    15. uma carteira _____

    16. uma saia _____

    17. protetor solar _____

    18. um pente _____

    19. chinelos _____

    20. creme dental _____

Exercício 5.11

Você está fazendo as malas para viajar no verão. Escreva em francês os itens solicitados abaixo.

1. Vous organisez votre trousse de toilette (*artigos pessoais*). De quoi avez-vous besoin ?

_____

2. Vous partez pour la Martinique. Qu'est-ce que vous placez dans la valise ?

_____

3. Avant le voyage, achetez-vous certaines choses ? Qu'achetez-vous ?

_____

Interpretação de Texto

En ville

Le samedi matin vers onze heures, j'adore **retrouver** mes amies pour visiter les magasins et **les boutiques** de **notre centre-ville**. On réfléchit bien **avant de** choisir **les courses** : parfois, on a besoin de provisions pour le dîner de samedi soir. Ou bien, c'est bientôt **les Fêtes** et nous avons le plaisir de choisir **des cadeaux** pour **nos proches**, et naturellement pour **nous-mêmes** ! Les grands magasins et les hypermarchés sont bien, mais nous préférons fréquenter les petits commerces qui sont encore **tenus** par une **seule** famille : pour les aliments, il y a la boulangerie, le marchand de fruits et légumes et la boucherie, et pour **les autres achats**, il y a par exemple : la librairie-papeterie, la cordonnerie, la droguerie, etc. **En fin de matinée** nous passons à l'agence de voyages pour **feuilleter** des brochures et rêver de nos prochaines vacances.

À midi et demi, dans notre restaurant favori, le serveur nous demande : « Vous **êtes prêtes à commander** ? » Et nous **lui** demandons de recommander **quelque chose de bon**. Nous choisissons **une bisque de homard**, une salade verte, et comme dessert, **une bombe glacée** à **partager**.

retrouver	reencontrar
les boutiques (f. pl.)	lojas
avant de	antes
notre centre-ville (m.)	centro da cidade
les courses (f. pl.)	compras
les Fêtes (f. pl.)	feriados
des cadeaux (m. pl.)	presentes
nos proches (m. pl.)	nossos familiares
nous-mêmes	nós mesmos
tenu(e)(s)	mantido(a)(s), gerenciado(a)(s)
seul(e)	só, um(a)
les autres achats (m. pl.)	outras compras
en fin de matinée	no final da manhã
feuilleter	folhear
être prêt(e)(s) à	estar pronto(a)(s) para
commander	pedir
lui	ele
quelque chose de bon	algo de bom

une bisque de homard	*sopa de lagosta*
une bombe glacée	*sobremesa de sorvete*
partager	*dividir*

Perguntas

Depois da leitura, responda as perguntas em francês.

1. Quelles sont les activités de la narratrice et de ses (*dela*) amies ? Quelles courses choisissent-elles ?

   _____ .

2. Quels commerces préfèrent-elles ?

   _____ .

3. Que regardent-elles à l'agence de voyages ? Pourquoi ?

   _____ .

4. Qu'est-ce qu'elles commandent comme repas au restaurant ?

   _____ .

6

Expressando o Futuro com *aller,* Preposições e o Verbo *faire*

Verbo *aller* (ir)

O verbo **aller** é irregular no tempo presente. Ele expressa direção, movimento ou intenção.

Você notará que as conjugações de **aller** e **faire** (*fazer*) são parecidas em algumas formas, mas é melhor aprendê-las separadamente.

Presente do indicativo de aller (*ir*)

je **vais**	nous **allons**
tu **vas**	vous **allez**
il/elle/on **va**	ils/elles **vont**

Nous **allons** au resto, mais Richard **va** au cinéma.	*Nós **vamos** ao restaurante, mas Richard **vai** ao cinema.*
Mes sœurs **vont** bientôt à Paris.	*Minhas irmãs **vão** a Paris logo.*
Vous **n'allez pas** en Europe ?	*Você **não vai** para a Europa?*

Você já aprendeu as formas do verbo **aller** em várias expressões de saudações.

Comment **allez**-vous ?	*Como vai? (fml.) (Literalmente: Como **vai** você?)*
(Comment **vas**-tu ?)	*(Como está? [fam.])*
— Je **vais bien**, merci.	*— Estou bem, obrigado.*
Salut, ça **va** ?	*Oi, como **vai**? (fam.)*

109

110   Elementos da Sentença

— Ça **va** bien, merci.

(Ça **ne va pas** très bien.)

— *Bem, obrigado. (Tudo **indo** bem, obrigado.)*

(***Não** muito bem.*)

Exercício 6.1

*Complete as frases com as formas corretas do verbo **aller**.*

1. Tu _____ en Suisse cet été ?

2. Philippe _____ bientôt au travail.

3. Nous _____ au théâtre samedi soir.

4. Régine _____-t-elle à La Nouvelle-Orléans ?

5. Comment _____-vous ?

6. Comment _____ les enfants ?

Expressando o Futuro com *aller*

Aller + infinitivo (chamado **le futur proche**) normalmente é usado para expressar um evento no futuro, em geral, algo que acontecerá em um futuro próximo.

Aller + infinitivo também pode se referir a planos futuros mais distantes, eventos ou intenções.

On **va appeler** Simone.

Elles **vont quitter** Genève ce soir.

Tu **vas porter** un jean ?

Nous **allons décider** plus tard.

*A gente **vai chamar** a Simone.*

*Elas **vão deixar** Genebra esta noite.*

*Você **vai usar** jeans?*

*Nós **vamos decidir** mais tarde.*

As perguntas com **aller** + infinitivo são formadas com entonação ou **est-ce que** no modo habitual. A inversão, se usada, é feita com a forma conjugada de **aller**, antes do infinitivo.

Com Pronome Pessoal

Tu vas porter un jean ?

Est-ce que tu vas porter un jean ?

Vas-tu porter un jean ?

*Você **vai** usar jeans?*

Com Substantivo no Sujeito

Jean-Claude va porter un jean ?
Est-ce que Jean-Claude va porter un jean ?   *Jean-Claude vai usar jeans?*
Jean-Claude va-t-il porter un jean ?

Como com outros verbos, a construção *negativa* **ne... pas** fica em volta das formas conjugadas de **aller**. Em **aller** + infinitivo, **pas** antecede o infinitivo.

Elle **ne va pas** arriver avant midi.   *Ela não irá/vai chegar antes do meio-dia.*

Vous **n'allez pas** passer à la poste ?   *Você não vai passar no correio?*

Vocabulário-chave

As seguintes expressões geralmente são usadas com a construção **aller** + infinitivo. Elas podem seguir o verbo ou ficar no início ou final de uma frase.

Alors, quand vas-tu... ? **(Então, quando você vai...?)**

l'année prochaine	*no próximo ano*
après-demain	*depois de amanhã*
cet après-midi	*esta tarde*
bientôt	*logo, em breve*
demain	*amanhã*
dans huit/quinze jours	*em uma/duas semanas*
ce matin	*esta manhã*
la semaine prochaine	*na próxima semana*
ce soir	*esta noite, hoje à noite*
tout à l'heure	*daqui a pouco, logo*
tout de suite	*agora mesmo, imediatamente*
(un peu) plus tard	*(um pouco) mais tarde*
ce week-end	*este final de semana*

Je vais dîner **tout à l'heure**.   *Eu vou jantar **daqui a pouco**.*
Demain, nous allons retrouver nos copains.   ***Amanhã**, encontraremos nossos amigos.*
Où est-ce que tu vas loger **ce soir** ?   *Onde você vai ficar **hoje à noite**?*

Exercício 6.2

Crie e escreva uma pergunta usando os elementos dados, depois, responda em francês.

1. où/aller/vous/étudier/cet après-midi ?

   _____?
   _____.

2. quand/les étudiants/aller/quitter/le campus ?

   _____?
   _____.

3. combien de/argent/aller/vous/gagner (*ganhar*)/cet été ?

   _____?
   _____.

4. quel/aliments/aller/elle/acheter ?

   _____?
   _____.

5. que/aller/tu/nettoyer/ce week-end ?

   _____?
   _____.

Exercício 6.3

Leia a frase indireta em português e escreva a frase direta original em francês.

1. Simone disse que vai chegar esta tarde.

   « Je _____. »

2. A mãe disse que as crianças vão visitar o museu (**le musée**) na próxima semana.

   « Les enfants _____. »

3. Pierre diz que ele e Josette vão viajar no próximo ano.

   « Nous _____. »

Expressando o Futuro com aller, Preposições e o Verbo faire   113

4. Minha querida amiga Diane me perguntou se vou trabalhar este final de semana.

« _____?»

5. O pai perguntou às crianças aonde elas estão indo.

« Où _____?»

À, *de* e Outras Preposições

Uma *preposição* mostra a relação de um substantivo ou um pronome com outras palavras em uma sentença, cláusula ou frase. Em geral, as preposições vêm seguidas de verbos no infinitivo, substantivos ou pronomes.

- Algumas das preposições mais usadas são:

à	(em; para; no[a])	en	(em)
avec	(com)	pour	(por; para)
de	(de; a partir de; sobre)	sans	(sem)

Bruno arrive **avec** Éliane. / *Bruno chegou* **com** *Éliane.*

Roger va dîner **avec** nous. / *Roger vai jantar* **conosco***.*

Marceline parle souvent **sans** écouter. / *Marceline geralmente fala* **sem** *escutar.*

Est-ce que tu travailles **pour** gagner ta vie ? / *Você trabalha* **para** *sobreviver?*

J'aime voyager seul, **sans** compagnons. / *Eu gosto de viajar sozinho,* **sem** *companhia.*

- **En** geralmente é usado em expressões fixas de espaço e tempo. É melhor aprender cada expressão como um todo.

Nous sommes **en classe** ce matin. / *Nós estamos* **na aula** *esta manhã.*

Elle est **en retard/en avance**. / *Ela está* **atrasada***/chegou* **cedo***.*

Michel préfère voyager **en avion**. / *Michel prefere viajar* **de avião***.*

On skie **en hiver**. / *A gente esquia* **no inverno***.*

Exercício 6.4

Leia as frases, inserindo a tradução em francês dos elementos que faltam.

1. Ariane arrive (*sem Nicolas*) _____.
2. Est-ce que tu étudies (*para ter êxito*) _____?
3. Les élèves sont (*na aula*) _____ toute la semaine.
4. Je préfère entrer chez le dentiste (*sem esperar*) _____.
5. Est-ce que Roger travaille (*para pagar*) _____ le loyer (*o aluguel*) ?
6. Nous aimons aller à la plage (*no verão*) _____.

As Preposições *à* e *de*

As preposições **à** e **de** são tão comuns em francês que dificilmente são notadas, exceto quando se usa a errada!

À

A preposição **à** é usada em várias construções.

- *Para indicar **localização** ou **destino** (a [à, ao], em ou para) e com os nomes de muitas cidades*

    J'habite **à Bruxelles**. *Em moro **em Bruxelas**.*
    Elles vont **à la banque**. *Elas vão **ao banco**.*
    Est-ce que Pierre est **à la maison** ? *Pierre está **em casa**?*

- *Significando **para** ou **por**, antes de um objeto indireto (normalmente uma pessoa ou animal de estimação)*

    Tu donnes le pull **à Jacques**. *Você dá o suéter **para Jacques**.*
    Il demande le numéro **à Chantal**. *Ele pergunta o número **para Chantal**.*
    Attends ! Nous donnons à manger **à Fido** ! *Espere! Estamos alimentando **Fido**!*

Os seguintes verbos em francês *sempre* requerem **à** antes do objeto indireto.

   demander à   (*pedir a*)   parler à   (*falar com*)
   donner à   (*dar a*)   répondre à   (*responder [a]*)
   montrer à   (*mostrar a*)   téléphoner à (*telefonar, ligar para*)

Le prof **montre** la leçon à **l'étudiant**.

*O professor **mostra** a lição **ao aluno**.*

Patrick, tu **ne vas pas répondre à Maman** ?

*Patrick, você **não vai responder à sua mãe**?*

De/d'

A preposição **de/d'** é usada de quatro modos diferentes:

- *Para indicar de onde alguém ou algo vem*

  Est-ce que Salim est **de Marseille** ?

  *Salim é **de Marselha**?*

  Nous arrivons **d'Orléans**.

  *Nós viemos **de Orléans**.*

- *Para expressar posse e o conceito de pertencimento ou fazer parte de algo*

  Voici la valise **de Mme Leblanc**.

  *Eis a mala **de Mme Leblanc**.*

  Tu travailles à la librairie **de l'université** ?

  *Você trabalha na livraria **da universidade**?*

- *Quando usada com o verbo **parler** para se referir a algo*

  De quoi parlez-vous ?

  ***Sobre o que** você está falando?*

  — On parle **de** la nouvelle épicerie.

  *— Estamos falando **sobre** a nova mercearia.*

- *Quando usada como uma frase descritiva antes de substantivo*

Esse tipo de frase equivale a um adjetivo.

le professeur **de chimie**

*professor **de química***

la vie **d'étudiant**

*vida **de estudante***

le livre **de chinois**

*livro **de chinês***

l'agent **de voyages**

*agente **de viagem***

Substantivos podem ser usados com função adjetiva (*o livro de história*) e, como no português, o francês sempre usa **de/d'** + substantivo nesses casos (**le livre d'histoire**).

Contrações de *à* e *de* com os Artigos Definidos *le* e *les*

As preposições **à** e **de** devem ser combinadas aos artigos definidos **le** e **les** (*m.* e *f.* plural), formando as contrações abaixo. **La** e **l'** (*f.* e *m.*) *não* se combinam com **à** e **de**.

- *à + la = à la*

  Camille va **à la** boulangerie. *Camille vai **à** padaria.*

- *à + l' = à l'*

  Elle arrive **à l'**école. *Ela chega **à** escola.*

- *à + le = au*

  Elle va **au** cinéma. *Ela vai **ao** cinema.*

- *à + les = aux*

  Elle téléphone **aux** amis de Nicole. *Ela telefona **para os** amigos de Nicole.*

- *de + la = de la*

  Bernard arrive **de la** banque. *Bernardo chegou **do** banco.*

- *de + l' = de l'*

  Il rentre **de l'**université. *Ele retorna **da** universidade.*

- *de + le = du*

  Il rentre **du** travail. *Ele retorna **do** trabalho.*

- *de + les = des*

  Il rentre **des** champs. *Ele retorna **do** campo.*

Há uma **liaison** — ligação com o som [z] — quando **aux** e **des** antecedem um substantivo que começa com vogal: **aux‿hommes** [o-zóm], **des‿amis** [de-za-mi].

Exercício 6.5

Leia as perguntas e responda cada uma três vezes usando os substantivos fornecidos.

1. Annick répond à la dame ? — Non, elle... (élèves, serveur, femme du prof)

   _____.

   _____.

   _____.

2. De quoi parlez-vous ? De l'art africain ? — Non, nous... (livre de sociologie, musique des Beatles, sports américains)

   _____.

   _____.

   _____.

3. Khaled va arriver de Rabat ? — Non, il... (librairie, cours [*sing.*] d'anglais, Paris)

   _____.

   _____.

   _____.

Exercício 6.6

Traduza as frases para o francês.

1. aula de Michelle _____
2. o cardápio do restaurante _____
3. a bolsa da professora _____
4. a casa do Sr. Dupont _____
5. os livros das crianças _____
6. a conta (**la facture**) da farmácia _____
7. a jaqueta do vizinho (*m.*) _____
8. a escova de dentes da criança _____

Preposições de Localização

Veja algumas preposições comuns de localização, lugar ou posição. Vários grupos são opostos e podem ser aprendidos em pares.

Algumas preposições são compostas, ou seja, têm mais de uma palavra. O **de** em uma preposição composta, ou locução prepositiva, muda para **d'** antes de vogal e para **du** e **des** combinados aos artigos **le** e **les**, respectivamente: **à côté du mur** (*ao lado do muro*); **loin des grandes villes** (*longe das grandes cidades*).

à côté de   (*ao lado, próximo de*)
à droite de ≠ à gauche de   (*à direita [esquerda] de*)
entre   (*entre*)
à l'est de ≠ à l'ouest de   (*à leste [oeste] de*)
loin de ≠ près de   (*longe de ≠ perto de*)
en face de   (*diante de, em frente a*)
au nord de ≠ au sud de   (*ao norte [sul] de*)
par   (*por; através*)
dans ≠ hors de   (*em, dentro [fora] de*)
par terre   (*no chão/por terra*)
derrière ≠ devant   (*atrás ≠ na frente de*)
sous ≠ sur   (*sob ≠ sobre*)

Marielle est **dans** la cuisine.	*Marielle está **na** cozinha.*
Elle est **devant** le frigo.	*Ela está **na frente da** geladeira.*
Le frigo est **en face de** la fenêtre.	*A geladeira está **diante** da janela.*
Dans le frigo, le lait est **derrière** les œufs.	***Na** geladeira, o leite está **atrás** dos ovos.*
Les gâteaux sont **entre** le lait et les pommes.	*Os bolos estão **entre** o leite e as maçãs.*
Le chat est **par terre**, **à droite de** Marielle.	*O gato está **no chão**, **à direita de** Marielle.*
La boîte est **à côté du** lait, **près de la** porte.	*A caixa está **ao lado do** leite, **perto da** porta.*

Exercício 6.7

Leia as descrições e desenhe o que está descrito em uma folha de papel separada.

1. Il y a un livre à côté d'un crayon.

2. Il y a une pomme entre une banane et un sandwich.
3. Il y a un portefeuille dans le sac d'Anne-Marie.
4. Il y a une fenêtre à gauche du bureau du professeur.

Exercício 6.8

Leia as perguntas e responda cada uma com a preposição oposta.

1. Frédéric est **dans** la maison ?
   Non, il _____.
2. Marthe travaille-t-elle **près de** chez elle ?
   Non, elle _____.
3. Passons-nous **à gauche de** l'église ?
   Non, nous _____.
4. La voiture est-elle **devant** le cinéma ?
   Non, elle _____.
5. Est-ce que l'Allemagne est **à l'ouest de** la France ?
   Non, elle _____.
6. Les assiettes sont-elles **sous** la table ?
   Non, elles _____.

Preposições de Tempo e Sequência

As preposições que lidam com tempo e sequência podem ser difíceis de distinguir. As frases de exemplo e explicações a seguir ajudarão.

après + substantivo *após, depois*	
Je vais en ville *après* (**le**) déjeuner.	Vou para a cidade **depois do almoço**.

avant de/d' + infinitivo *antes (no tempo)*	
Nous dînons *avant de* regarder le film.	Nós jantamos **antes de assistir** o filme.

dans + período de tempo *em (o tempo transcorrido até algo ocorrer)*

Chantal arrive *dans* dix jours.	*Chantal chega em 10 dias (10 dias a partir de agora).*

depuis + ponto no tempo ou duração *desde, há (a ação ainda ocorre no presente)*

J'étudie le français *depuis* deux ans.	*Eu estudo francês há dois anos.*
J'étudie le français *depuis* janvier 2007.	*Eu estudo francês desde janeiro de 2007.*

en + período de tempo *em (quanto tempo leva para fazer algo)*

Il est possible de préparer un repas *en* une heure.	*É possível preparar uma refeição em uma hora.*

jusqu'à + ponto no tempo *até*

Laurence reste ici *jusqu'à* mercredi.	*Laurence fica aqui até quarta-feira.*

pendant + período de tempo *durante; por (duração de uma ação)*

Pendant l'année scolaire, René travaille dur.	**Durante o ano escolar**, *René trabalha duro.*
En été, je vais à Grenoble *pendant* deux semaines.	*No verão, vou para Grenoble* **por duas semanas**.

Pendant pode ser *omitida* com muita frequência antes da expressão de duração.

Je travaille **quatre heures** aujourd'hui.	*Eu trabalho* (**por**) *quatro horas hoje.*
Il regarde la télé **toute la journée** !	*Ele assiste TV* (**durante**) *o dia inteiro!*

pour *por (antes de expressão de tempo, usada apenas ao fazer planos futuros)*

Nous projetons d'aller au Brésil *pour* un mois.	*Nós planejamos ir ao Brasil* **por um mês**.

Não confunda **pendant** + duração com **pour** + duração. **Pendant** (*por, durante*) é a preposição usada para expressar *duração de tempo*, ao passo que **pour** (*por*) é usada apenas para expressar *planos futuros*.

Como Viajamos?

En é usada com os meios de transporte nos quais podemos *entrar*.

en autobus (en bus)	de ônibus
en autocar	de ônibus (*intermunicipal*)
en avion	de avião
en bateau	de barco
en camion	de caminhão
en métro	de metrô
en train	de trem
en voiture	de carro

À é usada com os meios de transporte nos quais se *monta*.

à bicyclette (à vélo)	de bicicleta
à cheval	a cavalo
à mobylette	de mobilete
à motocyclette (à moto)	de motocicleta
à scooter	de lambreta

À também é usada na expressão **à pied** (*a pé, andando*).

On va **à pied** au cinéma ?   A gente vai a pé ao cinema?

Exercício 6.9

Traduza as frases para o francês.

1. Após o café da manhã, vamos esperar por Marceline.

_____.

2. Eu acho que ela ficará pronta (**prête**) em duas horas.

_____.

3. Termino a tarefa em uma hora e meia.

_____.

122 Elementos da Sentença

4. Nós vamos andando ao supermercado?

_____?

5. Joseph e Christine vão para a Suíça (**en Suisse**) por três semanas.

_____ .

Perguntas com Preposições

Para perguntar sobre pessoas e coisas, os pronomes interrogativos algumas vezes são combinados com preposições.

Qui e *quoi* em uma Pergunta após Preposições

Após uma preposição, **qui** é usado para se referir a *pessoas* e **quoi** (*não* **que**) é usado para *coisas*. Use **est-ce que** ou a inversão.

Estude os exemplos abaixo, com e sem preposições. O verbo determina a preposição a ser usada, se houver.

Qui appelles-tu ?	*Quem você chama?*
À qui est-ce que tu téléphones ?	*Para quem você telefona?*
Avec qui est-ce qu'il travaille ?	*Com quem ele trabalha?*
Qu'est-ce que tu regardes ?	*O que você assiste?*
À quoi est-ce que le prof réfléchit ?	*Sobre o que o professor pensa?*
De quoi parlez-vous ?	*Do que você está falando?*

O Pronome Interrogativo *lequel*

Lequel, laquelle, lesquels e **lesquelles** (*qual*[is]?) referem-se a, e concordam com, uma ou mais pessoas ou coisas já mencionadas em uma frase ou conversa. As frases interrogativas que usam **lequel** geralmente são perguntas com uma palavra só.

On va regarder le film ce soir ?	*A gente vai assistir o filme esta noite?*
— **Lequel** ?	— *Qual?*
Voici des actrices françaises.	*Aqui estão as atrizes francesas.*
Laquelle est-ce que tu préfères ?	*Qual você prefere?*
Je choisis trois romans dans cette liste.	*Eu escolhi três romances na lista.*
— **Lesquels** (choisis-tu) ?	— *Quais (você escolheu)?*

Expressando o Futuro com aller, Preposições e o Verbo faire   123

Nas perguntas, **lequel** vem após uma preposição quando o verbo ou o substantivo seguinte pede uma.

De e **à** contraem com as sílabas **le** e **les** para formar **duquel**, **desquel(le)s**, **auquel** e **auxquel(le)s**. **Laquelle** não contrai (*de* **laquelle**, *à* **laquelle**).

Éric joue **dans** une pièce de théâtre.	*Éric atua **em** uma peça.*
— **Dans laquelle** joue-t-il ?	*— **Em qual** ele atua?*
Dans mon article, je parle **de** plusieurs sujets.	*Em meu artigo, falo **sobre** vários assuntos.*
— **Desquels** (parlez-vous) ?	*— **Sobre quais** (você fala)?*
Marianne et Guy vont **à** plusieurs conférences.	*Marianne e Guy vão **a** várias conferências.*
— **Auxquelles** (vont-ils) ?	*— **A quais** (eles vão)?*

Exercício 6.10

Responda as perguntas usando os substantivos fornecidos.

1. À qui téléphones-tu ? (professeur) _____.

2. Qu'est-ce que tu jettes ? (vieux journaux) _____.

3. À quoi penses-tu ? (vacances d'été) _____.

4. De qui parles-tu ? (vedettes [*estrelas*] de cinéma) _____.

5. De quoi as-tu besoin maintenant ? (verre de limonade) _____.

*Agora, complete cada pergunta com uma forma de **lequel**. Os antecedentes estão em itálico.*

6. Jeanne-Marie parle *plusieurs langues* (f.). — _____ est-ce qu'elle parle ?

7. Marc entre *dans une boutique*. — _____ entre-t-il ?

8. Je parle *de mes bons amis*. — _____ parles-tu ?

9. Nous pensons *aux romans policiers* (m. pl.). — _____ pensez-vous ?

10. Je préfère *un roman d'Alexandre Dumas*. — _____ préfères-tu ?

Vocabulário-chave

Veja o Capítulo 1 para obter uma lista de substantivos e adjetivos de nacionalidade.

Des pays du monde (Alguns Países do Mundo)

l'Afghanistan (*m.*) (*Afeganistão*)
l'Algérie (*f.*) (*Argélia*)
l'Allemagne (*f.*) (*Alemanha*)
l'Angleterre (*f.*) (*Inglaterra*)
l'Arabie saoudite (*f.*) (*Arábia Saudita*)
l'Autriche (*f.*) (*Áustria*)
la Belgique (*Bélgica*)
le Cameroun (*Camarões*)
le Canada (*Canadá*)
la Chine (*China*)
la Côte-d'Ivoire (*Costa do Marfim*)
l'Écosse (*f.*) (*Escócia*)

l'Égypte (*f.*) (*Egito*)
l'Espagne (*f.*) (*Espanha*)
les États-Unis (*m.*) (*Estados Unidos*)
la France (*França*)
la Grèce (*Grécia*)
l'Haïti (*m.*) (*Haiti*)
l'Indonésie (*f.*) (*Indonésia*)
l'Irak (*m.*) (*Iraque*)
l'Iran (*m.*) (*Irã*)
l'Irlande (*f.*) (*Irlanda*)

Israël (*m.*) (*Israel*)
l'Italie (*f.*) (*Itália*)
le Japon (*Japão*)
la Jordanie (*Jordânia*)
le Liban (*Líbano*)

la Libye (*Líbia*)
le Maroc (*Marrocos*)
le Mexique (*México*)
le Pakistan (*Paquistão*)
la Pologne (*Polônia*)
la République slovaque (*Eslováquia*)
la République tchèque (*República Tcheca*)
la Russie (*Rússia*)
le Sénégal (*Senegal*)
la Suisse (*Suíça*)

la Syrie (*Síria*)
la Thaïlande (*Tailândia*)
la Tunisie (*Tunísia*)
la Turquie (*Turquia*)
le Viêt-Nam (*Vietnã*)

Exercício 6.11

Escolha três ou mais países na lista acima para completar as afirmativas. Use o artigo definido (exceto para **Israël**).

1. _____ sont en Europe.

Expressando o Futuro com aller, Preposições e o Verbo faire   125

2. _____ sont en Afrique du Nord.

3. _____ sont dans le Moyen-Orient.

4. _____ sont en Asie.

Preposições com Nomes Geográficos

As preposições **à**, **en**, **au**, **de/d'**, **du** e **dans** são usadas com nomes geográficos em francês.

Gênero dos Nomes Geográficos

Em uma frase, os nomes dos continentes, países, províncias e estados geralmente são precedidos de um artigo definido masculino ou feminino.

La France est un beau pays.	*A França é um belo país.*
Le Canada et **le Mexique** participent à l'ALÉNA.	*O Canada e o México pertencem ao NAFTA.*

- Os nomes de lugares terminando em **-e** geralmente são *femininos*: **l'Italie** (*f.*). Há exceções: **le Mexique**.

- Os nomes de lugares que *não* terminam em **-e** geralmente são *masculinos*: **le Canada**. Veja exemplos na lista anterior.

- Os nomes da maioria dos continentes são *femininos*.

l'Afrique (*f.*)	(*África*)	l'Arctique (*m.*)	(*Ártico*)
l'Amérique (*f.*) du Nord	(*América do Norte*)	l'Asie (*f.*)	(*Ásia*)
l'Amérique (*f.*) du Sud	(*América do Sul*)	l'Australie (*f.*)	(*Austrália*)
l'Antarctique (*m.*)	(*Antártica*)	l'Europe (*f.*)	(*Europa*)
l'Océanie (*f.*)	(*Oceania ou Ilhas do Mar do Sul*; podem incluir a *Austrália* e *Nova Zelândia*)		

- Os nomes da maioria dos Estados dos EUA são *masculinos*: **le Kentucky**, **le Connecticut**. Contudo, nove Estados americanos têm nomes *femininos*:

la Californie	*Califórnia*	la Louisiane	*Louisiana*
la Caroline du Nord	*Carolina do Norte*	la Pennsylvanie	*Pensilvânia*

la Caroline du Sud	Carolina do Sul	la Virginie	Virgínia
la Floride	Flórida	la Virginie occidentale	Virgínia Ocidental
la Géorgie	Geórgia		

Canadá

Veja os nomes e gêneros em francês e português das províncias e territórios canadenses. A capital vem entre parênteses após o nome.

l'Alberta (*m.*)	Alberta (*Edmonton*)
la Colombie-Britannique	Colúmbia Britânica (*Victoria*)
l'Île-du-Prince-Édouard (*f.*)	Ilha do Príncipe Eduardo (*Charlottetown*)
le Manitoba	Manitoba (*Winnipeg*)
le Nouveau-Brunswick	Nova Brunswick (*Fredericton*)
la Nouvelle-Écosse	Nova Escócia (*Halifax*)
le Nunavut	Território de Nunavut (*Iqaluit*)
l'Ontario (*m.*)	Ontário (*Toronto*)
le Québec	Quebec (*Quebec*)
la Saskatchewan	Saskatchewan (*Regina*)
la Terre-Neuve-et-Labrador	Terra Nova e Labrador
les Territoires du Nord-Ouest (*m.*)	Territórios do Noroeste (*Yellowknife*)
le Yukon	Yukon (*território*) (*Whitehorse*)

Para, em e *de* com Nomes Geográficos

Cidades, estados, ilhas, países e continentes são usados com preposições diferentes.

- Com os nomes de *cidades* e muitas *ilhas*, use **à** para expressar *para* ou *em* e **de/d'** para expressar *de (procedência)*.

Nous habitons **à Genève**.   Nós moramos **em Genebra**.
Aujourd'hui, nous rentrons **de Paris**.   Hoje, nós voltamos **de Paris**.

Algumas cidades, como **La Nouvelle-Orléans** (*Nova Orleans*), **La Havane** (*Havana*), **Le Havre** e **Le Caire** (*Cairo*), sempre são expressas com um artigo definido. **Le** forma as construções normais com **à** e **de**.

Les Hébert arrivent **de La Nouvelle-Orléans**.	*Os Héberts chegaram **de Nova Orleans**.*
Ils voyagent **au Caire**.	*Eles viajaram **para o Cairo**.*

À e **de/d'** também são usadas com estados ou países localizados em ilhas ou grupos de ilhas.

Les étudiants vont **à Hawaï**.	*Os alunos vão **para o Havaí**.*
Cette famille arrive **d'Haïti**.	*Esta família chegou **do Haiti**.*
Je vais **à la Martinique** et **à la Guadeloupe**.	*Eu vou **à Martinica** e **à Guadalupe**.*

En também pode ser usada para expressar *para* com **Martinica** e **Guadalupe**.

- Com os países, estados e províncias *masculinos*, use **au** (**aux** no plural) para expressar *para* ou *em*, e **du** (**des** no plural) para expressar *de* (*procedência*).

Mes voisins retournent **au Japon**.	*Meus vizinhos voltaram **para o Japão**.*
Ils voyagent aussi **aux États-Unis**.	*Eles também viajaram **para os Estados Unidos**.*
On parle français **au Québec**.	*Fala-se francês **em Quebec**.*
Nous rentrons **du Mexique** et **du Texas**.	*Nós voltamos **do México** e **do Texas**.*
Cet avion arrive **des États-Unis**.	*Aquele avião chegou **dos Estados Unidos**.*
Sylvie est originaire **du Québec** et Roland, **du Nouveau-Brunswick**.	*Sylvie é do (**da província**) **Quebec** e Roland é **de Nova Brunswick**.*

Com os estados e províncias masculinos, algumas vezes é possível ver **dans le/l'** para *para* ou *em* e **du/de l'** para *de* (*procedência*).

New Haven est **dans le Connecticut**.	*New Haven fica **em Connecticut**.*
Carole rentre **de l'Ontario**.	*Carole voltou **de Ontário**.*

128 Elementos da Sentença

- Com nomes de continentes e países, estados e províncias femininos, **en** expressa *para* ou *em* e **de/d'**, sem o artigo, expressa *de* (procedência).

Les Métayer habitent **en Louisiane**.	*Os Métayers moram **em Louisiana**.*
Je vais **en Afrique** au mois de mars.	*Vou **para a África** em março.*
Il a une maison **en France**.	*Ele tem uma casa **na França**.*
Son vol arrive **d'Italie**.	*O voo dela chegou **da Itália**.*
Georges est originaire **de Pologne**.	*Georges é **da Polônia**.*
Voici un bon vin **de Californie**.	*Este é um bom vinho **da Califórnia**.*
Nous voyageons **en Bretagne** et **en Normandie**.	*Estamos viajando **para a Bretanha** e **Normandia**.*

- Os países masculinos que começam com uma *vogal* (**Israël**, **l'Irak**, **l'Iran**) também usam **en** para *para* e *em*, e **d'** para *de* (procedência).

Ce diplomate travaille **en Israël**.	*Aquele diplomata trabalha **em Israel**.*
Ses parents sont originaires **d'Iran**.	*Seus pais são **do Irã**.*
Voici des nouvelles **d'Irak**.	*Veja as notícias **do Iraque**.*

O país de **Israël** nunca é expresso com um artigo definido: **Israël est au Moyen-Orient**. (*Israel fica no Oriente Médio*.)

✎ Exercício 6.12

Insira a preposição correta em francês ou a preposição e o nome do país.

Para, em:

1. Nous allons _____ Bretagne cet été. — Moi, je préfère aller _____ Paris.

2. Les Dubois projettent de voyager _____ Turquie et _____ Grèce.

3. Vas-tu _____ Hawaï ?

4. J'aime mieux passer les vacances _____ Mexique.

5. Robert va travailler _____ Afrique pour six mois.

6. _____ Québec (*província*), tout le monde parle français.

7. Bangkok est _____.

8. Kaboul est _____.

De (procedência):

9. Ils arrivent _____ Canada.

10. Mes parents sont originaires _____ France.

11. Les soldats sont de retour _____ Irak.

12. Ce sont des oranges _____ Afrique du Nord.

13. Cet avion arrive _____ États-Unis.

14. La touriste téléphone _____ La Havane.

Verbo *faire* (fazer)

O verbo irregular **faire** é usado em várias expressões e contextos.

Presente de faire (*fazer*)

je **fais**	nous **faisons**
tu **fais**	vous **faites**
il/elle/on **fait**	ils/elles **font**

Qu'est-ce qu'on **fait** ce soir ?	*O que **vamos fazer** esta noite?*
— Nous **faisons** nos devoirs.	*— Nós **vamos fazer** o dever de casa.*
— Robert et Ginette **font** des courses.	*— Robert e Ginette **fazem** compras.*

Fais/fait [fé] e **faites** [fét] são pronunciados com a vogal aberta [é], mas **faisons** [fê-zOⁿ] é pronunciado com um **e** mudo [ê].

Je **fais** [fé] ma valise.	*Vou fazer as malas.*
Vous **faites** [fét] du sport ?	*Você pratica esportes?*
Nous **faisons** [fê-zOⁿ] le ménage aujourd'hui.	*Nós vamos limpar a casa hoje.*

Tempo Meteorológico, Dia e Noite

Use **faire** para descrever o tempo, indicar a mudança do dia para a noite e vice-versa. A forma impessoal singular **Il fait** é usada em todas as expressões.

Il fait beau.	*Está bom (o dia).*	Il fait frais.	*Está fresco.*
Il fait chaud.	*Está quente (faz calor).*	Il fait froid.	*Faz frio.*

Il fait du brouillard. *Tem neblina.*

Il fait du soleil. *Faz sol.*

Il fait du vent. *Está ventando.*

Il fait jour. *Amanheceu.*

Il fait mauvais. *Está ruim (o tempo).*

Il fait noir (nuit). *Está escuro (de noite).*

Demain, s'**il fait beau**, nous allons faire une promenade ; s'**il fait mauvais**, on va faire une partie de Scrabble.

En janvier, à Paris, **il fait jour** assez tard, et **il ne fait pas chaud** !

Amanhã, se **o tempo estiver bom**, *vamos passear; se* **estiver ruim**, *vamos jogar Scrabble.*

Em janeiro, em Paris, **amanhece** *bem tarde e* **não faz calor***!*

Outras Expressões do Tempo Meteorológico

As expressões impessoais **il pleut** (*chove*), de **pleuvoir**, e **il neige** (*neva*), de **neiger**, não usam o verbo **faire**.

N'oublie pas ton parapluie, **il pleut** !

À Chicago, **il neige** parfois en avril.

Não esqueça seu guarda-chuva, ***está chovendo****!*

Em Chicago, às vezes ***neva*** *em abril.*

Expressões Idiomáticas com o Verbo *faire*

Faire é usado em expressões para descrever muitas atividades: estudo, esporte, arte, passatempos e tarefas domésticas. Muitas expressões de emoção e relações também usam **faire**. As listas a seguir agrupam essas expressões idiomáticas mais ou menos de acordo com a atividade.

Des activités quotidiennes (Atividades do Cotidiano)

faire des achats   (*comprar, fazer compras*)

faire des courses   (*fazer compras*)

faire la cuisine   (*cozinhar*)

faire des économies   (*economizar dinheiro*)

faire la lessive   (*lavar roupa*)

faire le lit   (*fazer a cama*)

faire le marché   (*fazer compras no mercado*)

faire le ménage   (*limpar a casa*)

Expressando o Futuro com aller, Preposições e o Verbo faire

faire le plein   (*abastecer com gasolina*)
faire une promenade   (*fazer um passeio*)
faire la sieste   (*tirar uma sesta*)
faire sa toilette   (*lavar-se, aprontar-se*)
faire la vaisselle   (*lavar a louça*)
faire les valises   (*fazer as malas*)
faire de la vitesse   (*acelerar*)
faire un voyage   (*fazer uma viagem*)

Le samedi matin, Charles et Arielle **font le ménage, la lessive** et **le marché**. L'après-midi, ils **font la cuisine** ou bien, ils **font une sieste**.

*Sábado de manhã, Charles e Arielle **limpam a casa, lavam roupa** e **fazem compras**. À tarde, eles **cozinham** ou **tiram uma sesta**.*

Le sport et l'exercice physique (Esporte e Exercício)
faire de l'aérobic   (*fazer ginástica*)
faire du bateau (de la voile)   (*velejar*)
faire de la bicyclette (du cyclisme, du vélo)   (*andar de bicicleta*)
faire du camping   (*acampar*)
faire de l'équitation (du cheval)   (*andar a cavalo*)
faire de l'exercice   (*exercitar-se*)
faire du golf   (*jogar golfe*)
faire du jogging   (*fazer corrida, correr*)
faire de la motocyclette (de la moto)   (*andar de motocicleta*)
faire de la planche à voile   (*praticar windsurf*)
faire du ski   (*esquiar*)
faire du sport   (*praticar esportes*)
faire une partie de (tennis, football, etc.)   (*jogar uma partida de* [*tênis, futebol* etc.])

Tu **fais du sport** ?
— Je préfère **faire du camping**, mais ici, je **fais du jogging** et **du golf**.
On **fait du vélo** samedi matin ?

*Você **pratica (algum) esporte**?*
*— Eu prefiro **acampar**, mas aqui, eu **corro** e **jogo golfe**.*

*Vamos **andar de bicicleta** no sábado de manhã?*

Verbo *jouer* + Preposição

Jouer à (*jogar*) + artigo + substantivo também é usado para falar sobre *esportes e jogos*.

Quando necessário, faça as contrações **à** + **le** = **au** e **à** + **les** = **aux**.

Tu **joues au golf** ?   *Você **joga golfe**?*
Ils **jouent aux cartes** le dimanche.   *Eles **jogam cartas** todo domingo.*

Para falar sobre tocar um *instrumento musical* com **jouer**, use **jouer de** + artigo + substantivo.

Use a contração **de** + **le** = **du**, quando necessário.

Elles **jouent de la flûte**.   *Elas **tocam flauta**.*
Vous **jouez du piano** ?   *Você **toca piano**?*

Expressões com **faire** também podem ser usadas com instrumentos musicais.

Elles **font de la** flûte.   *Elas **tocam flauta**.*
Vous **faites du** piano ?   *Você **toca piano**?*

Les études **(Escola e Universidade)**
faire de la biologie (de la physique, de la chimie etc.)   (*estudar biologia [física, química etc.]*)
faire ses devoirs   (*fazer o dever de casa*)
faire son droit   (*estudar Direito*)
faire des (ses) études   (*estudar; estar na escola*)
faire des langues modernes   (*estudar línguas modernas*)
faire de la littérature   (*estudar Literatura*)
faire de la médecine   (*estudar Medicina*)

Monique **fait son droit** ; son petit ami **fait** aussi **ses études**. Il **fait de la chimie**. Le soir, ils **font** ensemble **leurs devoirs**.   *Monique **estuda Direito**; seu namorado também **está na faculdade**. Ele **estuda Química**. À noite, eles **fazem o dever de casa** juntos.*

Expressando o Futuro com aller, Preposições e o Verbo faire   133

Les arts et les passe-temps (Arte e Passatempos)

faire du bricolage   (*consertar; fazer bricolagem*)
faire de la couture   (*costurar; fazer roupas*)
faire de la guitare   (*tocar/aprender violão*)
faire de la musique   (*fazer/tocar música*)
faire de la peinture   (*pintar*)
faire de la photographie   (*fazer fotografia*)
faire du piano   (*tocar/aprender piano*)
faire de la poésie   (*escrever poesia*)
faire de la poterie   (*trabalhar com cerâmica*)
faire du théâtre   (*atuar*)

J'adore **faire de la poterie**, mais maintenant que j'ai une maison, nous **faisons du bricolage**.

*Eu adoro **trabalhar com cerâmica**, mas agora que tenho uma casa, nós **fazemos projetos de bricolagem**.*

Les émotions et les rapports humains (Emoções e Relações)

faire attention (à)   (*prestar atenção [em]*)
faire du bien (à)   (*fazer o bem; ser bom para*)
faire la connaissance de   (*encontrar [pela primeira vez], conhecer*)
faire du mal (à)   (*prejudicar [alguém]*)
faire de son mieux   (*fazer o melhor*)
faire partie de   (*pertencer, ser parte de*)
faire de la peine à   (*magoar [emocionalmente]*)
faire peur (à)   (*assustar, espantar*)
faire plaisir (à)   (*agradar [alguém]*)

Faites attention ! Vous **faites peur** aux enfants avec les masques.

*Cuidado! Você **está assustando** as crianças com as máscaras.*

Je **fais partie d'**un orchestre. Je **fais du saxo.** Je suis débutante, mais je **fais de mon mieux**.

Faço parte de uma orquestra. Eu toco saxofone. Sou iniciante, mas faço o melhor que posso.

Exercício 6.13

Traduza as frases para o francês. Use o verbo **faire** *ou uma expressão com* **faire**.

1. Eu adoro fotografar.

   _____.

2. Hoje o tempo está bom, mas faz frio.

   _____.

3. Marguerite cozinha e as crianças lavam a louça.

   _____.

4. Eu abasteço (o carro com combustível) às sextas-feiras.

   _____.

5. Os palhaços (**Les clowns**) assustam as crianças.

   _____.

6. Ele conhece o professor (*pela primeira vez*).

   _____.

7. Antes (**Avant de**) de viajar, quando você (*fml.*) faz as malas?

   _____?

8. Na escola, faço o melhor que posso.

   _____.

9. Marie-Christine estuda Medicina.

   _____.

10. Fazemos parte de clube esportivo (**une association sportive**).

    _____.

Exercício 6.14

Responda as perguntas pessoais.

1. Quand préférez-vous faire les devoirs ? _____.
2. Faites-vous de la musique ? Depuis quand ? _____.
3. Quel temps fait-il aujourd'hui ? _____.
4. Quels vêtements portez-vous quand il fait chaud ? _____.
5. Chez vous, qui fait le ménage ? _____.
6. Quelles tâches (*tarefas*) faites-vous ? _____.

Expressando o Futuro com aller, Preposições e o Verbo faire

135

Vocabulário-chave

Ao planejar uma viagem e durante a viagem, você presta muita atenção ao tempo e aos recursos naturais à sua volta. Veja as expressões listadas na seção anterior em "Tempo Meteorológico, Dia e Noite".

Le temps et l'environnement (Tempo Meteorológico e Ambiente)

l'atmosphère (f.)   (a atmosfera)
l'aube (f.)   (a alvorada)
la baie   (a baía)
le brouillard   (o nevoeiro)
la brume   (a neblina)
le canyon   (o cânion)
le ciel   (o céu)
la colline   (a colina)
la comète   (o cometa)
le continent   (o continente)
la côte   (a costa)
le coucher du soleil   (o pôr do sol)
le désert   (o deserto)
la dune   (a duna)
l'étoile (f.)   (a estrela)
la falaise   (o penhasco)
le fleuve   (o rio)
la foudre   (o relâmpago)
la grotte   (a caverna)
l'incendie (m.)   (o incêndio)
l'inondation (f.)   (a inundação)
le lac   (o lago)
le lever du soleil   (a aurora)
la lune   (a lua)
le marais   (o pântano, brejo)
la mer   (o mar)
la montagne   (a montanha)

la neige   (a neve)
les nuages (m.)   (as nuvens)
l'océan (m.)   (o oceano)
l'orage (m.)   (a tempestade)
l'ouragan (m.)   (o furacão)
la plage   (a praia)
la plaine   (a planície)
la pluie   (a chuva)
la pollution   (a poluição)
la poussière   (o pó)
le réchauffement de la planète   (o aquecimento global)
la rivière   (o rio [afluente])
la roche   (a pedra)
le ruisseau   (o riacho)
le sable   (a areia)
le soleil   (o sol)
la tempête   (a tempestade)
la terre   (a Terra; o solo, a terra)
le tonnerre   (o trovão)
le tremblement de terre   (o terremoto)
la vague   (a onda)
la vallée   (o vale)
le vent   (o vento)
le volcan   (o vulcão)

Exercício 6.15

Usando a lista de vocabulário anterior, crie uma lista de palavras que você associa a cada tópico abaixo.

1. la pluie : _____
2. la lune : _____
3. la montagne : _____
4. l'océan : _____
5. une catastrophe : _____

 Interpretação de Texto

Des projets de vacances

J'habite une petite ville en Bretagne. Cet après-midi j'attends **l'arrivée** de mon ami Christian. Il arrive de Belgique en autobus, et nous projetons de voyager **ensemble** pour une semaine, car ce sont les vacances de fin d'année. Il fait assez froid, et il va **peut-être pleuvoir** ou faire du brouillard. Donc, une randonnée à bicyclette, le moyen de transport que nous préférons, n'est pas pratique. Quoi faire ?

Alors, comme **tout le monde** en cette saison, on va partir en voiture. **D'abord**, nous faisons **tous les deux** une petite valise et un sac à dos. Nous n'avons pas beaucoup d'argent, donc, on demande à une copine, Mireille, de nous accompagner, pour la compagnie, bien sûr, et… pour partager **les frais**. Mireille et moi nous habitons la Bretagne depuis toujours, mais c'est la première visite de Christian. Notre route va **nous amener** à Quimper. Nous espérons visiter plusieurs musées et églises, et puis, nous allons au parc naturel régional de l'Armorique. Il y a 40.000 habitants dans cette région, **pourtant** elle a un air tout sauvage. Nous avons l'intention de **voir** les estuaires, **les presqu'îles** et les archipels, **leurs** plages et leurs **oiseaux**. Après, si nous avons encore du temps, nous allons continuer **vers** Saint-Malo et finalement vers le Mont-Saint-Michel, un des monuments les plus importants de France.

l'arrivée (*f.*)   (*a chegada*)
ensemble   (*junto*)
peut-être   (*talvez*)
pleuvoir   (*chover*)

tout le monde   (*todos*)
d'abord   (*primeiro*)
tous les deux   (*ambos[as]*)
les frais (*m.*)   (*despesa[s]*)

Expressando o Futuro com aller, Preposições e o Verbo faire

nous amener   (*nos levar*)
pourtant   (*porém, no entanto*)
voir   (*ver*)
vers   (*em direção a*)

les presqu'îles (*f.*)   (*penínsulas*)
leurs   (*seus*)
les oiseaux (*m.*)   (*pássaros*)

Perguntas

Após ler o texto, responda as perguntas em francês.

1. Qu'est-ce que les deux amis vont faire ? Qu'est-ce qu'ils préfèrent faire ?

   _____ .

2. Quel temps fait-il en Bretagne ? Quel temps fait-il chez vous en hiver ?

   _____ .

3. Qui va accompagner les deux amis ? Pourquoi ? Et vous, aimez-vous voyager seul(e) ou avec des amis ?

   _____ .

4. Qu'est-ce que vous allez faire ce week-end ? Et pendant les vacances, que faites-vous ?

   _____ .

7

Verbos Irregulares I e Construções Verbo + Verbo

Aprendendo Verbos Irregulares

Como em outros idiomas, os verbos irregulares em francês são os mais comuns. É útil aprendê-los em grupos, ou "famílias", geralmente identificadas pela ortografia do infinitivo.

As formas conjugadas nesses grupos nem sempre são idênticas entre si, mas suas semelhanças ajudarão a memorizar as formas.

Verbos como *partir*

Os verbos conjugados como **partir** algumas vezes são chamados de verbos **-ir** irregulares.

Presente do indicativo de partir	
je **pars**	nous **partons**
tu **pars**	vous **partez**
il/elle/on **part**	ils/elles **partent**

Observe que, no presente, as formas no *plural* dos verbos como **partir** têm as mesmas terminações dos verbos **-er**. Outros verbos como **partir** incluem:

dormir	*dormir*
mentir	*mentir*
sentir	*sentir, sentir o cheiro*
servir	*servir*
sortir	*partir; sair*

138

Verbos Irregulares I e Construções Verbo + Verbo

Nous **partons** tout de suite après le cours ?	*Nós **saímos** logo depois da aula?*
Tu pars en vacances cet été ?	*Você **sai** de férias este verão?*
Nous **ne sortons pas** sans Jeanne.	*Nós **não partiremos** sem Jeanne.*
Ah, je **sens** quelque chose de délicieux !	*Ah, eu **sinto o cheiro** de algo delicioso!*
Il **ment** comme il respire !	*Ele é um mentiroso nato! (Literalmente: Ele **mente** como respira!)*
Ne parle pas, les enfants **dorment**.	*Não fale, as crianças **estão dormindo**.*

Partir, sortir e quitter

Os verbos **partir**, **sortir** e **quitter** significam *sair*, mas são usados de maneiras diferente.

- **Partir** é usado sozinho ou seguido de preposição, em geral **de/d'** (*de*) ou **pour** (*por; na direção de*).

Quand **pars**-tu ?	*Quando você **parte**?*
— Je **pars** tout à l'heure.	*— Eu **parto** daqui a pouco.*
Dominique **part de** (**pour**) Paris.	*Dominique **saiu de** (**para**) Paris.*

- **Sortir** também pode significar *sair*. É usado sozinho ou com preposição para descrever *sair de* (*deixar*) *um local fechado*, como uma sala ou prédio.

     Sortir também significa *sair à noite* (*com um amigo* ou *amigos*).

La maîtresse **sort** quand la cloche sonne.	*A professora **sai** quando o sino toca.*
Les élèves **sortent** aussi **de** la salle.	*Os alunos também **saem da** sala de aula.*
Tu **sors** vendredi soir avec Luc ?	*Você **sairá** sexta à noite com Luc?*

- O verbo **quitter**, terminado em **-er**, requer um objeto direto, seja um lugar ou uma pessoa.

    Nous **quittons New York** en mai.   *Nós **partimos de Nova York** em maio.*

    Elle **quitte ses amis** à midi.   *Ela **deixa seus amigos** ao meio-dia.*

    Je vais bientôt **quitter cette réunion**.   *Eu **sairei da reunião** daqui a pouco.*

Exercício 7.1

*Traduza as frases para o francês, usando os verbos conjugados, como **partir**.*

1. Eu sirvo o café. _____.
2. Os gatos dormem muito. _____.
3. Você (*fml.*) não sai cedo? _____?
4. Éliane está indo para Nova York. _____.
5. Você (*fam.*) está dormindo? _____?
6. Vamos sair sexta-feira. _____.
7. O pai serviu o jantar. _____.
8. A testemunha (**le témoin**) está mentindo? _____?
9. Sinto dificuldade aqui. _____.
10. Você (*fml.*) sente o cheiro da sopa? _____?

Verbos como *venir* (vir; chegar)

Verbos como **venir**, outro grupo de verbos **-ir** irregulares, têm uma mudança no radical **-e-** (de **-e-** para **-ie**) em todas as formas, *exceto* **nous** e **vous**. (Note que vários outros verbos irregulares têm uma mudança no radical, *exceto* **nous** e **vous**.)

Presente de venir (*vir; chegar*)

je **viens**	nous **venons**
tu **viens**	vous **venez**
il/elle/on **vient**	ils/elles **viennent**

Verbos Irregulares I e Construções Verbo + Verbo

Tu **viens** voir le jardin de ma mère ?

*Você **vem** ver o jardim da minha mãe?*

Tes sœurs **viennent**-elles à la plage ?

*Suas irmãs **vêm** à praia?*

Nous **venons** aussi.

*Nós **viemos** também.*

On **vient** chercher Myriam après le déjeuner.

*A gente **virá** buscar Myriam após o almoço.*

Outros verbos como **venir** incluem:

devenir	*tornar-se*
intervenir	*intervir, interromper*
obtenir	*obter, conseguir, pegar*
parvenir (à)	*ter êxito (em), conseguir*
revenir	*voltar*
tenir	*ter, manter*

Les valeurs montent; les riches **deviennent** plus riches !

*As ações sobem; os ricos **ficam** mais ricos!*

Un instant. Je **reviens** tout de suite.

*Um instante. Eu **volto** logo.*

Je tiens les billets pour ce soir.

*Eu **tenho** ingressos para esta noite.*

Nous **tenons** toujours le chien en laisse.

*Nós sempre **mantemos** o cachorro na coleira.*

Tu **interviens** quand tes amis sont tristes ?

*Você **intervém** quando seus amigos estão tristes?*

Usos Especiais de *venir* e *tenir*

Algumas construções com **venir** e **tenir** têm significados idiomáticos.

- **Venir de/d'** + infinitivo significa *ter acabado de fazer algo*. É chamado de **le passé récent**. Contudo, a expressão usa o *presente* de **venir**.

Je **viens de terminer** ce travail.

*Eu **acabei de terminar** o trabalho.*

Nous **venons de rendre visite** à Jean-Paul.

*Nós **acabamos de visitar** Jean-Paul.*

Usar **venir de** + infinitivo oferece um modo de falar sobre o passado. Pode ser visto como o passado equivalente da construção **aller** + infinitivo do futuro próximo (*ir* + infinitivo).

Je **vais** bientôt **terminer** ce travail.
Eu *vou terminar* este trabalho daqui a pouco.

Nous **allons rendre visite** à Jean-Paul.
Nós *vamos visitar* Jean-Paul.

- **Venir chercher** significa *vir buscar algo ou alguém*. **Aller chercher** significa *ir buscar algo ou alguém*.

    Tu **viens chercher** Papa ?
    Você *vem buscar* o papai?

    Je **vais chercher** le journal.
    Eu *vou buscar* o jornal.

- **Tenir à** + uma pessoa significa *ser/estar ligado a*. **Tenir à** + infinitivo significa *estar determinado a fazer, estar inclinado a fazer algo*.

    Cet enfant **tient** beaucoup **à son frère**.
    Aquela criança é muito *ligada ao irmão*.

    Je **tiens à visiter** Paris.
    Eu *estou determinado a visitar Paris*.

- **Tenir compte de** + uma pessoa ou coisa significa *levar em conta, prestar atenção em*.

    Tu **tiens compte des** besoins de tes amis ?
    Você *leva em conta* as necessidades de seus amigos?

 Exercício 7.2

Diga e escreva as frases em francês, usando os verbos conjugados como **venir** e **tenir**. Use a expressão **venir de/d'** + infinitivo (acabar de...), quando necessário.

1. Ele volta às duas horas. _____.
2. Estamos segurando os pacotes (**les colis**). _____.
3. Elas chegaram tarde. _____.
4. Eu acabei de almoçar. _____.
5. Você (*fam.*) acabou de chegar? _____?
6. Renée e Yves não vêm agora. _____.
7. Sou muito (**beaucoup**) amoroso com meus (**mes**) amigos. _____.
8. Estamos ficando ricos? _____?

Verbos Irregulares I e Construções Verbo + Verbo

9. Você (*fam.*) leva os outros em conta? _____?

10. Estou pegando os livros para você (**toi**). _____.

Dire (dizer, contar), *lire* (ler) e *écrire* (escrever)

Os verbos **dire**, **lire** e **écrire** são de comunicação. Suas conjugações têm padrões semelhantes, exceto para a forma **vous**.

Presente de *dire* e *lire*

dire (*dizer, contar*)		**lire** (*ler*)	
je **dis**	nous **disons**	je **lis**	nous **lisons**
tu **dis**	vous *dites*	tu **lis**	vous *lisez*
il/elle/on **dit**	ils/elles **disent**	il/elle/on **lit**	ils/elles **lisent**

Observe a ortografia de **dire** e **lire** nas formas **vous**: **vous dites, vous lisez**.

On **dit** toujours bonjour aux personnes âgées.	*A gente sempre **diz** olá aos mais velhos.*
Elles **disent** qu'elles vont être en retard.	*Elas **dizem** que chegarão tarde.*
Nous **lisons** le journal tous les matins.	*Nós **lemos** jornal toda manhã.*
— Vous **lisez** aussi Le Monde ?	*— Você também **lê** o Le Monde?*

Outros verbos como **dire** incluem:

contredire   (*contradizer* [vous contre**disez**])
interdire (à qqun de faire qqch)   (*impedir, proibir* [*alguém de fazer algo*] [vous inter**disez**])
redire   (*dizer de novo, repetir*)

Observe a ortografia (**-isez**) na forma **vous** de **contredire** e **interdire**.

Ces recherches **contredisent** ce qu'on dit.	*As pesquisas **contradizem** o que é dito.*

Outro verbo como **lire** é **élire** (*eleger*).

Nous **élisons** toujours de bons candidats.	*Nós sempre **elegemos** bons candidatos.*

144   Elementos da Sentença

Presente do indicativo de écrire (*escrever*)

j'**écris**	nous **écrivons**
tu **écris**	vous **écrivez**
il/elle/on **écrit**	ils/elles **écrivent**

Tu **n'écris pas** à ta mère ? — *Você **não escreve** para sua mãe?*

Mon amie **écrit** son deuxième roman. — *Minha amiga **escreve** seu segundo romance.*

D'abord vous écoutez, puis vous **écrivez**. — *Primeiro, você escuta, depois, **escreve**.*

Qu'**écrivent** ces étudiants ? — *O que os alunos **escrevem**?*

Outros verbos como **écrire** incluem:

décrire	*descrever*
inscrire	*escrever, inscrever (matricular)*
transcrire	*transcrever*

Vous **inscrivez** votre nom sur cette liste. — *Você **inscreve** seu nome na lista.*

On **transcrit** le discours de l'avocat. — ***Transcreve-se** a declaração do advogado.*

Ces étudiants **décrivent** les difficultés. — *Esses alunos **descrevem** as dificuldades.*

Exercício 7.3

*Diga e escreva as frases em francês, usando verbos como **dire**, **lire** e **écrire**.*

1. Eu leio à noite. _____.

2. Você (*fml.*) faz o dever de casa? _____?

3. Nem sempre nós dizemos adeus. _____.

4. Quando eles escrevem e-mails (**des mails**)? _____?

5. Você (*fml.*) sempre diz a verdade (**la vérité**). _____.

6. O que ele diz? _____?

7. Ela escreve uma carta. _____.

Verbos Irregulares I e Construções Verbo + Verbo 145

8. O professor descreve o problema? _____?

9. Os alunos não leem o bastante (**assez**). _____.

10. Para quem você (*fam.*) diz olá? _____?

Verbos como *mettre* (colocar, pôr)

Mettre e os verbos nesse grupo são irregulares e o infinitivo termina em **-re**.

Presente do indicativo de mettre (*colocar, pôr*)

je **mets**	nous **mettons**
tu **mets**	vous **mettez**
il/elle/on **met**	ils/elles **mettent**

Il pleut, je **mets** mon imperméable.   *Está chovendo, eu **vou colocar** minha capa de chuva.*

Vous **mettez** ces livres sur la table ?   *Você **põe** os livros na mesa?*

On **ne met pas** les bananes dans le frigo.   *A gente **não coloca** as bananas na geladeira.*

Outros verbos como **mettre** incluem:

permettre (à qqun de faire qqch)   *permitir, deixar (alguém fazer algo)*
promettre (à qqun de faire qqch)   *prometer (a alguém fazer algo)*
remettre   *adiar; retornar; entregar*
soumettre   *submeter; apresentar*

Il est tard ; on **remet** la séance ?   *Está tarde; vamos **adiar** a sessão?*

Elles **soumettent** leur proposition.   *Elas **apresentaram** a proposta.*

La chaise est libre ? Vous **permettez** ?   *A cadeira está livre? **Posso** (ocupá-la)?*

Nas construções com **permettre** e **promettre**, a preposição **à** antecede o objeto indireto (em geral, uma pessoa) e a preposição **de/d'** antecede o infinitivo.

Je ne **permets** pas à Sophie d'acheter un scooter.
*Eu não **deixo** Sophie comprar uma lambreta.*

Vous **promettez de** dire la vérité ?
*Você **promete** dizer a verdade?*

O presente dos verbos **battre** (*atingir; bater; vencer*) e **combattre** (*lutar, combater*) lembram **mettre**.

Presente do indicativo de battre (*atingir; bater; vencer*)

je **bats**	nous **battons**
tu **bats**	vous **battez**
il/elle/on **bat**	ils/elles **battent**

Cette équipe **bat** des records tous les ans.
*Esta equipe **bate** recordes todo ano.*

Ces groupes **combattent** la faim.
*Esses grupos **combatem** a fome.*

Exercício 7.4

*Diga e escreva as frases em francês, usando verbos conjugados como **mettre**.*

1. Coloco o prato na mesa. _____.
2. A mesa está livre? Você (*fml.*) se importa? _____?
3. Você (*fam.*) está batendo o tapete (**le tapis**)?

   _____?

4. O que você (*fml.*) usa quando chove?

   _____?

5. O jogador (**Le joueur**) bate recordes. _____.
6. A gente (**On**) não estaciona o carro na rua. _____.
7. Você (*fml.*) promete chegar na hora?

   _____?

8. Nós não usamos sapatos em casa. _____.
9. Ela está adiando o encontro (**le rendez-vous**).

   _____.

10. Eu entreguei meu (**mon**) dever de casa. _____.

Verbos Irregulares I e Construções Verbo + Verbo 147

Pouvoir (poder) e *vouloir* (querer, desejar)

As formas **nous** e **vous** de **pouvoir** e **vouloir** também têm um radical distinto (**nous pouvons, vous voulez**). A terceira pessoa do plural (**elles veulent, ils peuvent**) lembra as formas do singular.

Presente do indicativo de *pouvoir* e *vouloir*

pouvoir (*poder*)		vouloir (*querer, desejar*)	
je **peux**	nous **pouvons**	je **veux**	nous **voulons**
tu **peux**	vous **pouvez**	tu **veux**	vous **voulez**
il/elle/on **peut**	ils/elles **peuvent**	il/elle/on **veut**	ils/elles **veulent**

Je peux tem uma forma alternativa: **je puis**. É usada na interrogativa formal invertida: **Puis-je... : Puis-je avoir une tasse de thé ?** *Posso beber uma xícara de chá?*

Pouvez-vous **arriver** avant midi ?	*Você **pode chegar** antes do meio-dia?*
— Non, mais je **veux déjeuner** quand même.	*— Não, mas eu **quero almoçar** mesmo assim.*
Qu'est-ce qu'on **peut manger** au resto-U ?	*O que **se pode comer** na cafeteria?*
— Nous **pouvons partager** une pizza.	*— Nós **podemos dividir** uma pizza.*

- **Pouvoir** e **vouloir** geralmente antecedem um infinitivo (verbo + verbo). O infinitivo vem diretamente após os verbos, sem preposição (tendo ou não uma preposição equivalente em português).

Je **peux marcher**.	*Eu **posso** (**sou capaz de**) **andar**.*
Elle **veut dîner**.	*Ela **quer jantar**.*

- Em uma construção verbo + verbo, os elementos da negação **ne... pas** ficam em torno da forma verbal conjugada. **Ne pas** (junto) também pode anteceder o infinitivo, caso ele seja negado.

Nous **ne voulons pas travailler** le dimanche.	*Nós **não queremos trabalhar** aos domingos.*
Ne peuvent-ils **pas venir** ?	*Eles **não podem vir**?*
Je peux aussi **ne pas partir**.	*Eu também **não** posso **sair**.*

148 Elementos da Sentença

- **Vouloir bien** + infinitivo significa *estar querendo* ou *contente por fazer algo*.

Je **veux bien accompagner** le groupe.	*Eu **ficaria feliz por acompanhar** o grupo.*
Voulez-vous **bien passer** par là.	*Siga por aqui.*
Qui veut aller au cinéma ?	*Quem quer ir ao cinema?*
— Moi, je **veux bien** !	*— Eu **ficaria contente**! (Eu **quero**!)*

- **Vouloir dire** expressa *querer dizer* ou *significar*.

Que **veut dire** « amuse-bouche » ?	*O que amuse-bouche **significa**?*
— C'est un petit plat à manger avant le dîner.	*— É um pequeno prato servido antes do jantar.*
Les prénoms Simon et Simone **veulent dire** « celui qui entend ».	*Os nomes Simon e Simone **significam** "aquele que ouve".*

Verbo *devoir* (ter que; dever)

O verbo **devoir** tem vários significados, todos indicando obrigação ou necessidade. Como **pouvoir** e **vouloir**, **devoir** normalmente é usado em uma construção verbo + infinitivo sem preposição: **Je dois partir**. *Eu devo partir*.

Presente do infinitivo de devoir *(ter que; dever)*

je **dois**	nous **devons**
tu **dois**	vous **devez**
il/elle/on **doit**	ils/elles **doivent**

Qu'est-ce que tu **dois faire** aujourd'hui ?	*O que você **tem que fazer** hoje?*
Doivent-elles **téléphoner** à Marie-Josée ?	*Elas **devem ligar para** Marie-Josée?*
Vous **devez terminer** le devoir ce soir.	*Você **deve terminar** o dever de casa esta noite.*
Nous **devons faire le plein** avant de partir.	*Nós **devemos encher o tanque** antes de partir.*

Verbos Irregulares I e Construções Verbo + Verbo

- O tempo presente de **devoir** na afirmativa ou negativa transmite *obrigação* ou *necessidade*.

Je **dois finir** ce travail.	*Devo terminar este trabalho.*
Nous **ne devons pas boire** de café le soir.	*Nós não devemos beber café à noite.*

Falloir também expressa obrigação ou necessidade. É usado apenas na terceira pessoa do singular: **il faut** + infinitivo (*é preciso...*, *é necessário...*).

Il **faut faire** de l'exercice tous les jours.	*É necessário fazer exercícios todos os dias.*
Il **ne faut pas** trop **manger** au dîner.	*Não é preciso comer demais no jantar.*

- **Devoir** + infinitivo também pode expressar *suposição* ou *probabilidade*.

Paul est absent ; il **doit être** malade.	*Paulo não veio; ele **deve estar** doente.*
Il fait gris ce matin ; il **doit pleuvoir**.	*Está cinza esta manhã; **deve** chover.*
Attendons un peu, ils **doivent** bientôt **arriver**.	*Vamos esperar um pouco, eles **devem chegar** logo.*
Quel beau bracelet ! Il **doit coûter** cher.	*Que lindo bracelete! **Deve ser** caro.*

- Quando **devoir** não é seguido de infinitivo, significa *ter dívida* (por exemplo, *uma soma em dinheiro*). A pessoa ou entidade à qual a quantia ou coisa é devida é expressa por um objeto indireto, começando com **à** ou **pour**.

Nous **devons** trois cents euros **à Papa**.	*Nós **devemos** trezentos euros **ao papai**.*
Je **dois** un service **à mon voisin**.	*Eu **devo** um favor **ao meu vizinho**.*
Les élèves **doivent** des devoirs **au prof**.	*Os alunos **devem** o dever de casa **ao professor**.*

Le devoir e les devoirs

O substantivo **le devoir** significa *tarefa* ou *obrigação*. **Les devoirs** são as tarefas da escola.

Je ne fais que **mon devoir**.   *Faço apenas **meu dever**.*

Faire ses devoirs significa *fazer o trabalho da escola* ou *o dever de casa*.

Roger **fait ses devoirs** l'après-midi.   *Roger **faz seu dever de casa** à tarde.*

Nous **faisons nos devoirs** le week-end.   *Nós **fazemos nossos deveres** no fim de semana.*

Verbos como *recevoir* (receber; ter convidados)

O tempo presente de **recevoir** (*receber*) lembra o presente de **devoir**. Observe o **-ç-** (**c** cedilhado) em todas as formas de **recevoir**, exceto para **nous** e **vous**. O **ç** mantém o som suave de [s].

Presente do indicativo de recevoir (*receber; ter convidados*)

je **reçois**   nous **recevons**
tu **reçois**   vous **recevez**
il/elle/on **reçoit** ils/elles **reçoivent**

Nous **recevons** des cadeaux tous les ans.   *Nós **recebemos** presentes todo ano.*

Reçoivent-elles le samedi soir ?   *Elas **têm convidados** sábado à noite?*

Vous **recevez** un salaire suffisant ?   *Você **recebe** um salário adequado?*

Outros verbos como **recevoir** incluem:

apercevoir   *perceber; vislumbrar*
s'apercevoir de   *notar* (Capítulo 12)
décevoir   *desapontar; decepcionar*

Tiens ! J'**aperçois** quelque chose.   *Espere! Eu **percebi** algo.*

Les prédictions économiques **déçoivent**.   *As previsões econômicas **desapontam**.*

Exercício 7.5

Complete cada frase com o verbo sugerido.

1. Je/J' _____ bientôt chercher un nouvel emploi. (devoir)
2. Nous _____ venir à l'heure aujourd'hui. (pouvoir)
3. Tu ne _____ pas accompagner Papa ? (vouloir)
4. Iris et Marie-Jo _____ voyager avec vous. (pouvoir)
5. Je/J'_____ quelqu'un au loin. (apercevoir)
6. Les notes (*notas*) de Monique _____. (décevoir)
7. Les jeunes élèves _____ rentrer tout de suite. (devoir)
8. Arnaud ne _____ pas payer son déjeuner. (pouvoir)
9. _____-tu de l'argent à tes amis ? (devoir)
10. _____-vous mettre votre nom ici ? (vouloir)

Exercício 7.6

Diga e escreva as frases em francês, escolhendo dentre **pouvoir**, **vouloir**, **devoir** *e verbos como* **recevoir**.

1. Você (**fml.**) pode ler isto (**ceci**)? _____?
2. Eu não quero dizer adeus. _____.
3. Ele deve duzentos euros a Claudine. _____.
4. Você (**fam.**) não deve mentir. _____.
5. Que bela pintura! Deve ser muito antiga. _____.
6. Não podemos vir esta noite. _____.
7. Anne não está aqui; deve estar doente (**malade**). _____.
8. Queremos eleger um bom presidente (**président**). _____.
9. Você (**fam.**) recebeu e-mails de Yvonne?
   _____?
10. Eles querem comprar uma casa. _____.
11. Posso beber duas xícaras de café? _____?
12. Devemos fazer o dever de casa. _____.

13. Ele não pode sair na hora certa. _____.

14. Elas devem jantar antes de sair. _____.

15. Você (*fam.*) quer assistir o filme? _____?

16. Eu percebo dois carros à distância (**au loin**). _____.

 ## Exercício 7.7

Responda as perguntas pessoais em francês.

1. Pensez à votre week-end ou à vos vacances. Qu'est-ce que vous voulez faire ?

   _____.

2. Quelles activités sont possibles ce week-end ? Qu'est-ce que vous pouvez faire ?

   _____.

3. Avez-vous des obligations particulières ? Que devez-vous faire ?

   _____.

4. Normalement, qu'est-ce qu'il faut faire tous les jours en semaine ?

   _____.

5. D'habitude, combien de coups de téléphone recevez-vous chaque (*todo*) jour ? Combien de mails ? Combien de lettres ?

   _____.

Construções Verbo + Verbo

Em uma construção verbo + verbo, o verbo conjugado é diretamente seguido de um infinitivo (sem preposição), **à** + infinitivo ou **de/d'** + infinitivo. Você já aprendeu várias dessas construções:

Je **vais faire** du ski en février.   *Eu **vou** esquiar em fevereiro.*
Ginette **réussit à contacter** son ami.   *Ginette **conseguiu contatar** seu amigo.*
Tu **décides d'accompagner** les élèves ?   *Você **decidiu acompanhar** os alunos?*

Verbos sem Preposição

Esses verbos são seguidos diretamente de um infinitivo (não é necessária uma preposição):

aimer (*amar*)	falloir (il faut) (*ser preciso, ser necessário*)
aller (*ir*)	pouvoir (*poder*)
désirer (*desejar*)	préférer (*preferir*)
détester (*detestar*)	savoir* (*saber*)
devoir (*dever*)	venir (*vir [fazer algo]*)
espérer (*esperar*)	vouloir (*querer, desejar*)

*NOTA: Você aprenderá a conjugação de **savoir** (*saber*) e seus usos no Capítulo 8.

Martin **déteste dîner** au restaurant ; il **préfère faire la cuisine**.	*Martin **detesta jantar** fora; ele **prefere cozinhar**.*
Non, nous **ne pouvons pas sortir**.	*Nós **não podemos sair**.*
On **doit terminer** la dissertation.	*A gente **tem que terminar** a dissertação.*

- Na forma negativa de uma construção verbo + verbo, **ne... pas** fica em volta do primeiro verbo (conjugado), seguido do infinitivo. (A construção **ne pas** junta antecede um infinitivo negativo.)

Je **n'aime pas faire** les devoirs le vendredi.	*Eu **não gosto de fazer** o dever de casa na sexta-feira.*
Nous **préférons ne pas sortir**.	*Nós **preferimos não sair**.*

- **Penser** + infinitivo significa *contar com* ou *planejar* fazer algo.

Odette **pense faire** des études de médecine.	*Odette **planeja estudar** Medicina.*
Ils **pensent passer** chez nous.	*Eles **pensam** em nos **visitar**.*

Verbos que Requerem *à* Antes do Infinitivo

Os verbos que requerem **à** antes do infinitivo incluem:

aider qqun à (*ajudar alguém a*)	hésiter à (*hesitar*)
arriver à (*conseguir fazer*)	inviter qqun à (*convidar alguém a*)
chercher à (*tentar*)	réussir à (*ter êxito*)
commencer à (*começar*)	servir à (*servir*)
continuer à (*continuar*)	tenir à (*fazer questão de*)
enseigner à qqun à (*ensinar alguém a*)	

Je **tiens à acheter** cet appareil photo.	*Eu **faço questão de comprar** aquela câmera.*
Patrick **cherche à gagner** assez d'argent.	*Patrick **está tentando ganhar** bastante dinheiro.*
Nous **invitons** nos amis **à partir** avec nous.	*Nós **convidamos** os amigos **a ir embora** conosco.*

- Vários verbos com **à** antes do infinitivo também podem ter um *objeto direto* ou *indireto* (antecedido por **à**).

J'**aide** les élèves **à faire** leurs devoirs.	*Eu **ajudo** os alunos a **fazer** o dever de casa.*
Michel **enseigne** à sa fille **à écrire**.	*Michel **ensina** sua filha **a escrever**.*

Verbos que Requerem *de/d'* Antes do Infinitivo

Os verbos e expressões verbais que requerem **de/d'** antes do infinitivo incluem:

accepter de	*aceitar, concordar com*
avoir peur de	*ter medo de*
choisir de	*escolher*
conseiller de	*aconselhar*
décider de	*decidir*
demander de	*perguntar*
dire de	*informar, contar*
empêcher qqun de	*impedir alguém de*
essayer de	*tentar*
éviter de	*evitar*
finir de	*terminar (de fazer algo)*
oublier de	*esquecer*
permettre à qqun de	*permitir alguém a*
promettre à qqun de	*prometer a alguém a*
refuser de	*recusar*
regretter de	*lamentar, se arrepender (de algo)*
rêver de	*sonhar com*
venir de	*acabar de (fazer algo)*

Verbos Irregulares I e Construções Verbo + Verbo   155

- Alguns verbos que têm **de/d'** antes do infinitivo também podem ter um objeto direto ou indireto (antecedido de **à**).

Le bruit **empêche** les enfants **de dormir**.	*O barulho **impede** as crianças **de dormir**.*
Je **permets** à mon frère **d'utiliser** l'ordinateur.	*Eu **permito** que meu irmão **use** o computador.*

- Uma frase pode ter mais de um infinitivo.

J'essaie d'éviter de faire des fautes.	*Eu **tento evitar cometer** erros.*
Nous **avons peur d'oublier de fermer** à clé.	*Nós **temos medo de esquecer de trancar** a porta.*

Exercício 7.8

Complete as frases inserindo as preposições corretas quando necessário.

1. Nous invitons André _____ déjeuner.

2. Vous commencez _____ mettre la chambre en ordre.

3. Tu veux _____ faire une promenade avec nous ?

4. J'aide le prof _____ corriger les copies.

5. Mireille continue _____ bien manger.

6. La bicyclette sert _____ amener Patrick à la faculté.

7. Nous détestons _____ travailler tard.

8. Hésites-tu parfois _____ dire la vérité ?

9. Oubliez-vous quelquefois _____ fermer la porte ?

10. Paul cherche _____ retrouver ses copains.

11. Est-ce que vous choisissez _____ changer de carrière ?

12. Mes amis essaient _____ quitter la ville pendant le week-end.

13. Caroline doit _____ ranger sa chambre aujourd'hui.

14. Réussissent-ils _____ gagner leur (*deles*) vie ?

15. L'instituteur empêche les enfants _____ jouer dans l'école.

16. Il ne faut pas _____ dormir en classe.

17. Nicolas finit _____ parler au téléphone.

18. Je regrette _____ ne pas pouvoir venir.

Exercício 7.9

*Traduza as frases para o francês. Cuidado com as construções verbo + verbo: aquelas sem preposição e com as preposições **à** e **de/d'**.*

1. Eu gosto de dançar. _____.
2. Preferimos ir a pé. _____.
3. Elas podem jogar golfe hoje. _____.
4. Você (*fam.*) precisa sair? _____?
5. Ele não quer almoçar. _____.
6. Nós vamos ajudar (**aider**) Guy. _____.
7. Você (*fml.*) espera estudar Direito? _____?
8. Eu ajudo meu (**mon**) amigo a terminar seu dever de casa.

_____.

9. Nós conseguimos vencer (**gagner**). _____.
10. Você (*fam.*) convidou Madeleine para comer conosco?

_____?

11. Eu começo a trabalhar às 10h? _____?
12. Eu ensino o aluno (**à l'élève**) a escrever. _____.
13. Nos recusamos a responder. _____.
14. Eles deixam que o vizinho (**au voisin**) use o cortador de grama (**la tondeuse**).

_____.

15. Você (*fam.*) esquece de comprar pão. _____.
16. Ela promete à mãe fazer as tarefas. _____.
17. Eu evito que os alunos cometam erros (**des fautes**).

_____.

18. Ele lamenta chegar tão tarde. _____.

Vocabulário-chave

Nós interagimos com a escrita todo dia. Veja uma lista do vocabulário apropriado.

Lire et écrire (Leitura e Escrita)

l'article (*m.*)   (*o artigo*)
l'auteur (*m.*)   (*o autor*)
la bibliothèque   (*a biblioteca; estante*)
la biographie   (*a biografia*)
le bloc-notes   (*o bloco de notas*)
le cahier   (*o caderno*)
la carte   (*o mapa; o menu*)
la carte postale   (*o cartão postal*)
le chapitre   (*o capítulo*)
le clavier   (*o teclado*)
le compte rendu   (*o resumo*)
le conte (de fées)   (*a história [conto de fadas]*)
le crayon   (*o lápis*)
le/la critique   (*a[o] crítica[o]*)
le dictionnaire   (*o dicionário*)
la dissertation   (*a dissertação*)
l'écran (*m.*)   (*a tela*)
les écrits (*m.*)   (*a obra*)
l'écrivain (*m.*)   (*o escritor*)
l'éditeur (*m.*)   (*o editor*)
l'édition (*f.*)   (*a edição*)
l'encyclopédie (*f.*)   (*a enciclopédia*)
l'enveloppe (*f.*)   (*o envelope*)
l'essai (*m.*)   (*o ensaio*)
l'étude (*f.*)   (*a [pesquisa], o estudo*)
l'examen (*m.*)   (*a prova, o teste*)
une feuille de papier   (*uma folha de papel*)
le fichier   (*o arquivo de computador*)
hebdomadaire   (*semanal*)

imprimer   (*imprimir*)
l'imprimante (*f.*)   (*a impressora*)
sur Internet (*m.*)   (*na internet*)
le journal   (*o jornal*)
la librairie   (*a livraria*)
la littérature   (*a literatura*)
le lien   (*o link, link da web*)
le livre (d'histoire)   (*o livro [de história]*)
le logiciel   (*o software*)
le magazine   (*a revista*)
le manuel   (*o manual*)
mensuel(le)   (*mensal*)
le mot   (*a palavra*)
le moteur de recherche   (*o mecanismo de pesquisa*)
la nouvelle   (*o conto; a notícia*)
l'ordinateur (*m.*)   (*o computador*)
du papier (*m.*)   (*o papel*)
les paroles (*f.*)   (*o texto [poema, música]*)
le paragraphe   (*o parágrafo*)
les petites annonces (*f.*)   (*os classificados*)
la phrase   (*a frase*)
la pièce (de théâtre)   (*a peça*)
le poème   (*o poema*)
la poésie   (*a poesia*)
le portable   (*o laptop; o celular*)
le programme   (*o programa*)
la publicité (la pub)   (*a publicidade*)
les recherches (f.)   (*as pesquisas*)
le/la rédacteur (-trice)   (*o[a] redator[a]*)

la revue (*o jornal*, a *crítica*)	le lecteur (la lectrice) (*o[a] leitor[a]*)
le roman (*o romance*)	la lettre (*a carta*)
le roman policier (*o romance policial*)	la souris (*o mouse*)
le site Web (*o site*)	le traitement de texte (*o processamento de texto*)
le stylo (*a caneta*)	les touches (*f.*) (*as teclas* [*teclado*])
la thèse (*a tese*)	
le timbre (*o selo postal*)	le/la traducteur (-trice) (*o[a] tradutor[a]*)
le/la journaliste (*o[a] jornalista*)	
le kiosque (*a banca de jornal*)	la traduction (*a tradução*)

Exercício 7.10

Complete cada frase com as palavras ou expressões lógicas da lista anterior.

1. Quand j'ai envie de lire pour le plaisir, je lis…

   _____

2. Quand on utilise un ordinateur, normalement on utilise aussi…

   _____

3. Pour écrire aux amis quand nous sommes sans Internet, nous avons besoin de/d'…

   _____

4. Quand je deviens écrivain professionnel, je vais devoir tenir compte de/du/des…

   _____

 Interpretação de Texto

Mes décisions

Je m'appelle Clarice. J'ai vingt-quatre ans et je fais des études d'**hôtellerie** à Lyon. Je viens de parler avec mon **directeur d'études**. On me dit que c'est le moment de choisir définitivement une carrière. Quoi faire ? **À l'avenir**, je veux tenir **une auberge haut de gamme**, dans un village **voisin** peut-être, avec **mon copain** Guillaume. Mais cette année j'ai d'autres décisions importantes à faire.

Verbos Irregulares I e Construções Verbo + Verbo

J'écoute **les conseils** de mes profs et je lis régulièrement les petites annonces de **la faculté** de mon école. J'ai plusieurs options : je peux **rester** à Lyon **faire un stage** dans un des **célèbres** restaurants de la ville. **Ou bien** je peux essayer de trouver un emploi **à l'étranger** — à Montréal, à New York, à San Francisco, ou même à La Nouvelle-Orléans. Mais je dois aussi penser à ma famille. Mes parents me disent de faire **ce que** je veux, qu'ils me **soutiennent** dans toutes mes décisions. Mais si je pars en Amérique du Nord, **ils vont me manquer** terriblement, **ainsi que** mon frère et ma petite sœur. **En revanche**, il y a Internet, nous pouvons **nous écrire** des mails, ils peuvent visiter l'Amérique et il y a toujours le téléphone. Et bien sûr, le temps passe **vite** !

l'hôtellerie (*f.*)	*hotelaria*
le directeur d'études	*orientador (acadêmico)*
à l'avenir	*no futuro*
une auberge	*albergue*
haut de gamme	*elegante*
voisin(e)	*vizinho(a) (adj.)*
mon copain	*meu amigo; meu namorado*
les conseils (*m.*)	*conselhos*
la faculté	*departamento (de uma escola ou universidade)*
rester	*ficar, permanecer*
faire un stage	*fazer um estágio*
célèbres (*pl.*)	*famosos*
ou bien	*ou*
à l'étranger	*no exterior*
ce que	*o que*
soutiennent (**soutenir**)	*dar suporte*
ils vont me manquer	*sentirei falta deles*
ainsi que	*assim como*
en revanche	*por outro lado*
nous écrire	*nos escrever (trocar correspondências)*
vite	*rapidamente*

Perguntas

Após ler o texto, responda as perguntas em francês.

1. Quel âge a Clarice ? Quelles études fait-elle ?

   _____.

2. Quelles décisions doit-elle faire cette année ?

   _____.

3. Qu'est-ce qu'elle veut faire à l'avenir ?

   _____.

4. En ce moment, quelles sont les possibilités de Clarice ?

   _____

5. Si elle va en Amérique du Nord, comment va-t-elle rester en contact avec la famille ?

   _____.

8

Verbos Irregulares II e Pronomes Relativos

Connaître (conhecer, ter conhecimento de) versus *savoir* (saber [fatos])

Os verbos irregulares **connaître** e **savoir** significam *saber, ter conhecimento de (algo ou alguém)*. Porém, são usados em contextos diferentes.

Presente do indicativo de *connaître* e *savoir*

connaître *(conhecer, ter conhecimento de)*	
je **connais**	nous **connaissons**
tu **connais**	vous **connaissez**
il/elle/on **connaît**	ils/elles **connaissent**

savoir *(saber [fatos])*	
je **sais**	nous **savons**
tu **sais**	vous **savez**
il/elle/on **sait**	ils/elles **savent**

Os verbos conjugados como **connaître** são escritos com um acento circunflexo (ˆ) na letra **-i-** nas formas onde **-î-** antecede **-t**, inclusive no infinitivo (**connaître, elle connaît**). O circunflexo também é visto no futuro e condicional de **connaître** (Capítulo 15).

Connaissez-vous bien la ville de New York ?	*Você **conhece** bem a cidade de Nova York?*
— Eh bien, je **sais** où trouver un bon restaurant français !	*— Bem, eu **sei** onde encontrar um bom restaurante francês!*
Arthur **sait** parler trois langues.	*Arthur **sabe** falar três idiomas.*

162 Elementos da Sentença

Outros verbos conjugados como **connaître** incluem:

apparaître	*(aparecer, surgir)*	paraître	*(parecer)*
disparaître	*(desaparecer)*	reconnaître	*(reconhecer)*

Reconnais-tu cette dame-là ?	*Você **reconhece** essa mulher?*
Ses idées me **paraissent** justes.	*Suas ideias me **parecem** corretas.*
Nous savons faire **disparaître** nos amis. On leur demande s'ils savent faire le ménage !	*Nós sabemos como fazer nossos amigos **desaparecerem**. Perguntamos se eles sabem limpar a casa!*

Usos de *connaître* e *savoir*

Os modelos de frases abaixo o ajudarão a aprender os significados de **connaître** e **savoir**.

- **Connaître** + substantivo significa *ter familiaridade*. Sempre requer um objeto direto ou pronome (pessoa, lugar, ideia ou coisa).

Tu **connais Marie-Laure** ?	*Você **conhece** Marie-Laure?*
— Non, je ne **la connais** pas.	*— Não, não a **conheço**.*
Connaissez-vous **les contes de Balzac** ?	*Você **conhece os contos de Balzac**?*
Pierre **connaît** très bien *le métro parisien*.	*Pierre **conhece** muito bem o **metrô de Paris**.*

- **Savoir** + frase subordinada significa *saber (um fato)*. **Savoir** pode ser seguido de um substantivo referindo-se a um fato ou informação simples. Porém, é mais frequente seguido de uma frase subordinada começando com **que**, **qui** *(quem)*, **quand** *(quando)*, **pourquoi** *(por que)*, **si** *(se)*, **où** *(onde)* ou **quel(le)(s)** *(qual[is])*.

Je **sais** l'adresse.	*Eu **sei** o endereço.*
Éloïse a trois ans ; elle **sait** déjà l'alphabet.	*Éloïse tem três anos; ela já **sabe** o alfabeto.*
Sais-tu **qui** parle ce soir ?	*Você **sabe quem** fala esta noite?*
— Désolée, je **ne sais pas**.	*— Desculpe, **não sei**.*
Nous **ne savons pas pourquoi** le train est en retard.	*Nós **não sabemos porque** o trem está atrasado.*

Seguido de infinitivo, **savoir** significa *saber como (fazer algo)*.

Je sais monter à bicyclette.   *Eu sei **andar de bicicleta**.*
Savez-vous **faire la cuisine** ?   *Você **sabe cozinhar**?*

Exercício 8.1

Crie frases no presente com os elementos fornecidos. Preste atenção nas formas verbais, contrações e concordância com verbos e adjetivos.

1. Françoise/connaître/bien/la ville/de/Dakar

   _____.

2. nous/savoir/jouer de/le trombone

   _____.

3. savoir/vous/qui/arriver/ce/soir ?

   _____?

4. ils/connaître/des artistes/italien

   _____.

5. savoir/on/pourquoi/Roland/ne... pas/venir ?

   _____?

6. je/reconnaître/toujours/la voix (*voz*) de/mon/ami

   _____.

7. connaître/tu/Adélaïde ?

   _____?

8. les étudiantes/paraître/heureux/aujourd'hui

   _____.

Exercício 8.2

Combine os verbos com as possíveis terminações de frase, escrevendo as letras correspondentes a **Je connais** *ou* **Nous savons** *nas linhas fornecidas.*

1. Je connais _____, _____, _____, _____.
2. Nous savons _____, _____, _____, _____.

    a. Paris
    b. faire de la céramique
    c. l'adresse du prof
    d. les romans d'Amélie Nothomb
    e. pourquoi la boutique est fermée
    f. nager
    g. la philosophie de J.-P. Sartre
    h. ton amie

Exercício 8.3

Responda as perguntas pessoais por extenso.

1. Quelles villes connaissez-vous bien ? Quels quartiers préférez-vous ?

   _____ .

2. Connaissez-vous des villes francophones ? Lesquelles ? Quels quartiers préférez-vous ?

   _____ .

3. Connaissez-vous des écrivains ou cinéastes (*cineastas*) français ou francophones ? Qui connaissez-vous ?

   _____ .

4. Savez-vous où vos grands-parents sont nés ? Où sont-ils nés ?

   _____ .

5. Quels sports savez-vous faire ?

   _____ .

6. Quelles tâches ménagères savez-vous faire ?

   _____ .

Voir (ver) e *croire* (crer, acreditar)

Voir e **croire** têm ortografias diferentes no infinitivo, mas suas conjugações são parecidas. As semelhanças irão ajudá-lo a memorizar os verbos.

Presente do indicativo de *voir* e *croire*

voir (*ver*)		croire (*crer, acreditar*)	
je **vois**	nous **voyons**	je **crois**	nous **croyons**
tu **vois**	vous **voyez**	tu **crois**	vous **croyez**
il/elle/on **voit**	ils/elles **voient**	il/elle/on **croit**	ils/elles **croient**

- **Revoir** (*rever*) é conjugado como **voir**. **Aller voir** significa *visitar, ir ver uma pessoa*.

- **Croire à** significa *acreditar em um conceito* ou *ideia*. **Croire en** significa *confiar em* (*uma pessoa*) ou *crer* (*em Deus*).

- **Je crois que oui** significa *acho que sim*; **je crois que non** significa *acho que não*.

Tu **vois** cet arbre ?	*Você vê aquela árvore?*
Voyez-vous ce que je veux dire ?	*Você vê o que quero dizer?*
Voyons si je suis libre dimanche. Je **crois** que oui.	*Vejamos se estou livre no domingo. Acho que sim.*
Elles **croient** qu'il a raison.	*Elas acreditam que ele está certo.*
Allons voir Grand-père demain.	*Vamos ver o vovô amanhã.*
Je le **revois** chaque fois que je vais à Lyon.	*Eu o revejo sempre que vou a Lyon.*
Je **ne crois pas** en l'existence de Dieu.	*Eu não creio na existência de Deus.*
— Faut pas le dire à mon père.	*— Você não deve contar a meu pai.*
Il **croit** ?	*Ele é crente? (Ele acredita?)*
— Mon père, oui.	*— Meu pai, sim.* (James Joyce, *Ulysses*)

Exercício 8.4

Traduza as frases para o francês. Use o presente de **voir** *e* **croire**.

1. Nós acreditamos. (Somos crentes.) _____.
2. Ela vê bem? _____?
3. Sophie e Bernard acreditam que estamos chegando. _____.
4. Você (*fam.*) vê Nicole às vezes? _____?
5. Acho que não. _____.
6. Elas acreditam em (**en**) Einstein! _____!
7. Eles veem o Sol de novo na primavera. _____.
8. Nós não vemos Jo com muita frequência. _____.
9. Ele acredita que é verdade (**c'est vrai**). _____.
10. Quem você (*fam.*) vê? _____?

Courir (correr) e *rire* (rir)

Os infinitivos de **courir** e **rire** são escritos de modo diferente, mas suas conjugações são parecidas. Aprenda-os junto.

Presente do indicativo de courir (*correr*)	
je **cours**	nous **courons**
tu **cours**	vous **courez**
il/elle/on **court**	ils/elles **courent**

O presente de **courir** lembra verbos como **partir**. Mas são diferentes no **passé composé** (Capítulo 13), futuro e condicional (Capítulo 15). Outros verbos conjugados como **courir** incluem:

accourir	*correr, apressar*
concourir	*competir, concorrer*
parcourir	*percorrer, viajar*
secourir	*socorrer, acudir*

Patrick et Nelly **courent** tous les matins.	Patrick e Nelly **correm** toda manhã.
Je **cours** ! Le bus va partir !	Eu ***vou correr**! O ônibus está saindo!*

Chaque été nous **parcourons** l'Europe.

*Todo verão nós **percorremos** a Europa.*

La foule **accourt** à l'arrivée des vedettes.

*A multidão **corre** quando as estrelas de cinema chegam.*

Presente do indicativo de rire (*rir*)

je **ris**	nous **rions**
tu **ris**	vous **riez**
il/elle/on **rit**	ils/elles **rient**

O verbo **sourire** (*sorrir*) é conjugado como **rire**.

Pourquoi **ris**-tu ? Ce n'est pas amusant !

*Por que você **ri**? Não é engraçado!*

Nous **sourions** aux gambades des petits chiens.

*Nós **sorrimos** com as travessuras dos cachorrinhos.*

On **rit** aux éclats aux frères Marx.

*As pessoas **riem** alto com os Irmãos Marx.*

Grupo *offrir* (oferecer, dar)

As terminações do tempo presente no grupo **offrir** são iguais às terminações do presente nos verbos **-er** regulares.

Presente do indicativo de offrir (*oferecer, dar*)

j'**offre**	nous **offrons**
tu **offres**	vous **offrez**
il/elle/on **offre**	ils/elles **offrent**

Outros verbos conjugados como **offrir** incluem:

couvrir	*cobrir*
découvrir	*descobrir, encontrar*
ouvrir	*abrir*
souffrir	*sofrer; tolerar*

J'**ouvre** la fenêtre. J'étouffe !

***Vou abrir** a janela. Estou sufocando!*

À Noël nous **offrons** toujours des cadeaux.

*No Natal, sempre **damos** presentes.*

Qu'est-ce qu'elle **découvre** dans ce document ?

*O que ela **descobriu** naquele documento?*

Nous **couvrons** la cage avant de sortir.

*Nós **cobrimos** a gaiola antes de sair.*

Exercício 8.5

*Traduza as frases para o francês usando o presente e os verbos dos grupos **courir**, **rire** e **offrir**.*

1. Nós corremos nos sábados de manhã. _____.
2. Ela ri muito? _____?
3. Os cachorros sorriem? _____?
4. Elas descobriram alguns efeitos (**effets**, *m.*) importantes. _____.
5. A quem você (*fam.*) deu os livros? _____?
6. Tenho um resfriado (**un rhume**)... Estou sofrendo! _____!
7. Você (*fml.*) corre se (**si**) está atrasado? _____?
8. Eles não abrem as janelas à noite (**la nuit**)? _____?
9. Sempre que (**Chaque fois que**) ele fala, nós rimos. _____.
10. Eu faço alguns exercícios, mas não corro. _____.
11. Os espectadores (**Les spectateurs**) correm quando veem o ator. _____.
12. Ela oferece comida aos sem-teto (**aux sans-abri**). _____.
13. Ele vai percorrer a Europa? _____?
14. Está frio. Vou cobrir as crianças. _____.
15. Você (*fml.*) vai abrir as portas agora? _____?

Grupo *conduire* (dirigir; conduzir)

Todos os verbos que terminam em **-uire** são conjugados como **conduire**.

Presente do indicativo de conduire (*dirigir; conduzir*)

je **conduis**	nous **conduisons**
tu **conduis**	vous **conduisez**
il/elle/on **conduit**	ils/elles **conduisent**

Outros verbos como **conduire** incluem:

construire	(*construir, edificar*)	réduire	(*reduzir*)
détruire	(*destruir*)	séduire	(*seduzir; atrair*)
produire	(*produzir*)	traduire	(*traduzir*)

Vous **conduisez** un bus ?	*Você **dirige** um ônibus?*
Quand il neige, on **conduit** avec beaucoup de soin.	*Quando neva, as pessoas **dirigem** com muito cuidado.*
C'est quoi cette musique ? Elle **séduit** les enfants.	*Qual é aquela música? Ela **atrai** as crianças.*
Roland ne comprend pas ; nous **traduisons**.	*Roland não entende; nós **traduzimos**.*

Suivre (seguir; acompanhar um curso) e *vivre* (viver)

A primeira e segunda pessoa do singular do verbo **suivre** (**je suis**, **tu suis**) são idênticas à primeira pessoa do singular de **être** (**je suis**). Sempre veja o contexto para esclarecer qual verbo está sendo usado.

Vivre significa *viver* em um sentido geral; também pode referir-se a lugares onde alguém vive. **Habiter** significa apenas *residir em*.

Presente do indicativo de *suivre* e *vivre*

suivre (*seguir; acompanhar [um curso]*)		vivre (*viver*)	
je **suis**	nous **suivons**	je **vis**	nous **vivons**
tu **suis**	vous **suivez**	tu **vis**	vous **vivez**
il/elle/on **suit**	ils/elles **suivent**	il/elle/on **vit**	ils/elles **vivent**

Est-ce que tu **suis** un cours d'italien ?	*Você **tem** aula de italiano?*
Le détective **suit** la suspecte.	*O detetive **segue** o suspeito.*
Pourquoi **suivez**-vous ce taxi ?	*Por que você **segue** aquele táxi?*

170   Elementos da Sentença

On **vit** bien sur la Côte d'Azur.	*Vive-se bem na Riviera.*
Combien de temps **vivent** ces papillons ?	*Quanto tempo as borboletas vivem?*

Outro verbo como **suivre** é **poursuivre** (*perseguir; prosseguir*).

Nous **poursuivons** nos études en Europe.	*Nós prosseguimos com nossos estudos na Europa.*
Poursuit-on cet homme en justice ?	*Aquele homem foi notificado pela justiça?*

Outros verbos como **vivre** incluem:

revivre	*reviver; ganhar vida*	survivre (à)	*sobreviver*

Grand-père **revit-**il ses expériences ?	*O avô reviveu suas experiências?*
Nous **survivons** grâce à nos économies.	*Nós sobrevivemos graças às nossas economias.*

Grupo *craindre* (temer)

A ortografia desse grupo de verbos -**ndre** irregulares tem um -**gn**- especial no plural.

Presente do indicativo de craindre (de) (*temer, ter medo de*)

je **crains**	nous **craignons**
tu **crains**	vous **craignez**
il/elle/on **craint**	ils/elles **craignent**

Les enfants **craignent** le noir.	*As crianças têm medo do escuro.*
Je **ne crains pas de** dire que je n'aime pas ce film.	*Eu não tenho medo de dizer que não gosto desse filme.*

Outros verbos como **craindre** incluem:

atteindre	*alcançar, conseguir*	peindre	*pintar*
feindre (de)	*fingir*	plaindre	*ter pena*

Le jour, elle est serveuse ; le soir, elle **peint**.
Enfin, nous **atteignons** nos objectifs.

Durante o dia, ela é garçonete; à noite, ela **pinta**.
Enfim, nós **alcançamos** nossos objetivos.

Exercício 8.6

Crie frases no presente, prestando atenção na concordância dos verbos, artigos e adjetivos.

1. les/étudiants/suivre/des/cours/intéressant

   _____ .

2. qu'est-ce que/vous/craindre ?

   _____ ?

3. nous/vivre/à/Lausanne

   _____ .

4. produire/on/beaucoup de/vin/en/Californie ?

   _____ ?

5. il/atteindre/finalement/la/destination

   _____ .

6. nous/conduire/lentement/quand/il/neiger

   _____ .

7. le/gendarme/poursuivre/les/suspects

   _____ .

8. je/vivre/pour/faire du ski !

   _____ !

9. ils/feindre/de/lire/le/livre/de maths

   _____ .

10. Jacqueline/ne... pas/conduire/en/hiver

    _____ .

11. revivre/elle/les/événements/difficile ?

    _____ ?

172   Elementos da Sentença

12. je/ne… pas/suivre/de/cours/de/physique

_____ .

13. traduire/elles/les/documents ?

_____ ?

14. vous/peindre/quand/vous/avoir/le/temps ?

_____ ?

15. tu/ne… pas/conduire/raisonnablement !

_____ !

16. généralement/un/orage/ne… pas/détruire/beaucoup de/arbres

_____ .

✎ Exercício 8.7

Traduza as frases para o francês usando o presente e os verbos dos grupos **conduire, suivre, vivre** *e* **craindre.**

1. Estou seguindo Jacques e David. _____ .

2. Nós não alcançamos nossos objetivos (**nos buts**). _____ .

3. Elas estão construindo uma casa nova? _____ ?

4. Os guardas (**Les gendarmes**) estão perseguindo o carro vermelho.

_____ .

5. Agnès faz aula de inglês. _____ .

6. Chloé e eu (**moi**) reduzimos o uso de energia (**l'utilisation d'énergie**).

_____ .

7. As tartarugas (**les tortues**, *f.*) vivem muito tempo? _____ ?

8. Você (*fam.*) dirige rápido! _____ !

9. Ele vive para comer; ela come para viver. _____ .

10. As crianças fingem estar doentes. _____ .

11. Ela não está pintando o quarto? _____ ?

12. Você (*fam.*) tem medo do frio? _____ ?

13. No inverno, temos pena especialmente (**surtout**) dos sem-teto (**les sans-abri**).

_____ .

Verbos Irregulares II e Pronomes Relativos — 173

14. A França produz muito queijo. _____.

15. Eu não moro no campo. _____.

16. A qual carreira você (*fml.*) aspira?

_____?

17. Em qual cidade os Dubonnets vivem? _____?

18. Você (*fml.*) traduz poemas de Baudelaire? _____?

19. Tio Olivier revive sua juventude.

_____ .

20. Os alunos de Química não têm aulas fáceis. _____.

Pronomes Relativos: *qui, que, où, dont* e *lequel*

Um pronome relativo (em português: *quem, que, qual, de quem, onde*) liga uma oração relativa (ou subordinada) à oração principal de uma frase. Uma oração subordinada tem um pronome relativo, sujeito e verbo, mas geralmente não pode existir sozinha. Veja as partes em negrito das frases a seguir:

O filme **que ela está assistindo** é um clássico.   (*que* = objeto da oração)

O homem **que pegou o carro** não era o dono.   (*que* = sujeito da oração)

Este é o restaurante **onde você comeu**?   (*onde* = lugar)

É o momento **quando nos encontramos**.   (*quando* = tempo)

Observe que as frases podem ficar sem as orações em negrito.

Que, qui e *où*

Qui é usado como *sujeito* e **que**, como *objeto direto* de uma oração relativa. **Où** é um pronome relativo usado para *tempo* ou *lugar*.

Qui ou *que* em uma Oração Relativa?

Qui (*quem, que, qual*) é o pronome relativo usado como *sujeito* de uma oração subordinada. Refere-se a pessoas e coisas. **Qui**, o sujeito da oração subordinada, antecede imediatamente o verbo conjugado da oração.

Nous avons une voiture. **Elle** ne marche pas.	*Nós temos um carro.* **Ele** *não anda.*
Nous avons une voiture *qui* **ne marche pas**.	*Nós temos um carro* **que** *não* **anda**.
Nous attendons le dépanneur. **Il** va réparer la voiture.	*Esperamos o mecânico.* **Ele** *vai consertar o carro.*
Nous attendons le dépanneur *qui* **va réparer la voiture**.	*Esperamos o mecânico* **que** *vai* **consertar o carro**.

Que (*quem, a quem, que, qual*) é o pronome relativo usado como *objeto direto* de uma oração relativa. Refere-se a pessoas e coisas. **Que/qu'**, o objeto direto da oração subordinada, geralmente é seguido de sujeito + verbo.

Les fraises viennent du Maroc. J'achète **les fraises**.	*Os morangos vêm de Marrocos. Eu compro* **os morangos**.
Les fraises *que* **j'achète** viennent du Maroc.	*Os morangos* **que** *eu* **compro** *vêm de Marrocos.*
Marc appelle une copine. Il rencontre souvent **cette copine** à l'université.	*Marc liga para uma amiga. Ele sempre encontra* **essa amiga** *na universidade.*
Marc appelle une copine *qu'***il rencontre** souvent à l'université.	*Marc liga para uma amiga* **que** *ele* sempre **encontra** *na universidade.*

Pronome Relativo *où*

Où, que você já conhece como pronome interrogativo *onde*, também é um pronome relativo de *tempo* e *lugar*. Significa *em, quando, qual ou onde*.

Voici la librairie **où** j'adore bouquiner.	*Eis a livraria* **onde** *eu adoro ler.*
Voilà le gymnase **où** nous faisons du karaté.	*Lá está o ginásio* **onde** *praticamos karatê.*
C'est le mois **où** les cours recommencent.	*É o mês* **quando** *as aulas começam.*
Pierre décrit les moments **où** il est heureux.	*Pierre descreve os momentos* **quando** *ele está contente.*

Exercício 8.8

Crie uma frase simples a partir de duas frases fornecidas. Use o pronome relativo sugerido para cada grupo. Em cada frase dos n° 6–15, as palavras em itálico devem ser omitidas.

Use **qui***:*

1. Je vais voir un ami. Il attend au café.

2. Papa achète une voiture. La voiture a cinq ans.

3. Tu veux voir le film ? Il décrit la vie en Afrique.

4. Nous aimons les étudiants. Ils répondent correctement.

5. J'ai un nouveau parapluie. Il marche très bien dans le vent.

Use **que***:*

6. Thérèse fait un beau tableau. Tu vas aimer *le tableau*.

7. Ils rangent la chambre. Vous allez peindre *la chambre*.

8. Je jette les vieux catalogues. Nous recevons *les catalogues*.

9. Tu choisis le professeur. Elle aime aussi *ce professeur*.

10. On appelle les clients. Pierre voit souvent *ces clients*.

Use **où**:

11. C'est le moment. Je préfère voyager à *ce moment-là*.

    _____ .

12. Nous pensons au jour. Marc arrive *ce jour-là*.

    _____ .

13. Ils achètent l'appartement. Je vais habiter *cet appartement*.

    _____ .

14. C'est une région chaude. On produit beaucoup d'oranges *dans cette région*.

    _____ .

15. Vous allez dans un musée. Ils offrent des visites guidées *dans ce musée*.

    _____ .

 ## Exercício 8.9

Complete cada frase com **qui, que** *ou* **où**.

1. Tu vois une place _____ on peut laisser la voiture ?
2. Margot attend les amis _____ doivent bientôt arriver.
3. On va à pied au café _____ Jeanne-Marie préfère.
4. Aimes-tu les boissons _____ sont gazéifiées (*com gás*) ?
5. C'est une rue _____ ils peuvent faire une belle promenade.
6. Je descends à un hôtel _____ a une bonne réputation.
7. L'hôtel a un restaurant _____ nous aimons dîner.
8. Le serveur, _____ apporte la carte, est toujours aimable.
9. Je n'aime pas vraiment les plats _____ vous choisissez.
10. Je préfère les salades _____ Sylvie recommande.
11. Tu veux une table dans la salle _____ Georges dîne déjà ?
12. Nous allons payer l'addition _____ le serveur prépare.

Pronomes Relativos com Preposições, *lequel e dont*

Às vezes, a oração relativa é formada com preposição (**à**, **de**, **avec**, **dans** etc.).

Qui como Complemento de uma Preposição

O pronome relativo **qui** geralmente é usado em uma oração subordinada como o complemento de uma preposição que se refere a *pessoas*.

C'est l'amie **avec qui** Pierre passe du temps.
*É a amiga **com quem** Pierre passa o tempo.*

C'est le collègue **à côté de qui** je travaille.
*É o colega **ao lado de quem** eu trabalho.*

Lequel como Pronome Relativo

Lequel (*o qual*), que você aprendeu como pronome interrogativo (*qual*), também pode ser um pronome relativo usado como complemento de uma preposição. Refere-se a coisas específicas e, às vezes, a pessoas. **Lequel** concorda em gênero e número com seu antecedente.

C'est le portable **avec lequel** tu préfères écrire ?
*Este é o laptop **com o qual** você prefere escrever?*

C'est la salle **dans laquelle** on monte la pièce.
*É o salão **no qual** montamos a peça.*

L'auteur **auquel** j'écris souvent est très connu.
*O autor, **ao qual** (**para quem**) eu sempre escrevo, é muito conhecido.*

Quando o pronome relativo se refere a uma pessoa, **qui** é mais usado.

L'auteur **à qui** j'écris souvent est très connu.
*O autor **para quem** eu sempre escrevo é muito conhecido.*

Où é preferido quando se refere a um lugar ou localização.

Voilà la salle **où** on monte la pièce.
*É o salão **onde** montamos a peça.*

Exercício 8.10

Complete cada frase com o equivalente em francês do pronome relativo dado em português. Alguns itens podem ter mais de uma resposta correta.

1. C'est le copain (*com quem*) _____ j'adore passer du temps.
2. Voici le voisin (*ao lado de quem*) _____ nous habitons.
3. Louis a un nouvel ordinateur (*com o qual*) _____ il écrit de la poésie.
4. On préfère les arbres (*m.*) (*sob as quais*) _____ on peut faire la sieste.
5. J'ai une table ancienne (*sobre a qual*) _____ tu peux mettre le vase.
6. Les politiciens (*para quem*) _____ nous écrivons répondent toujours.
7. Le boulanger (*para quem*) _____ je dois téléphoner fait les gâteaux.
8. Nous organisons une soirée (*durante a qual*) _____ il va raconter des histoires.
9. Je vois des pommes (*f.*) (*com as quais*) _____ on peut faire une belle tarte.
10. C'est le magasin (*ao lado da qual*) _____ tu vas trouver la poste.
11. Jeanne achète un studio (*no qual/onde*) _____ elle espère vivre.
12. Ce sont des chambres (*f.*) (*nas quais/onde*) _____ vous allez bien dormir.

O Pronome Relativo *dont*

O pronome relativo **dont** (*de quem, do[a] qual, cujo[a]*) substitui **de** + um objeto. **Dont** é preferido (às formas com **lequel**) quando a preposição ou a preposição implícita é **de**. Como pronome relativo, **dont** refere-se a pessoas e coisas.

É usado em vez de **de qui**, ao se referir a *pessoas* em expressões verbais com **de** (**parler de** *falar sobre*; **avoir peur de** *ter medo de*), e também substitui as construções possessivas com **de** ou com o adjetivo possessivo

Verbos Irregulares II e Pronomes Relativos

(Capítulo 10). Nos exemplos a seguir, note como **dont** liga as duas frases originais:

C'est une bonne amie. Odette parle souvent **de cette amie**.	É uma boa amiga. Odette geralmente fala **sobre essa amiga**.
C'est une bonne amie **dont** Odette parle souvent.	É uma boa amiga **sobre quem** Odette fala com frequência.
J'ai un jeune cousin. Les chiens **de mon cousin** sont adorables.	Tenho um primo jovem. Os cachorros de **meu primo** são adoráveis.
J'ai un jeune cousin **dont** les chiens sont adorables.	Tenho um primo jovem **cujos** cachorros são adoráveis.
Voici une jolie maison. J'aime le jardin **de cette maison**.	Eis uma bela casa. Eu amo o jardim **dessa casa**.
Voici une jolie maison **dont** j'aime le jardin.	Eis uma bela casa **cujo** jardim eu amo.

Exercício 8.11

Crie uma única frase a partir das duas dadas. Use **dont** em cada uma. (As palavras em itálico não aparecerão nas frases escritas.)

1. Voici la librairie anglaise. Liliane parle *de la librairie*.

   _____.

2. C'est le dictionnaire français. J'ai besoin *d'un dictionnaire français*.

   _____.

3. J'ai une bonne amie. La famille *de mon amie* est très aimable.

   _____.

4. Roger est un jeune avocat. Le travail *de Roger* est difficile.

   _____.

5. Ce sont des examens de maths. Les étudiants ont peur *des examens*.

   _____.

6. Les notes sont mauvaises. J'ai honte *de ces notes*.

   _____.

180   Elementos da Sentença

7. Le travail est impeccable. Catherine est fière *de son (dela) travail.*

———————————————————————————————————— .

8. Voilà un collègue. Je connais la femme *de mon collègue.*

———————————————————————————————————— .

9. La glace est délicieuse. Nathalie a envie *de glace.*

———————————————————————————————————— .

10. J.-P. Melville est un cinéaste classique. Nous apprécions les films *de J.-P. Melville.*

———————————————————————————————————— .

Pronomes Relativos Indefinidos: Afirmativas a partir de Perguntas

Os pronomes relativos **ce qui**, **ce que** e **ce dont** referem-se a coisas ou ideias indefinidas, *não* a pessoas. (**Ce** substitui o antecedente indefinido.) Essas expressões são traduzidas como *o que* em português. Nessas frases, **ce qui** é o sujeito, **ce que**, o objeto direto e **ce dont** substitui uma expressão com **de**.

J'explique **ce que** je fais au travail.   *Eu explico **o que** faço no trabalho.*
Nous ne savons pas **ce qui**   *Não sabemos **o que** interessa o*
    intéresse le public.   *público.*
Ce dont j'ai besoin, c'est d'un   ***O que** eu preciso é de um copo de*
    verre d'eau froide !   *água gelada!*

Os pronomes relativos indefinidos **ce qui**, **ce que** e **ce dont** correspondem a alguns pronomes interrogativos aprendidos no Capítulo 3.

Qu'est-ce qui est près de la porte ?   ***O que** está perto da porta?*
— Je ne vois pas **ce qui** est près de   *— Não sei **o que** está perto da*
    la porte.   *porta.*
Qu'est-ce qu'on fait ce soir ? (**Que**   ***O que** vamos fazer esta noite?*
    fait-on ce soir ?)
— Corinne demande **ce qu'**on fait   *— Corinne pergunta **o que** vamos*
    ce soir.   *fazer esta noite.*

De quoi é a expressão interrogativa para **ce dont**. **De quoi** também pode ser usado como um pronome relativo indefinido para expressões com **de**.

De quoi parle-t-il ?
— Je ne sais pas **ce dont/de quoi** il parle.

De quoi as-tu peur ?
— **Ce dont** j'ai peur c'est de la crise économique.

Sobre o que ele fala?
— Eu não sei *sobre o que* ele fala.

Do que você tem medo?
— *O que* tenho medo é da crise econômica.

Exercício 8.12

Complete cada frase com **ce que/qu'**, **ce qui**, **ce dont** *ou* **de quoi**.

1. Chez le marchand de vins, il achète _____ n'est pas cher.
2. Je ne sais pas _____ elle veut.
3. _____ parlez-vous en classe ?
4. Nous voyons _____ elle a peur.
5. _____ plaît toujours à toute la famille, c'est une promenade à la plage.
6. On ne sait pas toujours _____ va arriver.
7. _____ as-tu besoin, mon enfant ?
8. Crois-tu tout _____ tes grands-parents disent ?
9. Elles savent _____ nous pouvons faire.
10. _____ j'ai envie, c'est d'une pizza aux champignons.

Exercício 8.13

Escreva uma pergunta em francês que requer cada resposta abaixo. As perguntas variam.

1. Il est midi et demi. _____?
2. Ce dont nous parlons, c'est de nos études. _____?
3. J'invite plusieurs amis samedi. _____?
4. Nous faisons ce que nous voulons faire. _____?
5. Ce que je veux, c'est un week-end à la plage. _____?
6. Elles pensent à plusieurs acteurs. _____?

7. Ce qui arrive, c'est un événement significatif. _____?
8. Ce dont Julie a besoin, c'est d'un nouvel appartement. _____?
9. Il va faire mauvais demain. _____?
10. Nous voyons de nombreux films au festival. _____?

Vocabulário-chave

Em uma comunidade cada vez mais globalizada, as pessoas buscam trabalhos e profissões em outros países. Competências em outros idiomas são cada vez mais importantes. Note que várias profissões têm apenas uma forma masculina em francês. Às vezes, é possível ver expressões como: **une femme médecin, une femme ingénieur, une femme sculpteur** etc.

Les métiers et les professions (Trabalhos e Profissões)

l'acteur (-trice)   (*o ator [a atriz]*)
l'agent de change (*m.*)
   (*o[a] corretor[a]*)
l'agent de police (*m.*)   (*o policial*)
l'agent de voyages (*m.*)
   (*o agente de viagem*)
l'agriculteur (-trice)
   (*o[a] agricultor[a]*)
l'archéologue (*m., f.*)
   (*o[a] arqueólogo [a]*)
l'architecte (*m., f.*)
   (*o[a] arquiteto[a]*)
l'artisan(e)   (*o[a] artesão[ã]*)
l'artiste (*m., f.*)   (*artista*)
l'assistant(e) social(e)
   (*o[a] assistente social*)
l'astronome (*m., f.*)
   (*o[a] astrônomo[a]*)
l'athlète (*m., f.*)   (*o[a] atleta*)
l'auteur (*m.*)   (*o[a] autor[a]*)
l'avocat(e)   (*o[a] advogado[a]*)
le/la banquier (-ière)
   (*o[a] banqueiro[a]*)
le/la biologiste   (*o[a] biólogo[a]*)

le/la boulanger (-ère)
   (*o padeiro*)
le cadre   (*o gerente*)
le/la chanteur (-euse)
   (*o[a] cantor[a]*)
le chauffeur de taxi   (*o taxista*)
le/la chercheur (-euse)
   (*o[a]pesquisador[a]*)
le/la chimiste
   (*o[a] farmacêutico [a]*)
le/la cinéaste   (*o[a] cineasta*)
le/la coiffeur (-euse)
   (*o[a] cabeleireiro[a]*)
le/la commerçant(e)   (*varejista*)
le/la comptable
   (*o[a] contador [a]*)
le cordonnier   (*o sapateiro*)
le/la danseur (-euse)
   (*o[a] dançarino[a]*)
l'écrivain (*m.*)   (*o[a] escritor[a]*)
l'électricien(ne)   (*o[a] eletricista*)
l'entrepreneur (*m.*)
   (*o[a] empreendedor[a]*)
l'épicier (-ière)
   (*o[a] vendedor[a]*)

Verbos Irregulares II e Pronomes Relativos 183

la femme politique
  (*a política [mulher]*)
le/la fonctionnaire (*o[a]*
  funcionário[a] público[a])
l'historien(ne) (*o[a]*
  historiador[a])
l'homme politique (*o político*
  [homem])
l'hôtesse de l'air (f.)
  (*a comissária de bordo*)
l'infirmier (-ière)
  (*o[a] enfermeiro[a]*)
l'informaticien(ne)
  (*o[a] programador [a]*)
l'ingénieur (m.) (*o engenheiro*)
l'instituteur (-trice)
  (*o[a] professor[a] primário[a]*)
l'interprète (m., f.)
  (*o[a] intérprete*)
le/la jardinier (-ière)
  (*o[a] jardineiro*)
le/la journaliste (*o[a] jornalista*)
le magistrat (*o[a] juiz[a]*)
le maire (*o[a] prefeito[a]*)
le marin (*o[a] marinheiro[a]*)
le médecin (*o[a] médico[a]*)
le menuisier (*o carpinteiro*)
le militaire (*o militar*)
le/la musicien(ne) (*o músico [a*
  musicista])
l'ouvrier (-ière)
  (*o[a] operário[a]*)

le/la paléontologue
  (*o[a] paleontólogo[a]*)
le/la peintre (*o[a] pintor[a]*)
le/la philosophe (*o[a] filósofo[a]*)
le/la photographe
  (*o[a] fotógrafo[a]*)
le/la physicien(ne)
  (*o[a] físico[a]*)
le pilote (*o piloto*)
le plombier (*o[a] encanador*)
le pompier (*o[a] bombeiro[a]*)
le professeur (*o[a] professor[a]*)
le/la psychologue
  (*o[a] psicólogo[a]*)
le/la publicitaire
  (*o[a] publicitário[a]*)
le/la représentant(e)
  (*o[a] representante*)
le/la scientifique (*o[a] cientista*)
le/la serveur (-euse) (*o garçom*
  [a garçonete])
le soldat (*o soldado*)
le steward (*o comissário de*
  bordo)
le/la technicien(ne)
  (*o [a] técnico[a]*)
le/la traducteur (-trice)
  (*o[a] tradutor[a]*)
le/la vendeur (-euse)
  (*o[a] vendedor[a]*)
le/la vétérinaire
  (*o[a] veterinário[a]*)

Exercício 8.14

Responda as perguntas em voz alta e por extenso, usando as palavras da lista de vocabulário anterior.

  1. Nommez quelques professions scientifiques :

2. Nommez quelques professions artistiques :

_____

3. Nommez quelques professions dans les affaires (*negócio*) :

_____

4. Nommez des ouvriers qualifiés (*qualificados*) :

_____

5. Nommez des personnes qui travaillent dans le gouvernement :

_____

6. Quelles professions avez-vous faites jusqu'ici (*você teve até agora*) ?
Jusqu'ici j'ai été (*eu fui*)... _____

 Interpretação de Texto

Une nouvelle carrière

Je m'appelle Claude Carreau. Je suis avocat, ayant travaillé depuis plus de vingt ans comme avocat d'entreprise dans **une grande société** parisienne. J'ai une famille : ma femme Sonia est **enseignante de lettres** ; nous avons deux enfants, Alain et Pomme — un garçon et une fille, de jeunes adolescents. La famille voit, **selon** ce que je dis presque tous les jours, que, pour moi, le travail que je fais devient **de moins en moins** intéressant. Alors, je viens de décider que c'est le moment de changer de vie, et ma famille veut bien suivre mon projet.

    Heureusement, la famille de ma mère possède une assez grande propriété près de La Rochelle sur la côte ouest atlantique de France. Elle **n'est plus** cultivée depuis des années. Aujourd'hui les agriculteurs représentent moins de trois pour cent de la population **active** française. À une époque où beaucoup de petits agriculteurs ou fermiers français quittent leur terre pour aller travailler dans des commerces ou des bureaux, moi, j'ai l'intention de lancer une ferme **biologique** pour cultiver des légumes, des salades et **des baies**. On sait que le climat là-bas est idéal. Je vais utiliser mes capacités dans les affaires pour bien **gérer** la nouvelle entreprise. De nos jours les produits biologiques sont très demandés par **des particuliers** et aussi par les chefs des bons restaurants des environs. Je suis sûr de pouvoir réussir et aussi d'**améliorer** notre vie de famille.

Verbos Irregulares II e Pronomes Relativos

une grande société (*uma grande empresa*)

enseignante de lettres (*professora de Letras*)

selon (*de acordo com*)

de moins en moins (*cada vez menos*)

active (*ativa*)

biologique (*orgânica*)

des baies (*f.*) (*grãos*)

gérer (*administrar*)

des particuliers (*m.*) (*pessoas*)

n'est plus (*não é mais*)

améliorer (*melhorar*)

Perguntas

Após ler o texto, responda as perguntas em francês.

1. Décrivez la vie actuelle de Claude. Est-il satisfait de son travail ? Pourquoi ?

   _____ .

2. Qu'est-ce que Claude a l'intention de faire ?

   _____ .

3. À votre avis, Claude va-t-il réussir sa nouvelle entreprise? Pourquoi ?

   _____ .

4. Voulez-vous changer de vie ? Si oui, comment ?

   _____ .

9

Prendre e *boire*, Artigo Partitivo e Pronomes Oblíquos

Grupo *prendre* e Verbo *boire*

Os verbos **prendre** (*pegar*; *tomar*) e **boire** (*beber*) geralmente andam juntos porque são usados para falar sobre comer e beber.

Presente do indicativo de *prendre* e *boire*

prendre (*pegar; tomar*)		boire (*beber*)	
je **prends**	nous **prenons**	je **bois**	nous **buvons**
tu **prends**	vous **prenez**	tu **bois**	vous **buvez**
il/elle/on **prend**	ils/elles **prennent**	il/elle/on **boit**	ils/elles **boivent**

Observe o **n** duplo na ortografia da terceira pessoa do plural em **prendre** (**ils/elles prennent**) e **-uv-** nas formas **nous** e **vous** de **boire**: **nous buvons**, **vous buvez**.

Prenez-vous le petit déjeuner à 07:30 ?	*Você **toma** o café da manhã às 07:30?*
Elles **prennent** un taxi quand il pleut.	*Elas **pegam** um táxi quando chove.*
Nous **ne buvons pas** de café après dîner.	*Nós **não bebemos** café após o jantar.*
Il fait froid. Tu **prends** une tisane ?	*Está frio. Você **toma** uma xícara de chá?*
Je **bois** plus d'un litre d'eau par jour.	*Eu **bebo** mais de um litro de água por dia.*

Prendre e boire, Artigo Partitivo e Pronomes Oblíquos 187

- Algumas expressões verbais comuns com **prendre** incluem:

prendre à gauche (à droite)   *virar à esquerda (direita)*
prendre le bus (le train, l'avion etc.)   *pegar o ônibus (trem, avião etc.)*
prendre le petit déjeuner   *tomar café da manhã*
prendre un repas   *fazer uma refeição*
prendre son temps   *não ter pressa*
prendre un verre   *tomar uma bebida*

Vous **prenez à gauche** devant l'école ?	*Você **virou à esquerda** na frente da escola?*
Nous **prenons notre temps** le dimanche.	*Nós **não temos pressa** aos domingos.*
On **prend un verre** au café du coin ?	*Nós **tomamos uma bebida** na cafeteria da esquina?*
Demain je **prends le train** pour Marseille.	*Amanhã, **vou pegar o trem** para Marselha.*

- *Almoçar* geralmente é expresso com o verbo **déjeuner**; *jantar* é expresso com **dîner**. Mas também é possível ouvir o seguinte.

Elle **prend** son déjeuner.	*Ela **está** almoçando.*
Tu **prends** ton dîner ?	*Você **está** jantando?*

Outros verbos conjugados como **prendre** incluem:

apprendre (à)   *(aprender)*
apprendre à qqun à   *(ensinar alguém a)*
comprendre   *(entender)*
surprendre   *(surpreender)*

Comprenez-vous ce qu'il dit ?	*Você **entende** o que ele diz?*
Ce qu'il dit **ne surprend pas**.	*O que ele diz **não é uma surpresa**.*
Je **comprends** l'espagnol, mais je ne parle pas bien.	*Eu **entendo** espanhol, mas não falo bem.*
Qu'est-ce qu'elles **apprennent** dans ce cours ?	*O que elas **aprendem** na aula?*

- Quando **apprendre** vem seguido de infinitivo, a preposição **à** deve antecedê-lo.

J'apprends à conduire.   *Estou aprendendo a dirigir.*
Les élèves **apprennent à lire**.   *Os alunos **aprendem a ler**.*

No exemplo a seguir, **apprendre** à significa *ensinar*. A pessoa sendo ensinada se torna o *objeto indireto*.

Jacquie **apprend à** son frère **à faire** du ski.   *Jacquie **ensina** seu irmão a esquiar.*

Exercício 9.1

Crie frases completas, prestando atenção na concordância verbal e no uso das contrações, quando necessário.

1. je/boire/une/grand/tasse/de/thé _____.
2. nous/ne… pas/boire/de/alcool/à/le/déjeuner _____.
3. que/prendre/tu/à/le/goûter/de/quatre heures ? _____?
4. comprendre/vous/ce que/elle/vouloir/dire ? _____?
5. quand/on/être/en retard/on/prendre/le/métro _____.
6. ils/boire/beaucoup de/eau/en été _____.
7. nous/prendre/à/droite/après/la/église ? _____?
8. je/apprendre/à/jouer/de/le/banjo _____.

Exercício 9.2

*Traduza as frases para o francês usando **boire** e os verbos do grupo **prendre**.*

1. Tomamos uma bebida na cafeteria? _____?
2. Eu entendo o que ele diz. _____.
3. Alex pega o ônibus hoje. _____.
4. Você (*fam.*) aprende a andar de bicicleta. _____.
5. Gabrielle não bebe café demais (**trop de**)? _____?
6. Os alunos não surpreendem o professor. _____.

Prendre e boire, Artigo Partitivo e Pronomes Oblíquos

7. Eu tomo sopa antes do jantar. _____.

8. Você (*fml.*) vira à esquerda no próximo cruzamento (**au prochain carrefour**)?

_____?

O Artigo Partitivo

Você já aprendeu a usar os artigos definidos (**le/la/l'/les**) e indefinidos (**un/une/des**). O francês também tem um terceiro artigo, o partitivo: **du/de la/de l'**.

Vous prenez **du** sucre, Monsieur ? *Você usa açúcar, senhor?*

O artigo partitivo refere-se a uma *parte* da quantidade que é *medida*, não contada.

Os objetos *contáveis* são usados com o artigo indefinido **un/une/des**. No plural, eles podem incluir **des pommes** (*maçãs*), **des petits pains** (*pãezinhos*), **des bouteilles** (*garrafas*), **des œufs** (*ovos*) etc.

As quantidades *medidas*, como comidas e bebidas usadas com o artigo partitivo, podem ser **du sucre** (*açúcar*), **du lait** (*leite*), **de la viande** (*carne*), **de la glace** (*sorvete*), **de l'eau** (*f.*) (*água*) ou **de la soupe** (*sopa*), nos quais uma quantidade é medida a partir de um todo maior ou recipiente.

O partitivo (**du/de la/d'/des**) sempre é usado nas frases em francês.

Je vais chercher **du** pain et **des** *Vou buscar pão e laranjas.*
oranges.

Tu prépares **de la** soupe et **du** *Você vai preparar sopa e peixe*
poisson ce soir ? *esta noite?*

Muitos substantivos *abstratos* em francês geralmente são expressos com o artigo partitivo.

Ce candidat a **de la confiance** et *Este candidato tem **confiança** e*
du courage. ***coragem**.*

Usos do Artigo Partitivo

Como mostrado acima, o partitivo está sempre no singular; ele corresponde ao gênero do substantivo que o antecede. **De l'** pode ser feminino e masculino.

Nous allons chercher...
du fromage,
de la glace,
et **de l'**eau (*f.*).

Nós vamos buscar...
queijo,
sorvete
e água.

Verbo como **aller chercher** (*ir buscar, procurar*), **prendre** (*comer; beber; tomar*), **manger** (*comer*), **commander** (*mandar, pedir*) e **acheter** (*comprar*) geralmente usam um artigo partitivo, pois alguém obtém, come, manda ou compra uma *porção* de algo.

Verbos de Preferência

Os verbos de preferência, como **aimer** (*gostar, amar*), **aimer mieux** (*gostar mais*), **préférer** (*preferir*) e **détester** (*detestar*), normalmente usam um artigo definido (**le/la/l'/les**) ao invés do partitivo.

J'**adore** *les* fruits de mer.
Les enfants **n'aiment pas** *les* épinards.

Eu **amo** frutos do mar.
Crianças **não gostam de** espinafre.

Exercício 9.3

*Complete as frases escolhendo o artigo indefinido plural **des**, artigo partitivo singular (**du/de la/de l'**) ou artigo definido (**le/la/l'/les**). (Consulte o Vocabulário-chave do Capítulo 4 para ver o gênero dos alimentos.)*

1. Madame, vous prenez _____ sucre ? Préférez-vous _____ crème ou _____ lait ?

2. Pour faire une omelette, nous mélangeons _____ œufs, _____ sel, _____ poivre, _____ fines herbes et parfois _____ fromage. Puis, nous mettons _____ beurre dans la poêle (*frigideira*).

3. Tout le monde adore _____ fromage suisse.

4. Au petit déjeuner on commande _____ café, _____ pain, _____ croissants, _____ beurre et _____ confiture.

5. Ce soir, j'achète _____ poisson et _____ crevettes.

6. Renée mange _____ viande et _____ poulet, mais elle déteste _____ fruits de mer.

7. Martine, si tu vas au supermarché, je veux _____ pommes de terre, _____ olives et _____ eau.

8. Il boit _____ chocolat chaud tous les matins.

Artigo Partitivo contraído como *de/d'*

- Na negativa, o artigo partitivo é reduzido de **du/de la/de l'** para **de/d'** antes do substantivo:

Je prends **du** thé.	*Eu tomo chá.*
Je **ne** prends **pas de** thé.	*Eu não tomo chá.*
Tu manges **de la** viande.	*Você come carne.*
Tu **ne** manges **pas de** viande.	*Você não come carne.*

O artigo indefinido plural **des** também se torna **de/d'** após uma negativa.

Serge commande **des** œufs.	*Serge pede ovos.*
Serge **ne** commande **pas d'**œufs.	*Serge não pede ovos.*

Ne... ni... ni... é o equivalente em francês de *nem... nem...*. Essa negativa começa com **ne/n'** e **ni** antecede cada elemento negado.

Je **n'**aime **ni le** poisson **ni l'**agneau.	*Eu **não** gosto **nem** de peixe **nem** de cordeiro (em geral).*

O artigo partitivo inteiro é omitido após uma construção **ne... ni... ni...**.

Je bois **du** thé et **du** café.	*Eu bebo chá e café.*
Je **ne** bois **ni** thé **ni** café.	*Eu não bebo **nem** chá **nem** café.*
Nous **ne** prenons **ni** beurre **ni** confiture.	*Nós não comemos **nem** manteiga **nem** geleia.*

- Os artigos partitivos também se contraem como **de/d'** após todas as expressões de *quantidade*.

Combien de/d'... ?   *Quanto, quantos...?*

assez de	*(bastante)*	un kilo de	*(um quilo[grama] de)*
une assiette de	*(um prato de)*	un litre de	*(um litro de)*
beaucoup de	*(um monte, muitos)*	une livre de	*(uma libra de)*
une boîte de	*(uma lata de)*	un peu de	*(um pouco de)*
une bouteille de	*(uma garrafa de)*	tant de	*(muito, muitos)*
cent grammes de	*(cem gramas de)*	une tasse de	*(uma xícara de)*
une cuillérée de	*(uma colher de)*	trop de	*(demais)*
une douzaine de	*(uma dúzia)*	un verre de	*(um copo de)*

Combien de café prends-tu le matin ?
Quanto café você toma de manhã?

Michel a **deux bouteilles d'**eau.
Michel tem **duas garrafas de** água.

Tu veux prendre **un peu de** fromage ?
Você quer um **pouco** de queijo?

J'achète **beaucoup de** fruit et **de** légumes.
Eu compro **muitas** frutas e legumes.

Ils ne peuvent pas boire **tant de** lait.
Eles não podem beber **tanto** leite.

- **De/d'** sozinho é usado com substantivos *não modificados* que vêm após **avoir besoin de** *(precisar, requerer)* e **avoir envie de** *(desejar, querer)*.

Maman, a-t-on besoin **de lait** ?
Mãe, precisamos de **leite**?

— Non, mais j'ai besoin **d'oignons**.
— Não, mas eu preciso de **cebolas**.

J'ai envie **de chocolat** et **de vacances** !
Eu desejo **chocolate e férias**!

Exercício 9.4

Traduza as frases e orações para o francês.

1. uma dúzia de ovos _____
2. café demais _____
3. um quilo de laranjas _____
4. um litro de leite _____
5. legumes suficientes _____
6. um pouco de mostarda (**moutarde**) _____
7. uma garrafa de cerveja (**bière**) _____
8. muita pimenta _____
9. Eu não quero nada de creme. _____.
10. Precisamos de azeite de oliva e manteiga. _____.
11. Vim pedir emprestada (**emprunter**) uma xícara de açúcar. _____.
12. Quantos pãezinhos elas querem? _____?
13. Eugène não usa sal. _____.
14. Ela não deve beber tanto vinho. _____.
15. Eles não comem nem chocolate nem manteiga. _____.

Objetos Diretos

Objetos diretos são substantivos que recebem a ação de um verbo. Geralmente respondem à pergunta **quoi ?** (*o quê?*) ou **qui ?** (*quem?*).

Na frase *Jennifer compra um carro*, *um carro* é o objeto direto do verbo *compra*. Os pronomes com função de objeto direto substituem os substantivos com a mesma função: *Jennifer o compra*. Em francês, o pronome com função de objeto direto é colocado antes do verbo conjugado.

Je lis **le mail**.	*Eu leio o e-mail.*	Je **le** lis.
Je lis **l'article** (*m.*).	*Eu leio o artigo.*	*Eu o leio.*
Je lis **le journal**.	*Eu leio o jornal.*	

Je regarde **la télé**.	*Eu vejo televisão.*	Je **la** regarde.
Je regarde **l'étoile** (*f.*).	*Eu vejo a estrela.*	*Eu a vejo.*
Je regarde **la lune**.	*Eu vejo a lua.*	

Algumas vezes, o francês e o português são diferentes em relação aos objetos direto e indireto. Em francês, **regarder** (*ver; assistir; olhar*) sempre requer um objeto direto. Em português, *assistir* requer um objeto indireto e *ver* requer um objeto direto.

Formas e Colocação dos Pronomes com Função de Objeto Direto

Veja os pronomes com função de objeto direto usados em francês:

Singular		Plural	
me (m')	*me, mim*	**nous**	*nos*
te (t')	*te, ti*	**vous**	*vos*
le (l')	*o, se*	**les**	*os, se*
la (l')	*a, se*	**les**	*as, se*

- Os pronomes com função de objeto direto na terceira pessoa concordam em gênero e número com os substantivos que eles substituem.

  le (l') substitui o substantivo masculino no singular

  la (l') substitui o substantivo feminino no singular

  les substitui qualquer substantivo no plural

Vous retrouvez **Luc et Sophie** ?   *Vocês vão encontrar **Luc e Sophie**?*
— Oui, nous **les** retrouvons à midi.   *— Sim, nós vamos encontrá-**los** ao meio-dia.*
Roger commande **la crème brûlée** ?   *Roger pediu **crème brûlée**?*
— Oui, il **la** commande.   *— Sim, ele **o** pediu.*

- **Me**, **te**, **le** e **la** se tornam **m'**, **t'** e **l'** antes de vogal ou **h** mudo. No caso de **l'**, o contexto revela o *antecedente* (o substantivo substituído).

Je **l'**achète.   *Eu **o** comprei (queijo, carro, casa).*
Paul **t'**aime bien.   *Paulo **te** ama.*
La science **m'**intéresse beaucoup.   *A ciência **me** interessa muito.*

- Se o pronome com função de objeto direto for o objeto de um infinitivo, ele antecederá o infinito.

Elles vont prendre **le métro**.   *Elas vão pegar **o metrô**.*
Elles vont **le** prendre.   *Elas vão pegá-**lo**.*

- Na negativa, o pronome com função de objeto direto antecede o verbo do qual ele é objeto.

Tu ne regardes pas **la télé**.   *Você não assiste **TV**.*
Tu ne **la** regardes pas.   *Você não **a** assiste.*
Je ne vais pas acheter **le gâteau**.   *Eu não vou comprar **o bolo**.*
Je ne vais pas **l'**acheter.   *Eu não **o** comprarei.*

- Os pronomes com função de objeto direto também antecedem **voici** (*aqui está/estão*) e **voilà** (*lá está/estão*). **Voici** e **voilà** são usados para apresentar ou apontar pessoas ou objetos.

Le voilà !   *Lá está ele!*   **Me** voici !   *Aqui estou eu!*

Exercício 9.5

*Responda cada pergunta com uma frase completa, começando com **oui** ou **non**, como indicado. Use um pronome com função de objeto direto (**me/m'**, **te/t'**, **le/la/l'**, **nous**, **vous**, **les**) em cada resposta.*

1. Est-ce que tu m'écoutes ? — Oui, _____.
2. Me regardes-tu ? — Non, _____.
3. Tu me comprends ? — Oui, _____.

Prendre e boire, Artigo Partitivo e Pronomes Oblíquos   195

4. Tu aimes bien Mélanie ? — Oui, _____.

5. Tu appelles les autres étudiants ? — Non, _____.

6. Est-ce que tu invites Paul demain ? — Oui, _____.

Agora, responda cada pergunta com um pronome com função de objeto direto antecedendo **voici** *(aqui está/estão)* ou **voilà** *(lá está/estão)*.

7. Où sont les livres de français ? — _____.

8. Je cherche le numéro de téléphone. — _____.

9. Où est la confiture ? — _____.

10. Marie et Richard, où êtes-vous ? — _____.

11. Nous ne voyons pas les valises. — _____.

12. Tu es là ? — _____.

✐ Exercício 9.6

Complete as frases, traduzindo as expressões (pronome com função de objeto direto + verbo) em francês. O pronome antecede o infinitivo, caso ele seja objeto do infinitivo.

1. Jean *(espera por mim)* _____ jusqu'à six heures chaque soir.

2. Il *(conhece você [fam.])* _____, mais il ne sait pas d'où.

3. Nos amis *(vão nos ajudar)* _____ avec les devoirs.

4. Cécile et Suzanne partent en voyage demain. Elles *(vão me ligar)* _____ des États-Unis.

5. Henri est absent aujourd'hui. Je *(procuro por ele)* _____, mais je *(não o encontro)* _____.

6. Françoise aime son copain Paul; elle *(o ama)* _____ beaucoup.

7. Qui veut *(vê-la)* _____?

8. Où sont les jeunes filles ? *(Você [fml.] as vê?)* _____?

9. Voyez-vous vos amis tous les jours ? — Non, nous (*não os vemos*)
   _____ souvent.

10. Ton copain est sympathique. Je ne comprends pas pourquoi tu (*o
    abandonou*) _____.

11. Les Boileau veulent une baby-sitter. Ils (*chamá-la*) _____
    pour ce soir.

12. Je (*vou ligar para ele*) _____, puis je prépare le dîner.

13. Ça, c'est ma copine Annie. — Oui, nous (*a conhecemos*) _____
    aussi.

Objetos Indiretos

Os substantivos e pronomes com função de objeto indireto geralmente respondem as perguntas *para quem?* ou *com quem?* Os objetos indiretos se referem a pessoas e, algumas vezes, a animais de estimação. Em português, *para* pode substituir *a*: *Eu dei o presente **para Josette**. = Eu dei o presente **a Josette**.*

- Em francês, a preposição **à** (às vezes **pour**) é usada antes de um substantivo com função de objeto indireto. Se uma frase tem um substantivo com tal função, em geral, também tem um objeto direto.

Tu montres les photos **aux voisins** ?	*Você mostrou as fotos **aos vizinhos**?*
On achète un foulard **pour Tante Simone** ?	*A gente comprou um lenço **para tia Simone**?*

- Os verbos a seguir normalmente têm objetos direto e indireto.

acheter	(*comprar*)	envoyer	(*enviar, mandar*)
apporter	(*trazer*)	expliquer	(*explicar*)
apprendre	(*aprender*)	indiquer	(*indicar*)
demander	(*perguntar*)	montrer	(*mostrar*)
dire	(*dizer*)	offrir	(*oferecer, dar*)
donner	(*dar*)	poser (une question)	(*fazer [pergunta]*)
écrire	(*escrever*)	prêter	(*emprestar*)

Patrick **offre** le journal **au professeur**.	*Patrick **dá** o jornal **ao professor**.*
Vous **envoyez** un cadeau **à Jeanne** ?	*Você vai enviar um presente **para Jeanne**?*

Prendre e boire, Artigo Partitivo e Pronomes Oblíquos   197

Je **prête** souvent des livres **à mes amis**.   *Normalmente, eu **empresto** livros **aos meus amigos**.*

- Alguns verbos, como **parler à** (*falar com*), **téléphoner à** (*telefonar para*) e **répondre à** (*responder a*), têm apenas objeto indireto em francês.

Je **parle** souvent **à la boulangère**.   *Em sempre **falo com a padeira**.*
Tu vas **répondre à Papa** ?   *Você vai **responder ao pai**?*

Pronomes com Função de Objeto Indireto

Os pronomes com função de objeto indireto substituem os substantivos com a mesma função. Como os substantivos equivalentes, eles se referem apenas a pessoas. Veja os pronomes com função de objeto indireto em francês:

Singular		Plural	
me (**m'**)	(*para/por*) *mim*	**nous**	(*para/por*) *nós*
te (**t'**)	(*para/por*) *ti*	**vous**	(*para/por*) *vós*
lui	(*para/por*) *ele/ela, lhe*	**leur**	(*para/por*) *eles/elas, lhes*

- Como sempre, a letra **-e** é omitida (**m'**, **t'**) antes de vogal ou **h** mudo.

Dorothée **m'**envoie deux mails par jour.   *Dorothée **me** envia dois e-mails por dia.*
Je **t'**offre une semaine de vacances.   *Eu ofereço a **ti** uma semana de férias.*

 Os pronomes com função de objeto indireto nem sempre mostram o gênero da(s) pessoa(s) referida(s). Fique de olho no contexto. Quem está falando com quem?

- O pronome com função de objeto indireto é colocado antes do verbo conjugado. Se o verbo for seguido de infinitivo, o pronome virá antes.

Je **lui** prépare deux gâteaux délicieux.   *Eu preparei dois bolos deliciosos **para ele/ela**.*
Tes parents ? Marc veut bien **leur** répondre.   *Seus pais? Marc quer falar com **eles**.*

- Na negativa, o pronome antecede o verbo do qual é objeto. A construção negativa fica em torno do verbo negado.

Elle **ne lui** téléphone **pas** ; elle **ne** va **pas lui** écrire.   *Ela **não** telefonou **para ele**; ela **não** vai escrever **para ele**.*

Exercício 9.7

*Traduza as frases para o francês usando um pronome com função de objeto indireto (**me/m'**, **te/t'**, **lui**, **nous**, **vous**, **leur**) para os pronomes em itálico.*

1. Eu telefonei *para ele*. _____.
2. Nós compramos presentes *para ela*. _____.
3. Elas *nos* dão dinheiro. _____.
4. Ele escreve *para elas*. _____.
5. Chantal *me* oferece o dicionário. _____.
6. Você (*fam.*) *me* enviará uma carta? _____?
7. Édouard explicou o problema *para nós*. _____.
8. Você (*fml.*) diz olá *para eles*? _____?
9. Vou falar *com você* (*fam.*) mais tarde. _____.
10. Ela não *me* responde. _____.
11. Você (*fam.*) vai trazer queijo *para mim*? _____?
12. Não mostramos as respostas *para elas*. _____.
13. Camille emprestou dinheiro *para ela*. _____.

Exercício 9.8

Complete as frases, traduzindo para o francês as expressões entre parênteses.

1. Julie (*me escreve*) _____ deux cartes postales chaque semaine.
2. Je (*quer vender para você* [*fam.*]) _____ mon vieil ordinateur.
3. Les copains (*nos enviam*) _____ des mails d'Abidjan.
4. Charles (*me dá*) _____ les notes d'aujourd'hui.
5. Qui (*pode ensinar a eles*) _____ la leçon de mercredi ?
6. Je (*pergunto a você* [*fml.*]) _____ si mes clés sont chez vous.
7. Vous (*diz a ela*) _____ que votre cousine vit à Strasbourg.

Prendre e boire, Artigo Partitivo e Pronomes Oblíquos

8. Nous (*temos que lhe responder*) _____ immédiatement.

9. (*Você [fam.] vai trazer para eles*) _____ des boissons ?

10. Je (*repito para você [fam.]*) _____ l'adresse de Véronique ?

11. Il (*geralmente me pede*) _____ de ne pas prendre la voiture.

12. Tu (*vai comprar para nós*) _____ trop de cadeaux !

13. (*Você [fml.] pode emprestar para mim*) _____ la voiture ?

Os Pronomes *y* e *en*

Os pronomes **y** e **en** se comportam como pronomes oblíquos. **Y** se refere a lugares e coisas; **en** se refere a quantidades.

O Pronome *y*

O pronome **y** pode referir-se a um *local* (país, cidade, prédio, cômodo etc.) que já foi mencionado em uma conversa. Seu equivalente em português é *lá*. **Y** não se refere a pessoas. Ele substitui um complemento preposicional, como **à Montréal** (*a/em Montreal*), **à la pharmacie** (*na farmácia*), **chez Maurice** (*na casa de Maurice*), **en Australie** (*na Austrália*).

- Como os pronomes com função de objetos direto e indireto, **y** antecede o verbo conjugado. Também é assim para as frases negativas e interrogativas.

Tu vas **chez Théophile** ?	*Você vai **à casa de** Théophile?*
— Oui, j'y vais. Mais Gilberte **n'y** va **pas**.	*— Sim vou **lá**. Mas Gilberte **não** (vai **lá**).*
Qu'est-ce qu'on achète **à la droguerie** ?	*O que se compra **na loja de ferragens**?*
— On **y** achète des produits ménagers.	*— **Lá**, compram-se produtos para casa.*
J'achète des vêtements **à la friperie. Y** trouves-tu aussi des choses ?	*Eu compro roupas **em brechós**. Você encontra coisas **lá** também?*

- O pronome **y** também pode substituir a preposição **à** + um *objeto* ou *ideia* mencionada antes.

Nous pensons **aux vacances**.
Nous **y** pensons tout le temps !
Je tiens **à la vieille voiture** de Maman.
J'**y** tiens.

*Nós pensamos **nas férias**.*
*Pensamos **nisso** o tempo todo!*
*Sou muito apegado ao **carro velho** da minha mãe.*
*Sou muito apegado **a ele**.*

Exercício 9.9

*Reescreva cada frase ou pergunta substituindo os elementos em itálico pelo pronome **y**.*

1. Je vais *à la banque*. _____.
2. Nous pensons *aux nouveaux cours*. _____.
3. Est-ce que tu vas voyager *en Europe* ? _____?
4. Charlotte cherche des lampes *au marché*. _____.
5. Vous retrouvez des copains *au café*. _____.
6. Arielle n'a pas besoin d'aller *en ville*. _____.
7. Elles réfléchissent à *l'avenir* (futuro). _____.
8. Je n'achète pas les provisions à *l'hypermarché*. _____.
9. Tu réussis géneralement *aux examens* ? _____?
10. On sert de bons repas *chez Victor*. _____.
11. Tenez-vous à *nous accompagner* ? _____?
12. Les étudiants veulent faire un stage *au Japon*. _____.

O Pronome *en*

O pronome **en** substitui os substantivos antecedidos por um artigo partitivo (**du/de la/de l'**), artigo indefinido (**un/une/des**) ou **de/d'**, nos casos em que parte do artigo é omitida.

Prendre e boire, Artigo Partitivo e Pronomes Oblíquos 201

- O pronome **en** é colocado diretamente antes do verbo do qual é objeto.

Tu prends **du café** le matin ?	*Você bebe **café** de manhã?*
— Oui, j'**en** prends le matin.	*— Sim, eu bebo de manhã.*
Y a-t-il **des restaurants élégants** à Lyon ?	*Há **restaurantes elegantes em** Lyon?*
— Oui, il y **en** a.	*— Sim, há.*
Il y a **de bonnes idées** dans l'article ?	*Existe **alguma ideia boa** no artigo?*
— Non, il **n'y en** a **pas**.	*— Não, nenhuma.*
As-tu **de l'argent** ?	*Você tem **dinheiro?***
— Hélas, je **n'en** ai **pas**.	*— Ah, eu **não**.*

- Quando um substantivo após **un** ou **une** é substituído por **en**, o artigo indefinido no singular **un** ou **une** é repetido em uma resposta afirmativa. **Un** ou **une** *não* é repetido na resposta negativa.

Elle a **une valise convenable** ?	*Ela tem **uma mala adequada?***
— Oui, elle **en** a une.	*— Sim, ela tem **uma**.*
— Non, elle **n'en** a **pas**.	*— Não, ela **não** tem (**uma**).*

En também substitui um substantivo modificado por um *número* ou *expressão de quantidade*, como **un(e)** (*um[a]*), **cinq** (*cinco*), **plusieurs** (*vários[as]*), **beaucoup de** (*muito[a], muitos[as]*), **un kilo de** (*um quilo[grama] de*), **assez de** (*bastante*), **trop de** (*demais*) etc.

Quando **en** é usado em uma frase afirmativa, **de/d'** + substantivo é omitido e o número ou a expressão de quantidade é *repetida*. Nesse caso, **en** é sempre expresso em francês.

Est-ce que tu as **beaucoup de devoirs** ?	*Você tem **muito dever de casa?***
— Oh, oui, j'**en** ai **beaucoup** !	*— Ah sim, tenho **muito!***
Combien **de trains** voyez-vous ?	*Quantos trens você vê?*
— J'**en** vois **plusieurs**.	*— Vejo **vários**.*
Benoît suit combien **de cours** ?	*Benoît tem quantas **aulas?***
— Il **en** suit **quatre**.	*— Ele tem **quatro**.*
Marina va chercher **trois bouteilles de vin**.	*Marina vai buscar **três garrafas de vinho**.*
— Elle va **en** chercher **trois** ?	*— Ela vai buscar **três?***
— Non, elle ne va pas **en** chercher.	*— Não, ela não vai pegar **nenhuma**.*

Tu achètes **un kilo d'oranges** ?   *Você comprou **um quilo de laranjas**?*
— Oui, j'**en** achète **un kilo**.   *— Sim, comprei **um quilo**.*

- **En** também substitui **de/d'** + substantivo referindo-se a uma *coisa* ou *ideia* nas frases com expressões verbais usando **de**: **parler de** (*falar de, sobre*), **avoir besoin de** (*precisar*), **avoir envie de** (*desejar, querer*), **être fier** (**fière**) **de** (*ter orgulho de*) etc.

Est-ce que François parle **des chiens** ?   *François fala **sobre os cães**?*
— Oui, il **en** parle.   *— Sim, ele fala **sobre eles**.*
Avez-vous besoin **d'argent** ?   *Vocês precisam de **dinheiro**?*
— Oui, nous **en** avons besoin.   *— Sim, precisamos.*
Marthe est fière **de la maison**.   *Marta tem orgulho **da casa**.*
Elle **en** est fière.   *Ela tem orgulho **dela**.*

Exercício 9.10

*Responda as perguntas na afirmativa (**Oui**, ...) com uma frase completa, substituindo os elementos em itálico pelo pronome **en**.*

EXEMPLO: Prenez-vous beaucoup *de salade* ?   *Oui, nous en prenons beaucoup.*

1. Vous allez acheter *des provisions* ? _____.
2. Sébastien a-t-il *de l'argent* ? _____.
3. Est-ce que tu bois *du lait* ? _____.
4. Les étudiants ont-ils beaucoup *de devoirs* ? _____.
5. Madonna possède-t-elle trois *maisons* ? _____.
6. Nous avons assez *de légumes* ? _____.
7. On va chercher une douzaine *d'œufs* ? _____.
8. As-tu besoin *de logement* ? _____.
9. Claudie prend deux *kilos de pommes de terre* ? _____.
10. On utilise trop *d'énergie* ? _____.
11. Tu as un *euro à me prêter* (*emprestar*) ? _____.

Prendre e boire, Artigo Partitivo e Pronomes Oblíquos 203

*Agora, responda as perguntas na negativa (**Non**, ...).*
12. Est-ce que les enfants boivent *du café* ? _____.
13. Avez-vous assez *de farine (farinha)* ? _____.
14. Léonard achète-t-il *des chaussures de marche* ? _____.
15. Tu as besoin *de quelques centimes* ? _____.
16. Benoîte prend-elle *une tasse de thé* ? _____.
17. Tes amies mangent-elles beaucoup *de sucreries (doces)* ? _____.

Exercício 9.11

*Reescreva as frases e perguntas substituindo o elemento em itálico por um pronome com função de objetos direto, indireto, **y** ou **en**.*
1. Nous achetons beaucoup *de fruits*. _____.
2. Elle met de la crème *dans la tasse*. _____.
3. Je vais bientôt *en France*. _____.
4. À Noël, nous offrons *des cadeaux* aux collègues. _____.
5. À Noël, on offre des cadeaux *aux collègues*. _____.
6. Elles lisent toujours *les romans policiers*. _____.
7. Achètes-tu des bonbons *pour les enfants* ? _____?
8. N'écris-tu pas *à Monique* ? _____?
9. Papa mange trop *de pain*. _____.
10. Je tiens fort *(muito) à ma collection de vieux albums*. _____.
11. Vous appréciez *les comédies classiques*. _____.
12. Montrent-elles *la photo* à Martine ? _____?
13. François ne remet pas les devoirs *au professeur*. _____.
14. Ils travaillent *dans un bureau en ville*. _____.
15. Je cherche trois *livres de classe*. _____.
16. Nous voulons passer du temps *au Brésil*. _____.
17. Marc ne voit pas *son amie Nicole* ce week-end. _____.
18. Tu oublies encore *le parapluie* ? _____?

Vocabulário-chave

As pessoas da cidade e do campo têm a mesma conexão forte com seu ambiente.

Les animaux (Animais)

l'agneau (*m.*)   (*o cordeiro*)
l'aigrette (*f.*)   (*a garça real*)
l'âne (*m.*)   (*o asno*)
le canard   (*o pato*)
le cerf   (*o veado*)
le chameau   (*o camelo*)
le chat   (*o gato*)
le cheval   (*o cavalo*)
la chèvre   (*a cabra*)
le chien   (*o cão*)
le chimpanzé   (*o chimpanzé*)
le cochon   (*o porco*)
le colibris   (*o beija-flor*)
le coq   (*o galo*)
le corbeau   (*o corvo*)
le crapaud   (*o sapo*)
le crocodile   (*o crocodilo*)
le dauphin   (*o golfinho*)
le dindon   (*o peru*)
l'écureuil (*m.*)   (*o esquilo*)
l'éléphant (*m.*)   (*o elefante*)
le faucon   (*o falcão*)
la gazelle   (*a gazela*)
la girafe   (*a girafa*)
le gorille   (*o gorila*)
la grenouille   (*a rã*)

le °hibou   (*a coruja*)
le kangourou   (*o canguru*)
le lapin   (*o coelho*)
le lion   (*o leão*)
le loup   (*o lobo*)
le moineau   (*o pardal*)
le mouton   (*a ovelha*)
l'oie (*f.*)   (*o ganso*)
l'oiseau (*m.*)   (*o pássaro*)
l'ours (*m.*)   (*o urso*)
le perroquet   (*o papagaio*)
le pigeon   (*o pombo*)
le pingouin   (*o pinguim*)
la poule   (*galinha*)
le rat   (*o rato*)
le renard   (*a raposa*)
le requin   (*o tubarão*)
le serpent   (*a cobra*)
le singe   (*o macaco*)
la souris   (*o camundongo/rato*)
le taureau   (*o touro*)
le tigre   (*o tigre*)
la tortue   (*a tartaruga*)
la vache   (*a vaca*)
la volaille   (*a ave*)
le zèbre   (*a zebra*)

Les plantes (Plantas)

l'arbre (*m.*)   (*a árvore*)
l'arbuste (*m.*)   (*o arbusto*)
le bois   (*a madeira*)
la branche   (*o galho*)
le cactus   (*o cactus*)

le champignon   (*o cogumelo*)
le chêne   (*o carvalho*)
le citronnier   (*o limoeiro*)
l'écorce (*f.*)   (*a casca da árvore*)
la feuille   (*a folha*)

Prendre e boire, Artigo Partitivo e Pronomes Oblíquos   205

la fleur   (*a flor*)
la forêt   (*a floresta*)
le gazon   (*o gramado*)
l'herbe (*f.*)   (*a grama*)
l'iris (*m.*)   (*a iris*)
le lilas   (*o lilás*)
le lys   (*o lírio*)
la marguerite   (*a margarida*)
l'olivier (*m.*)   (*a oliveira*)
l'orchidée (*f.*)   (*a orquídea*)
l'orme (*f.*)   (*o olmeiro*)
la pétale   (*a pétala*)

le pin   (*o pinheiro*)
le pommier   (*a macieira*)
la racine   (*a raiz*)
le rameau   (*o ramo*)
la rose   (*a rosa*)
la souche   (*a tora*)
la tige   (*o caule*)
le tronc   (*o tronco da árvore*)
la tulipe   (*a tulipa*)
la vigne   (*a videira*)
le vignoble   (*o vinhedo*)

Exercício 9.12

Use a lista de vocabulário anterior para responder as perguntas.

1. Nommez quelques mammifères qu'on trouve au zoo.

   _____

2. Nommez des oiseaux. Quels oiseaux aimez-vous particulièrement ?

   _____ .

3. Nommez des reptiles et des amphibiens.

   _____ .

4. Nommez des animaux qu'on trouve dans une ferme.

   _____ .

5. Quelles plantes mettez-vous dans votre jardin idéal ?

   _____ .

 ## Interpretação de Texto

Le jardin zoologique idéal

Qui n'aime pas aller au zoo ? Composé de jardins botaniques, d'un Muséum d'Histoire Naturelle et d'une ménagerie d'**un millier** d'animaux, le Jardin des Plantes de Paris, dans le cinquième arrondissement sur **la**

Rive gauche, existe depuis 1794. C'est à cette date — **à la suite de** la Révolution Française — qu'**on crée** un parc public qui rassemble les plantes et animaux des collections **des rois** de France. Les premiers animaux viennent de la ménagerie royale de Versailles et de la ménagerie privée du duc d'Orléans. En plus, les nouvelles autorités révolutionnaires y **ajoutent** les animaux **des forains** (les gens présentent des spectacles animaliers de rue, maintenant **interdits**).

Avec son architecture qui date du dix-huitième et du dix-neuvième siècles, la ménagerie est le plus ancien zoo du monde conservé dans son aspect originel. **Comme** elle n'est pas très grande, elle contient **surtout des espèces** de **petite taille** (mammifères, oiseaux, reptiles, amphibiens et même des insectes), qui sont **soignées** par une soixantaine de personnes, **y compris** des vétérinaires. Le zoo **accueille** bien sûr les visiteurs, mais on y **mène** aussi des études **de comportement** et de reproduction d'espèces rares, souvent en collaboration avec des chercheurs d'autres pays. Le zoo participe à de nombreux projets d'**élevage** d'animaux **menacés de disparition** dans leurs milieux naturels. C'est le cas des petits chevaux de Prze-walski qui **n'existent plus** à l'état sauvage. Pour certaines espèces, on pense même les réintroduire dans leurs zones d'origine.

un millier (*cerca de mil*)	des espèces (*f.*) (*espécies*)
la Rive gauche (*margem esquerda*)	petite taille (*pequeno porte*)
à la suite de (*após*)	soignées (*cuidados*)
on crée (*foi criado*)	y compris (*inclusive*)
des rois (*m.*) (*dos reis*)	accueille (**accueillir**) (*acolhe*)
ajoutent (*acrescentaram*)	mène (**mener**) (*realizamos*)
des forains (*m.*) (*espetáculos de rua*)	de comportement (*de comportamento*)
interdits (*proibidos*)	l'élevage (*m.*) (*criação*)
comme (*como*)	menacés de disparition (*ameaçados*)
surtout (*sobretudo*)	n'existent plus (*não existem mais*)

Perguntas

Após a leitura do texto, responda as perguntas em francês.

1. Où est le zoo dont on parle ici ?

_____ .

2. D'où viennent les premiers animaux du Jardin des Plantes ? Pourquoi ?

_____ .

3. Quels animaux y sont exposés (*expostos*) ?

_____ .

4. Comment sont les animaux ? Pourquoi ?

_____ .

5. Quelles activités est-ce qu'on mène dans ce zoo ?

_____ .

6. Quels aspects du Jardin des Plantes vous intéressent ? Pourquoi ?

_____ .

10

Possessivos, Demonstrativos, Comparativos e Advérbios

Adjetivos Possessivos e Pronomes

Os adjetivos possessivos e pronomes concordam em número e gênero com os substantivos que eles modificam ou substituem.

Adjetivos Possessivos

Como os adjetivos possessivos combinam com os *substantivos* que eles modificam em número e gênero, não combinam com o "dono" do substantivo. Veja os adjetivos possessivos em francês:

Singular

	MASCULINO		FEMININO	
meu/minha	**mon**	*père*	**ma**	*mère*
teu/tua	**ton**	*père*	**ta**	*mère*
seu/sua/dele/dela	**son**	*père*	**sa**	*mère*
nosso[a]	**notre**	*père*	**notre**	*mère*
vosso[a]	**votre**	*père*	**votre**	*mère*
seu/sua/dele/dela	**leur**	*père*	**leur**	*mère*

Plural

MASCULINO OU FEMININO

meus/minhas	**mes**	*cousins (ou) cousines*
teus/tuas	**tes**	*cousins (ou) cousines*
seus/suas/deles/delas	**ses**	*cousins (ou) cousines*
nossos[as]	**nos**	*cousins (ou) cousines*
vossos[as]	**vos**	*cousins (ou) cousines*
seus/suas/deles/delas	**leurs**	*cousins (ou) cousines*

Voilà **sa** maison.
Appelles-tu souvent **ton** fiancé et **ses** parents ?
Mes voisines dînent avec **leur** oncle.

*Eis **sua** casa.*
*Você sempre liga para **seu** noivo e os pais **dele**?*
***Minhas** vizinhas jantam com o tio **delas**.*

O adjetivo possessivo **leur** (*dele/dela*) tem a mesma ortografia do pronome com função de objeto indireto no plural **leur** (*para ele/ela*). Mas o adjetivo possessivo tem uma forma plural: **leurs**.

Nos amis prennent **leur** voiture et **leurs** bagages.

***Nossos** amigos pegaram **seu** carro e **suas** bagagens.*

As formas **mon**, **ton** e **son** devem ser usadas antes de substantivos *femininos no singular* que começam com vogal ou **h** mudo.

adresse (*f.*)	**mon** adresse	***meu** endereço*
amie (*f.*)	**ton** amie	***sua** (fam.) amiga*
histoire (*f.*)	**son** histoire	***sua** história*

Exercício 10.1

Complete as frases com o adjetivo possessivo em francês dado em português.

1. (*minha*) _____ maison
2. (*seu*) _____ oncle
3. (*nossos*) _____ problèmes
4. (*deles*) _____ chien
5. (*seu* [*fam.*]) _____ jardin
6. (*seus* [*fml.*]) _____ grands-parents
7. (*nosso*) _____ appartement
8. (*minhas*) _____ voisines
9. (*dele*) _____ amis
10. (*seus* [*fam.*]) _____ livres

Exercício 10.2

Complete cada frase usando o devido adjetivo possessivo em francês (**mon, ma, mes** *etc.*).

1. Je suis étudiant ; _____ livres sont dans _____ sac à dos (*mochila*).
2. C'est un excellent prof ; _____ idées sont intéressantes.
3. Ils sont avocats ; _____ clients sont ou coupables ou innocents.

4. Notre frère (*irmão*) est architecte, mais _____ parents sont professeurs.

5. Voilà ma grand-mère ; _____ maison est en Provence.

6. Le cousin de Cécile est menuisier ; _____ employés sont très qualifiés.

7. Vous êtes étudiants ; _____ livres sont lourds !

8. Liliane est à Toulouse ; _____ sœurs ne sont pas loin. Elles sont à Bordeaux.

Pronomes Possessivos

Os pronomes possessivos substituem os substantivos que são modificados por um adjetivo possessivo ou outra construção ou ideia de posse. Em português, os pronomes possessivos são *meu, minha, teu, tua, seu, sua, nosso, nossa, vosso, vossa, seus* e *suas*: *Os livros?* Eu tenho **os meus** e eles têm **os seus/deles**. Em francês, como em português, o artigo definido (**le/la/les**) é usado com um pronome possessivo.

	Singular		Plural	
	MASCULINO	FEMININO	MASCULINO	FEMININO
meu, minha	**le mien**	**la mienne**	**les miens**	**les miennes**
teu, tua	**le tien**	**la tienne**	**les tiens**	**les tiennes**
seu, sua	**le sien**	**la sienne**	**les siens**	**les siennes**
nosso, nossa	**le nôtre**	**la nôtre**	**les nôtres**	**les nôtres**
vosso, vossa	**le vôtre**	**la vôtre**	**les vôtres**	**les vôtres**
seus, suas	**le leur**	**la leur**	**les leurs**	**les leurs**

Le/la/les nôtre(s) e le/la/les vôtre(s)

Observe o acento circunflexo na ortografia de **le/la/les nôtre(s)** e **le/la/les vôtre(s)**.

- O circunflexo tem a pronúncia [óh], vogal longa, para a letra **o**. Nos pronomes possessivos **notre** e **votre**, sem circunflexo, a letra o é pronunciada como [ô].

Notre [nôtR] cours est intéressant.   **Nossa** *aula é interessante.*
— Hélas, **le nôtre** [nóhtR] est très   — *Ai,* **a nossa** *é muito chata!*
ennuyeux !

No pronome possessivo no plural (**leurs**), o masculino e feminino são iguais. Os pronomes possessivos têm o gênero e número do objeto ou pessoa "possuída", *não* do "dono".

Possessivos, Demonstrativos, Comparativos e Advérbios   211

Où sont **leurs outils** ?
— **Les leurs** sont ici, **les miens** sont là-bas.
Ça, c'est **ma sœur**. Où est **la tienne** ?
— **La mienne** est encore à la fac.

Mes bagages sont là-bas. Où sont **les vôtres** ?
— **Les nôtres** sont déjà dans le taxi.

*Onde estão **suas ferramentas**?*
*— **As deles** estão aqui; **as minhas** estão lá.*
*Essa é **minha irmã**. Onde está **a sua**?*
*— **A minha** ainda está na faculdade.*

***Minhas bagagens** estão lá. Onde estão **as suas**?*
*— **As nossas** já estão no táxi.*

O artigo definido que antecede os pronomes possessivos são contraídos com as preposições **à** e **de**. (**L'** e **la** não contraem.)

Je pense **à mes vacances** et vous pensez **aux vôtres**.
Florence a **son vélo** ; elle n'a pas besoin **du tien**.

*Eu penso **nas minhas férias** e você pensa **nas suas**.*
*Florence tem a **bicicleta dela**; ela não precisa **da sua**.*

Exercício 10.3

Leia as frases e complete cada pergunta substituindo os substantivos em itálico pelo pronome possessivo lógico em francês: **le/la/les mien(ne)(s)**, **le/la/les vôtre(s)** *etc.*

1. Je fais *mes devoirs* l'après-midi. Quand fais-tu _____?

2. Nous ne prêtons pas *notre voiture*. Prêtez-vous parfois _____?

3. Paulette arrive à terminer *son travail*. Paul arrive-t-il à terminer _____?

4. Jean-Pierre ressemble à *son père*. Que penses-tu ? Ressemblons-nous _____?

5. Je téléphone souvent à *mes parents*. Est-ce que Michelle téléphone _____?

6. Nous avons besoin *de notre motocyclette* (f.) aujourd'hui. Avez-vous besoin _____?

Adjetivos e Pronomes Demonstrativos

Os adjetivos e pronomes demonstrativos indicam ou especificam determinada pessoa, objeto ou ideia.

Adjetivos Demonstrativos

Os adjetivos demonstrativos em francês, **ce/cette/ces**, o equivalente em português de *este[a]/esse[a]/aquele[a]* no singular e *estes[as]/esses[a]/aqueles[as]* no plural, sempre antecedem um substantivo e concordam com ele em gênero e número. **Ce** se torna **cet** antes de substantivos masculinos no singular que começam com vogal ou **h** mudo. **Ces** no plural é igual para o masculino e feminino.

	Masculino		Feminino	
SINGULAR	ce	livre	cette	chaise
	cet	homme	cette	adresse
PLURAL	ces	livres	ces	chaises
	ces	hommes	ces	adresses

Pronúncia antes de Vogal ou *h* Mudo

Pronuncie a **liaison** entre os adjetivos demonstrativos **cet** e **ces** antes de uma vogal ou **h** mudo.

Cet‿appartement est bien équipé.	**Este/Esse** apartamento está bem montado.
Ces‿œuvres sont très intéressantes.	**Estes/Esses** trabalhos são muito interessantes.

Qui est **cette** dame ? Et **cet** homme là-bas ?	Quem é **esta/essa** mulher? E **aquele** homem lá?
Je trouve **ce** manteau très convenable.	Eu acho **este/esse** casaco muito adequado.
On aime bien **ces** hommes d'état.	**Aqueles** estadistas são muito admirados.

-Ci (*este[a]* [*aqui*]) ou **-là** (*aquele[a]* [*lá*]) algumas vezes fica ligado aos substantivos precedidos por um adjetivo demonstrativo. **-Ci** e **-là** podem indicar uma distância relativa e também são usados para fazer uma distinção simples entre pessoas ou objetos.

Amélie parle de **cette maison-ci**. *Amélie fala sobre **esta casa aqui**.*
Cette maison-là n'est pas à ***Aquela lá*** *não está para alugar.*
louer.

Exercício 10.4

Complete as frases com o adjetivo demonstrativo correto (**ce, cet, cette** ou **ces**).

1. _____ belles fleurs
2. _____ nouvel appartement
3. _____ gentil chat
4. _____ repas délicieux
5. _____ arbre ancien
6. _____ grosse valise
7. _____ soldats courageux
8. _____ article important

Exercício 10.5

Complete as frases usando **ce, cet, cette** ou **ces**. Adicione **-ci** ou **-là** quando for apropriado; do contrário, deixe o segundo espaço em branco.

1. Qui est _____ homme _____ qui sort avec Julie ? (*aquele*)
2. _____ magazine _____ est intéressant, mais _____ article _____ contient plus d'information. (*esta/aquele*)
3. Tu aimes _____ chemises _____, ou bien tu préfères _____ chemises ____ ? (*estas/aquelas*)
4. Où voulez-vous manger, dans _____ restaurant _____ ou dans _____ cafétéria (f.) _____ ? (*este/aquela*)
5. _____ dames _____ vont courir dans le marathon. (*aquelas*)

Pronomes Demonstrativos

Os pronomes demonstrativos (em português: *este[a], esse[a], aqueles[as]*) referem-se a uma pessoa, coisa ou ideia mencionada anteriormente em uma conversa. Em francês, eles também concordam em gênero e número com os substantivos que substituem. Os pronomes demonstrativos devem ser seguidos de **-ci** ou **-là**, preposição ou pronome relativo.

	Masculino	Feminino
SINGULAR	**celui...**	**celle...**
PLURAL	**ceux...**	**celles...**

Un **dictionnaire** ? J'aime **celui qui** a de bonnes définitions.

*Um **dicionário**? Eu gosto **deste que** tem boas definições.*

La **maison** ? **Celle que** j'achète a un prix raisonnable.

*A **casa**? **Aquela** que comprei tem um preço razoável.*

Ces **étudiants** ? **Ceux qui** sont des Verts sont plutôt militants.

*Aqueles **alunos**? **Aqueles que** estão de verde são bem militantes.*

Des **idéologies** ? Les gens choisissent **celles qu'**ils peuvent comprendre.

***Ideologias**? As pessoas escolhem **as** (**aquelas**) que conseguem entender.*

Os pronomes demonstrativos não ficam sozinhos. São sempre usados em um destes contextos:

- *Com os sufixos -ci ou -là para fazer distinção entre objetos ou pessoas*

Voici plusieurs **magazines**. Tu veux **celui-ci** ou **celui-là** ?

*Aqui estão algumas **revistas**. Você quer **esta** ou **aquela**?*

- *Seguidos de preposição (geralmente de/d' ou uma locução com de/d')*

Quelle **littérature** aimes-tu mieux ? **Celle d'**Amérique latine ou **celle de** France ?

*Qual **literatura** você prefere? Latino-americana ou francesa? (Literalmente: **A da** América Latina ou **da** França?)*

De quel **restaurant** parle-t-il ? **Celui à côté de** la banque ou **celui au coin de** la rue ?

*Sobre qual **restaurante** ele fala? **Aquele perto do** banco ou **aquele na** esquina?*

- *Seguidos por uma oração introduzida por um pronome relativo (qui, que ou dont)*

Cet auteur a une douzaine de **romans policiers**. **Celui que** je lis est formidable !

*Aquele autor tem uma dúzia de **romances policiais**. **O que** eu li é formidável!*

Mireille veut suivre trois **cours**, mais on n'offre pas **ceux dont** elle a besoin.

*Mireille quer fazer três **cursos**, mas **aqueles que** ela precisa não são oferecidos.*

Pronomes Demonstrativos Indefinidos

Ceci (*isto*), **cela** (*isso*) e **ça** (*isso, aquilo*, informal) são pronomes demonstrativos *indefinidos*. Eles se referem a uma ideia ou objeto (não pessoa) sem um antecedente definido. Os pronomes demonstrativos indefinidos não têm gênero nem número. Algumas vezes, eles antecedem o sujeito indefinido **ce/c'**.

Cela (Ça) m'est égal.	*Isso é tudo igual para mim.*
Tu vois **ceci** ?	*Você viu isto?*
Ça, c'est tout ce dont nous avons besoin.	*Aquilo é tudo o que precisamos.*

Exercício 10.6

*Traduza as frases para o francês usando pronomes demonstrativos (**celui..., celle..., ceux..., celles...**) ou demonstrativos indefinidos (**cela, ça, ceci**) para as palavras em itálico.*

1. Eu adoro ler romance. *Aqueles que* prefiro são cheios de aventura (**pleins d'aventures**).

   _____ .

2. As aulas de Marc são interessantes, especialmente *aquelas* da faculdade de História (**la faculté d'histoire**).

   _____ .

3. Qual carro você (*fam.*) quer alugar (**louer**)? *Este* ou *aquele*?

   _____ ?

4. Estes são bons computadores. *Aqueles que* rodam (**marcher**) bem não são muito caros.

   _____ .

5. Aqui estão os filmes. *O que* você (*fam.*) quer ver está disponível (**disponible**).

   _____ .

6. Os livros estão na mesa. Estou lendo *este*. Você quer *aquele*?

   _____ ?

7. Preciso emprestar (**emprunter**) algumas anotações (**notes** [f.]). *As de Anne* sempre são fáceis de ler.

_____ .

8. Vamos assistir uma peça no sábado. *A que* vamos ver é uma comédia.

_____ .

Comparativos e Superlativos

É natural fazer comparações entre pessoas e coisas e, às vezes, precisamos fazer avaliações. O francês tem padrões simples para comparar adjetivos, substantivos, verbos e advérbios.

O Comparativo com Adjetivos

Os termos que indicam *maior*, *igual* e *menos* são: **plus** (*mais*), **aussi** (*tão*) e **moins** (*menos*).

Que/qu' sempre antecede o elemento sendo comparado. Quando um pronome é necessário, um pronome tônico (veja o Capítulo 11) vem após **que**.

Nous sommes
[*Nós somos*]
{
plus grands **que** [*mais altos do que*]
aussi grands **que** [*tão altos quanto*]
moins grands **que** [*mais baixos do que*]
}
lui. [*ele.*]

Je suis **plus pauvre que** M. Buffett.	*Sou **mais pobre do que** o Sr. Buffett.*
Adam est **moins fort que** toi.	*Adam é **menos forte** (**mais fraco**) **do que** você.*
Elles sont **aussi intelligentes que** vous.	*Elas são **tão inteligentes quanto** vocês.*

O Comparativo com Substantivos

Quando os substantivos são comparados, **de/d'** sempre o antecedem. A expressão de igualdade, **autant de**, é usada no lugar de **aussi**.

J'ai [*Eu tenho*]
{
plus de [*mais*]
autant de [*tantos*]
moins de [*menos*]
}
cousins **qu'**elle.
[*primos do que ela.*]
[*primos quanto ela.*]
[*primos do que ela.*]

Maurice a **plus de** temps libre que moi.	*Maurice tem **mais** tempo livre **do que** eu.*
Je n'ai pas **autant d'**argent que mon frère.	*Eu não tenho **tanto** dinheiro **quanto** meu irmão.*
Mon père fait **moins de** courses que ma mère.	*Meu pai faz **menos** compras **do que** minha mãe.*

Comparando Verbos

Ao comparar verbos de ação, use **plus que** (*mais do que*), **autant que** (*tanto quanto*) e **moins que** (*menos do que*) após o verbo. **Que/qu'** é seguido de um substantivo, pronome tônico, advérbio de tempo ou outro verbo.

Khaled **travaille plus que** Fatima.	*Khaled **trabalha mais do que** Fátima.*
Jeanne **étudie autant que** moi.	*Jeanne **estuda tanto quanto** eu.*
Ma grand-mère **lit moins** qu'avant.	*Minha avó **lê menos do que** antes.*
Nous **skiions autant que** nous travaillons !	*Nós **esquiamos tanto quanto** trabalhamos!*

Exercício 10.7

Complete as frases com o equivalente em francês dos elementos dados em português. Preste atenção na concordância (gênero e número) dos adjetivos.

1. Sa voiture est chère, mais elle n'est pas _____ la mienne. (*tão cara quanto*)

2. Notre cours de mathématiques est _____ le cours d'économie politique. (*mais interessante do que*)

3. Vous avez _____ examens _____ nous. (*tantas... quanto*)

4. Ta maison est _____ mon appartement. (*menor do que*)

5. Ces films sont _____ les émissions de télévision. (*mais emocionantes* [**passionnants**] *do que*)

6. Ma sœur cadette (*mais jovem*) est _____ mon frère aîné (*mais velho*). (*mais feliz do que*)

7. Les rues sont _____ les avenues. (*menos largas* [**larges**] *do que*)

8. Tu crois que les chevaux sont _____ les chiens ? (*tão inteligentes quanto*)

9. Cette maison rouge est _____ la maison jaune. (*mais antiga*)

10. Je lis _____ toi. (*mais do que*)

11. Il en sait _____ nous. (*menos do que*)

12. Je pense que Monique est _____ Martine. (*mais velha*)

13. La cuisine indienne est _____ la cuisine chinoise. (*mais condimentada* [**épicée**] *do que*)

14. Notre salle de bains est _____ la salle à manger. (*mais limpa* [**propre**] *do que*)

15. Nous sommes _____ les voisins. (*mais gentis* [**sympathiques**] *do que*)

16. Je n'ai pas _____ argent _____ mes parents. (*tanto... quanto*)

17. Je suis actuellement _____ mes amis. (*menos triste do que*)

18. Les parents sont _____ leurs enfants. (*mais cansados do que*)

19. Isabelle pense que le soleil est _____ la lune ; Raymond pense que la lune est _____. (*mais importante que/mais importante*)

20. Les filles jouent à _____ sports _____ les garçons. (*tanto... quanto*)

21. À la confiserie, je vends _____ bonbons _____ je ne mange d! (*menos... do que*)

22. Ils gagnent _____ argent _____ Pierre. (*mais... do que*)

Superlativos dos Adjetivos e Substantivos

O artigo definido **le/la/les** sempre é usado no superlativo em francês e concorda com o substantivo em gênero e número.

Superlativo dos Adjetivos

No superlativo, os adjetivos, antecedidos por **le/la/les**, mantêm sua posição antes ou depois do substantivo. Quando o adjetivo vem depois do substantivo, o artigo definido é repetido após o substantivo. A preposição **de/d'** expressa *em* ou *de* (um lugar ou grupo).

Jean est	intelligent.
Micheline est	**plus** intelligente **que** Jean.
Claire est	(l'étudiante) **la plus** intelligente **des** trois.

Josée est **la moins travailleuse**.	*Josée é a menos esforçada.*
Voici **le plus jeune membre de** ma famille.	*Eis o membro mais jovem da minha família.*
Quelle est **la plus belle île du** monde ?	*Qual é a ilha mais bela do mundo?*

Superlativo dos Substantivos

No superlativo, os substantivos são antecedidos por **le moins de** (*o menos*) ou **le plus de** (*o mais*). Use **de/d'** (*de* ou *em*) antes do nome do lugar ou grupo.

Marc fait **le moins de devoirs de** la classe !	*Marc é o que faz **menos dever de cada da turma!***
M. Gates a **le plus d'argent de** tous.	*Sr. Gates é o que tem **mais dinheiro de** todos.*

Superlativo dos Verbos

Para expressar o superlativo dos verbos, basta usar **le plus** (*o mais*) ou **le moins** (*o menos*) após o verbo, sempre com **le** no singular impessoal:

Moi, je **travaille le moins**.	*Sou eu quem **trabalha menos**.*
C'est l'émission qu'elle **regarde le plus**.	*É o programa que ela **assiste mais**.*
Voilà ce qui leur **plaît le plus**.	*É isso que eles **mais gostam** (o que **eles gostam mais**).*

Adjetivos com Comparativo e Superlativo Irregulares

É importante saber a diferença entre os *adjetivos* **bon** (*bom*) e **mauvais** (*mau*) e os *advérbios* **bien** (*bem*) e **mal**. Para os advérbios, veja a seção posterior neste capítulo chamada "Comparativos e Superlativos dos Advérbios".

Dois adjetivos no comparativo e superlativo têm formas irregulares:

Comparativo

bon(ne)(s)	*bom*	**meilleur(e)(s)**	*melhor*
mauvais(e)(s)	*mau*	**plus mauvais(e)(s);** **pire(s)**	*pior*
petit(e)(s)	*pequeno*	**plus petit(e)(s)**	*menor*

Superlativo

le/la/les meilleur(e)(s)	*o melhor*
le/la/les plus mauvais(e)(s); **le/la/les pire(s)**	*o pior*
le/la/les moindre(s)	*o menor*

La cuisine française est **bonne** ; mais Paola dit que la cuisine italienne est **meilleure**.
*A cozinha francesa é **boa**, mas Paola diz que a italiana é **melhor**.*

Mme Lemoine ? C'est mon **meilleur** professeur !
*Sra. Lemoine? Ela é minha **melhor** professora!*

Ce restaurant-ci est **mauvais**, mais celui-là est **pire** !
*Este restaurante é **ruim**, mas aquele é **pior**!*

Ça, c'est **le plus mauvais** film (**le pire** film) **de** l'année.
*Esse é **o pior** filme **do** ano.*

Cet examen ? C'est **la moindre de** mes difficultés.
*A prova? É **o menor dos** meus problemas.*

 Exercício 10.8

Complete as frases com o equivalente em francês dos elementos dados em português. Preste atenção na concordância (gênero e número) com os adjetivos.

1. Ce film est bon ; c'est même _____ de tous. (*o melhor*)
2. L'appartement de Nicole est _____ de l'immeuble (*prédio*). (*o maior*)
3. Elle est _____ David, mais elle n'est pas _____ étudiant de la classe. (*mais alta/a mais alta*)
4. Ils vivent dans _____ région du pays. (*a mais bela*)
5. Ce restaurant sert _____ repas de la ville. (*as melhores*)

Possessivos, Demonstrativos, Comparativos e Advérbios

6. La petite Annie a deux ans. Elle est _____ de sa famille. (*a mais jovem*)

7. Qui est _____ politicien ou _____ politicienne des États-Unis ? Qui est _____ politicien ou _ politicienne ? (*o[a] melhor/o[a] pior*)

8. La date de la guerre de Crimée ? Je n'en ai pas _____ idée. (*a menor*)

9. C'est _____ roman de l'année. (*o pior*)

10. Cette émission (*programa*) est celle qu'on regarde _____. (*menos*)

11. Voici _____ plat de ce restaurant. (*o melhor*)

12. Nous avons _____ d'animaux domestiques de tous nos amis. (*os maiores*)

13. Je gagne _____ salaire (*m.*) de mon groupe. (*o menor*)

14. Mon appartement a _____ de pièces de tout l'immeuble ; je n'en ai qu'une ! (*os menores*)

Advérbios

Os advérbios incluem qualquer palavra ou expressão que modifica um verbo, outro advérbio ou um adjetivo. Veja alguns exemplos em português:

*Eles andam **rapidamente**.*
*O aluno lê **muito facilmente**.*
*Ela é **muito** esforçada.*

Advérbios Comuns e Sua Colocação

Você já usou advérbios em francês, inclusive as seguintes palavras:

beaucoup (*muito*)	souvent (*com frequência*)
bien (*bem*)	très (*muito*)
mal (*mal*)	trop (*demais*)
peu (*pouco, não muito*)	vite (*rápido*)

Jeannette mange **trop vite** !	*Jeannette come **rápido demais**!*
Mon voisin est **assez** vieux ; il travaille **peu**.	*Meu vizinho é **bem** velho; ele trabalha **pouco**.*
Moi, je ne vais pas au bal ; je danse **mal** !	*Eu não vou ao baile; eu danço **mal**!*

- Os advérbios geralmente seguem os verbos, vindo depois de **pas** nas construções negativas.

Claude **n'est pas très** actif, et il mange **beaucoup**.	*Claude **não** é **muito** ativo e come **muito**.*

- Quando os advérbios modificam os adjetivos, geralmente eles os antecedem.

Il est **trop** gros.	*Ele é gordo **demais**.*

- Os advérbios que modificam uma frase inteira podem ser colocados no início da frase. Nas construções verbo + verbo, o advérbio em francês normalmente vem após o verbo que ele modifica.

Heureusement, Claude va **bientôt** commencer à suivre un régime.	***Felizmente**, Claude vai começar **logo** uma dieta.*

- Os advérbios de tempo e lugar geralmente são colocados no início ou final de uma frase.

Ils vont passer nous voir **demain**.	*Eles vão nos visitar **amanhã**.*
Demain, ils vont passer nous voir.	***Amanhã**, eles vão nos visitar.*

Formação dos Advérbios com -*ment*

Vários advérbios são formados a partir de adjetivos adicionando a terminação -**ment**, que corresponde a -*mente* em português.

- Se o masculino do adjetivo terminar com *vogal*, normalmente -**ment** é adicionado para formar o advérbio.

Adjetivos Masculinos	Advérbios Masculinos
absolu (*absoluto*)	absolument (*absolutamente*)
admirable (*admirável*)	admirablement (*admiravelmente*)
vrai (*verdade*)	vraiment (*verdadeiramente, realmente*)

Fait-elle **vraiment** la cuisine tous les soirs ?	*Ela **realmente** cozinha toda noite?*

- Se o masculino do adjetivo terminar com *consonante*, geralmente **-ment** é adicionado ao feminino para formar o advérbio.

Francês	Francês	Português	Francês
ADJ.	**ADJ.**	**SIGNIFICADO**	**ADVÉRBIO**
MASC.	**FEM.**		
actif	active	*ativo*	activement *(ativamente)*
doux	douce	*suave, gentil*	doucement *(suavemente, gentilmente)*
faux	fausse	*falso*	faussement *(falsamente)*
franc	franche	*franco*	franchement *(francamente)*
heureux	heureuse	*feliz*	heureusement *(felizmente)*
lent	lente	*lento*	lentement *(lentamente)*

Heureusement, il ne neige pas aujourd'hui.	*Felizmente, não está nevando hoje.*
Renée parle toujours **doucement**.	*Renée sempre fala **suavemente**.*

Note que os advérbios **brièvement** *(brevemente)* e **gentiment** *(gentilmente)* não seguem essa regra. Eles são baseados em **bref** (**brève**) *(breve)* e **gentil(le)** *(gentil, educado)*.

- Se o masculino do adjetivo termina em **-ent** ou **-ant**, os advérbios correspondentes têm as terminações **-emment** (para **-ent**) e **-amment** (para **-ant**).

Adjetivos Masculinos	Advérbios Masculinos
constant *(constante)*	constamment *(constantemente)*
différent *(diferente)*	différemment *(diferentemente)*
évident *(evidente)*	évidemment *(evidentemente, obviamente)*

Sylvie répond **intelligemment**.	*Sylvie responde **inteligentemente**.*
Parles-tu **couramment** le russe ?	*Você fala russo **fluentemente**?*

Exercício 10.9

Escreva o advérbio que corresponde a cada adjetivo. Verifique se você sabe o significado do adjetivo e do advérbio.

1. amical _____
2. vrai _____
3. faux _____
4. gentil _____
5. évident _____
6. vif _____
7. franc _____
8. différent _____
9. bref _____
10. terrible _____
11. lent _____
12. intelligent _____
13. cruel _____
14. constant _____
15. doux _____

Comparativos e Superlativos dos Advérbios

Os comparativos dos advérbios são formados com **plus/aussi/moins... que** (*mais... do que/tanto... quanto/menos... do que*), como nos adjetivos.

Fait-elle la cuisine **plus** souvent **que** toi ?	Ela cozinha com **mais** frequência **do que** você?
Tu joues au golf **aussi** bien **que** Richard.	Você joga golfe **tão** bem **quanto** Richard.
Le politicien parle **moins** bien **que** mon prof.	O político fala **pior do que** meu professor.
Je cours **moins** vite **qu'**eux.	Eu corro **mais** lento (**menos** rápido) **do que** eles.

No superlativo de um advérbio, **le plus** ou **le moins** antecede o advérbio. O artigo é sempre **le**.

Ce cheval-là court **le plus lentement** !	Aquele cavalo é o que corre **mais** *lentamente*!
Moi, je vais au cinéma **le moins souvent**.	Eu vou ao cinema com **menos** *frequência*.

Mieux (*melhor*) e **le mieux** (*o melhor*) são comparativos irregulares do advérbio **bien** (*bem*).

	Comparativo	Superlativo
bien (*bem*)	**mieux** (*melhor*)	**le mieux** (*o melhor*)
mal (*mal*)	**plus mal** (*pior*)	**le plus mal** (*o pior*)

Tu ne danses pas très **bien**, et moi, je danse **plus mal** (**moins bien**) **que** toi !

*Você não dança muito **bem** e eu danço **pior do que** você!*

Arthur danse **mieux que** moi, et Mireille danse **le mieux**.

*Arthur dança **melhor do que** eu e Mireille é **a melhor**.*

Exercício 10.10

Traduza as frases para o francês, usando o comparativo ou superlativo dos advérbios.

1. Ele canta mal, mas eu canto pior.
   _____.
2. Ela cozinha com mais frequência do que você (*fml.*)?
   _____?
3. Na maratona, Sami é que corre mais devagar.
   _____.
4. Você (*fam.*) toca violino melhor do que eu?
   _____?
5. Eu escrevo bem, mas meu amigo escreve melhor. _____.
6. Colette é quem escreve melhor. _____.
7. Frédéric trabalha mais rápido do que Jeanne. _____.
8. Isabelle é quem trabalha mais rápido. _____.
9. Paulo chegou mais cedo do que você (*fml.*)? _____?
10. Claudine fala italiano pior do que eu (**moi**); Émilie é quem fala pior!
    _____!
11. Elas cantam melhor do que seus irmãos. _____.
12. Marcelo dança pior do que sua esposa. _____.

Vocabulário-chave

Veja uma lista dos advérbios comuns. Alguns são familiares.

Adverbes (Advérbios)

à droite   (*à direita*)
à gauche   (*à esquerda*)
à l'arrière   (*atrás*)
à l'extérieur   (*fora*)
à l'intérieur   (*dentro*)
au fond   (*no fundo*)
de bonne heure   (*cedo [manhã]*)
dehors   (*fora*)
déjà   (*já*)
en avant   (*na frente*)
en bas   (*embaixo*)
en ce moment   (*neste momento*)
en haut   (*em cima*)
encore   (*ainda*)
ici   (*aqui*)
là, là-bas   (*lá, lá longe*)
là-haut   (*lá em cima*)
loin   (*longe*)
maintenant   (*agora*)

mieux   (*o melhor*)
moins   (*menos*)
ne... plus   (*não mais*)
parfois   (*algumas vezes*)
plus   (*mais*)
plus mal   (*pior*)
presque   (*quase*)
quelquefois   (*às vezes*)
souvent   (*com frequência*)
tant   (*tanto*)
tard   (*tarde*)
tôt   (*cedo*)
toujours   (*sempre*)
tout à l'heure   (*daqui a pouco*)
tout de suite   (*imediatamente*)
tout droit   (*adiante*)
tout près   (*do lado*)

Exercício 10.11

Complete as frases com o equivalente em francês dos advérbios dados em português.

1. J'arrive _____. (*imediatamente*)

2. Il faut tourner _____ au coin. (*à esquerda*)

3. Elle danse _____ moi. (*pior do que*)

4. Robert dort assez peu, mais je dors même _____. (*menos*)

5. Tu vas trouver la poste _____. (*perto de*)

6. En voiture, je mets _____ les enfants _____. (*sempre/atrás*)

Possessivos, Demonstrativos, Comparativos e Advérbios   227

7. Est-ce que tu vois _____ avec tes nouvelles lunettes ? (*longe*)
8. Même si nous regardons _____ nous ne voyons pas Minou. (*lá em cima*)
9. Le matin, devez-vous partir _____ ? (*cedo*)
10. On va arriver _____. (*daqui a pouco*)
11. Oui, je vois _____ les tours de l'église. (*já*)
12. Mais, il fait noir _____ de cette armoire! (*dentro*)
13. Si tu marches _____, tu vas pouvoir nous dire où nous allons. (*adiante*)
14. Les enfants jouent-ils _____ le soir en été ? (*fora*)
15. Dînent-elles _____ _____ pendant le week-end ? (*algumas vezes/muito tarde*)

Vocabulário-chave

Les membres de la famille (Membros da Família)

Em uma conversa, é útil saber descrever os membros da família.
Les parents significa *pais* e *parentes* em geral.

les parents (*m. pl.*)	*pais*
le père	*pai*
la mère	*mãe*
le beau-père	*padrasto ou sogro*
la belle-mère	*madrasta ou sogra*
les grands-parents (*m. pl.*)	*avós*
le grand-père	*avô*
la grand-mère	*avó*
les arrière-grands-parents (*m. pl.*)	*bisavós*
l'arrière-grand-père (*m.*)	*bisavô*
l'arrière-grand-mère (*f.*)	*bisavó*
l'époux *ou* le mari	*marido*
l'épouse *ou* la femme	*esposa*
le fils; la fille	*filho; filha*
le beau-fils	*enteado ou genro*

la belle-fille	*enteada* ou *nora*
le petit-fils	*neto*
la petite-fille	*neta*
les parents (*m. pl.*)	*parentes*
le parent	*parente (homem)*
la parente	*parente (mulher)*
le frère; la sœur	*irmão; irmã*
aîné(e); cadet(te)	*mais velho[a]; mais novo[a]*
le beau-frère	*cunhado* ou *meio-irmão*
la belle-sœur	*cunhada* ou *meia-irmã*
l'oncle; la tante	*tio; tia*
le neveu; la nièce	*sobrinho; sobrinha*
le cousin; la cousine	*primo; prima*
le parrain; la marraine	*padrinho; madrinha*
le filleul; la filleule	*afilhado; afilhada*

Exercício 10.12

Gérard descreve sua família. Complete as frases com seus membros, usando pronomes possessivos e a lista de vocabulário anterior.

1. Le frère de ma mère est _____.

2. Le fils de ma tante est _____.

3. Le frère de ma femme est _____.

4. Le garçon dont je suis responsable de l'éducation morale
   est _____.

5. La fille de ma fille est _____.

6. La fille de ma femme (ce n'est pas ma fille à moi)
   est _____.

7. La femme responsable de mon éducation morale
   est _____.

8. Le fils de ma sœur est _____ et sa petite sœur
   est _____.

9. La femme que j'épouse est _____
   ou _____.

10. La mère de ma femme est _____.

 Interpretação de Texto

La famille française moderne

Il y a récemment une **légère hausse** du nombre de mariages en France ; mais en général, les mariages continuent à diminuer. Les nouveaux mariés français ont **en moyenne** cinq ans de plus qu'il y a vingt ans. Il y a plusieurs raisons de cela : l'**union libre**, déjà très fréquente, n'est plus aujourd'hui une simple **période d'essai**, mais **un mode de vie**. Pour ceux qui préparent une carrière, les études sont prolongées. Et finalement, il y a **le chômage**, un problème qui touche à toute l'Europe. Il devient de plus en plus difficile aux jeunes d'entrer dans le monde du travail et de trouver un emploi **convenable**.

La famille française d'aujourd'hui est plus petite. En général, les mères ont leur premier enfant (et leur dernier) plus tard. Près de **la moitié** des enfants naissent hors mariage (les parents non mariés **bénéficient** d'une partie des **allocations** familiales). Dans le cas du premier enfant, la proportion est même de cinquante-cinq pour cent hors mariage. Le mariage est aussi plus fréquemment **dissous** par le divorce (un mariage sur trois), ce qui explique le doublement du nombre de familles monoparentales. C'est le plus souvent la mère qui élève **quasi** seule un ou plusieurs enfants. Il y a **par conséquent** une **nette** augmentation de familles « recomposées », formées par le remariage d'un ou des deux parents.

On continue pourtant à **garder** une grande nostalgie de la famille d'hier : dîners du dimanche chez les grands-parents, grandes vacances passées en famille à la campagne, etc. Selon **les enquêtes**, la famille reste toujours **la valeur** première de tous les Français. **Ce ne sont que** les pratiques de la vie familiale qui sont en train d'**évoluer**.

légère hausse   (*pequeno aumento*)
en moyenne   (*em média*)
l'union libre (*f.*)   (*união livre*)
une période d'essai   (*período de experiência*)
un mode de vie   (*modo de vida*)
le chômage   (*desemprego*)
convenable   (*conveniente*)
la moitié   (*metade*)
bénéficient   (*beneficiam*)
allocations (*f.*)   (*subsídios do governo*)
dissous   (*dissolvido*)
les enquêtes (*f.*)   (*pesquisas*)

quasi   (*quase*)

par conséquent   (*como consequência*)

net(te)   (*claro, nítido*)

garder   (*manter, guardar*)

la valeur   (*valor*)

ce ne sont que...   (*são apenas...*

évoluer   (*mudar, evoluir*)

Perguntas

Após a leitura do texto, responda as perguntas em francês.

1. Décrivez quelques changements récents dans la famille française.

   _____ .

2. Pourquoi les mariages diminuent-ils ?

   _____ .

3. Donnez une définition des deux expressions suivantes : *l'union libre, la famille recomposée.*

   _____ .

4. Cette description ressemble-t-elle à votre vie de famille ? Comment ?

   _____ .

5. Qui sont les membres de votre famille ?

   _____ .

6. Décrivez les membres de votre famille étendue (*estendida*) ou recomposée.

   _____ .

II

Expressões Afirmativas e Negativas, Formação do Imperativo, e Uso de Verbos Pronominais

11

Afirmativas versus Negativas, Pronomes Tônicos e Imperativo

Mais Modos de Dizer Sim e Não

A maioria das expressões afirmativas tem uma negativa correspondente (em português, *sempre* x *nunca*, *algo* x *nada*). Em francês, são fáceis de memorizar em pares ou grupos.

A maioria das expressões negativas em francês lembra a construção **ne... pas**. Elas omitem **pas** e combinam **ne/n'...** com outra palavra (**jamais**, **plus**, **rien** etc.).

Como em **ne... pas**, o artigo indefinido (**un/une/des**) e o artigo partitivo (**du/de la/de l'**) tornam-se **de/d'** antes de substantivo. Os artigos definidos (**le/la/les**) não mudam.

Afirmativa	≠	Negativa
parfois (*algumas vezes*)		
quelquefois (*às vezes*)		
souvent (*com frequência*)	≠	**ne... jamais** (*nunca*)
toujours (*sempre*)		

Prend-il **toujours du** café le matin ?

*Ele **sempre** toma café de manhã?*

— Non, il **ne** prend **jamais de** café le matin.

*— Não, ele **nunca** toma café de manhã.*

(— Non, il **n'**en prend **jamais** le matin.)

*(— Não, ele **nunca** toma nada de manhã.)*

Tu travailles **quelquefois** le samedi ?

*À**s vezes**, você trabalha aos sábados?*

— Non, je **ne** travaille **jamais** le samedi.

*— Não, eu **nunca** trabalho aos sábados.*

Afirmativas versus Negativas, Pronomes Tônicos e Imperativo 233

Na negativa, os *pronomes oblíquos* vêm após **ne/n'** e antecedem o verbo, como ocorre na construção **ne... pas**.

Faites-vous **souvent** la cuisine ?
— En réalité, je **ne la** fais **jamais** !

*Você **sempre** cozinha?*
*— Na verdade, **nunca**!*

Afirmativa	≠	Negativa
déjà *(já)*	≠	**ne... pas encore** *(ainda não)*
encore *(ainda)*	≠	**ne... plus** *(não mais)*

Vas-tu **encore** à ce gymnase ?
— Non, je **ne** vais **plus** à ce gymnase.
(— Non, je **n'y** vais **plus**.)
Tu manges **déjà** le dessert ?
— Non, je **ne** mange **pas encore** le dessert.
(— Non, je **ne le** mange **pas encore**.)

*Você **ainda** vai a essa academia?*
*— Eu **não** vou **mais** a essa academia.*
*(— Eu **não** vou **mais lá**.)*
*Você **já** comeu a sobremesa?*
*— Não, eu **ainda não** comi a sobremesa.*
*(— Eu **ainda não** a comi.)*

Afirmativa	≠	Negativa
quelque chose *(algo)* **tout** *(tudo)*	≠	**ne... rien** *(nada)*
quelqu'un *(alguém)* **tout le monde** *(todos)*	≠	**ne... personne** *(ninguém)*

Tu vois **quelque chose** ?
— Non, je **ne** vois **rien**.
Ils entendent **quelqu'un** ?
— Non, ils **n'**entendent **personne**.

*Você viu **algo**?*
*— Não, não vi **nada**.*
*Eles ouvem **alguém**?*
*— Eles não ouvem **ninguém**.*

Exercício 11.1

Veja uma descrição de seu amigo Guy. Reaja a cada afirmativa com uma descrição de sua amiga Suzy, seguindo o modelo. Note as expressões afirmativas em itálico.

EXEMPLO: Guy a *toujours* des dettes (*dívidas*).   <u>Suzy n'a jamais de</u>
<u>dettes.</u>

1. Guy fait *encore* ses études.

   Suzy _____.

2. Guy a *encore* des examens à passer.

   Suzy _____.

3. Guy dépense (*gasta*) *toujours* son argent.

   Suzy _____.

4. Guy est *déjà* fatigué à sept heures du soir.

   Suzy _____.

5. Guy emprunte (*pede emprestado*) *parfois* de l'argent.

   Suzy _____.

6. Guy passe *souvent* le soir à regarder la télé.

   Suzy _____.

7. Guy achète *quelque chose* à la friperie (*brechó*).

   Suzy _____.

8. Guy mange *quelque chose* au bar.

   Suzy _____.

Exercício 11.2

Leia as perguntas e responda cada uma com uma frase completa na negativa. Use ne... pas ou outra expressão negativa lógica.

1. Entend-elle tout ?

   Non, _____.

2. Apprenez-vous quelque chose dans ce cours ?

   Non, _____.

3. Est-ce que tu invites quelqu'un ce soir ?

   Non, _____.

Afirmativas versus Negativas, Pronomes Tônicos e Imperativo 235

4. Regardes-tu toujours les actualités (*notícias*) ?

— Non, _____.

5. Est-ce qu'elles ont beaucoup d'ennemis ?

— Non, _____.

6. Es-tu déjà libre de voyager ?

— Non, _____.

7. Trouvent-ils quelque chose au marché aux puces (*mercado de pulgas*) ?

— Non, _____.

8. Tu sors parfois danser ?

— Non, _____.

9. Allez-vous encore à la plage chaque été ?

— Non, _____.

10. Est-ce qu'il y a quelqu'un au téléphone ?

— Non, _____.

Quelque chose, **quelqu'un**, **rien** e **personne**, quando necessário, são complementos de uma preposição após **à** ou **de/d'**. Nesses casos, a posição de **ne/n'** não muda.

De quoi Laurent a-t-il peur ?	*__Do que__ Laurent tem medo?*
— Il **n'**a peur **de rien** !	*— Ele __não__ tem medo __de nada__!*
Tu penses **à quelqu'un** ?	*Você pensa __em alguém__?*
— Non, Je **ne** pense **à personne**.	*— Não, não penso __em ninguém__.*

Jamais, **rien**, **personne**, **pas encore** e **pas toujours** podem ser respostas simples sozinhos, sem usar **ne/n'**.

Qui t'appelle souvent ?	*Quem o chama com frequência?*
— **Personne**.	*— __Ninguém__.*
Tu reçois un salaire pour ton travail ?	*Você recebe salário por seu trabalho?*
— **Pas encore**.	*— __Ainda não__.*
Alors, qu'est-ce qu'ils font ?	*Então, o que eles fazem?*
— **Rien**.	*— __Nada__.*
Est-ce que vous mangez du porc ?	*Você come carne de porco?*
— **Jamais**.	*— __Nunca__.*

Rien e **personne** também podem ser usados como *sujeitos* de uma frase. Nessa construção, **rien** e **personne** antecedem **ne/n'**.

Tu as l'air triste, Aimée…
— C'est vrai. **Rien ne** m'intéresse.
Vous leur téléphonez ?
— Oui, mais **personne ne** répond.

Você parece triste, Aimée…
— É verdade. **Nada** *me interessa.*
Você telefonou para eles?
— Sim, mas **ninguém** *atendeu.*

Expressando Limites com *ne… que…*

Ne… que (*apenas*), não é uma expressão negativa, mas um limite. Seu sinônimo é **somente**.

Nas expressões com **ne… que**, o elemento **que** é colocado antes do substantivo (ou seja, a quantidade que é "limitada").

Je **n'**ai **que** cinq euros. (J'ai **seulement** cinq euros.)

Eu tenho **apenas** *cinco euros.*

Il **ne** fait **que** deux sports.

Ele pratica **apenas** *dois esportes.*

Nous **ne** pouvons lire **que** trois livres par an.

Conseguimos ler **somente** *três livros por ano.*

Exercício 11.3

Responda cada pergunta com uma palavra na negativa.

1. Ta mère lit-elle parfois de la science fiction ? — Non, _____.
2. Qui veut sortir avec nous samedi soir ? — _____.
3. Que fais-tu cet après-midi ? — _____.
4. Vous mangez quelquefois des fruits de mer ? — Non, _____.
5. Thomas réussit-il toujours aux examens ? — Non, _____.
6. Quelqu'un nous appelle ? — Non, _____.
7. Qui veut bien nous aider à la cuisine ? — _____.
8. Elle t'emprunte parfois de l'argent ? — Non, _____.

Afirmativas versus Negativas, Pronomes Tônicos e Imperativo 237

 Exercício 11.4

Responda as perguntas pessoais com uma frase completa na negativa.

1. As-tu peur de quelque chose ?
   — Non, _____.

2. Prépare-t-il quelque chose de délicieux ?
   — Non, _____.

3. Est-ce que quelqu'un arrive bientôt ?
   — Non, _____.

4. Téléphones-tu à quelqu'un ?
   — Non, _____.

5. Lisez-vous quelque chose d'original ?
   — Non, _____.

6. Nous écrivons à quelqu'un ?
   — Non, _____.

7. Dorothée réfléchit-elle à quelque chose ?
   — Non, _____.

8. Connais-tu quelqu'un de drôle ?
   — Non, _____.

Exercício 11.5

*Responda cada pergunta pessoal com **ne/n'... que** (apenas). Então, se possível, repita sua resposta usando o pronome oblíquo **en**, seguindo o modelo.*

EXEMPLO: Combien de voitures avez-vous ?   — *Je n'ai qu'une voiture. Je n'en ai qu'une.*

1. Combien de cours suivez-vous ?

   _____.

2. Aujourd'hui avez-vous du temps libre ?

   _____.

3. Combien d'heures dormez-vous chaque nuit ?

_____ .

4. Avez-vous beaucoup de DVD ?

_____ .

5. Combien de litres de lait achetez-vous par semaine ?

_____ .

6. Combien d'animaux domestiques avez-vous ?

_____ .

Pronomes Tônicos

Os pronomes tônicos, também chamados de acentuados, são usados após preposições, nos sujeitos compostos, para enfatizar. Eles podem ser substituídos no começo ou no final de uma frase. Vários pronomes tônicos são idênticos aos pronomes pessoais do caso reto.

moi	*eu, mim, comigo*	**nous**	*nós, conosco*
toi	*te, ti, contigo*	**vous**	*vós, convosco*
lui	*ele*	**eux**	*eles*
elle	*ela*	**elles**	*elas*
soi	*se, si, consigo*		

Usos dos Pronomes Tônicos

Os pronomes tônicos são usados de vários modos:

- *Como complementos das preposições*

  On va passer **chez lui** ce soir. — *A gente vai passar **na casa dele** esta noite.*

  Après vous ! — ***Depois de você!***

  Qui veut venir **avec nous** ? — *Quem quer vir **conosco**?*

  On doit avoir confiance **en soi**. — *A pessoa deve confiar **em si**.*

- *Em sujeitos e objetos compostos*

  Je préfère dîner avec **Thomas et toi**. — *Eu prefiro jantar com **Thomas e você**.*

  Valérie et moi, nous allons gagner ! — ***Valérie e eu**, nós vamos vencer!*

Afirmativas versus Negativas, Pronomes Tônicos e Imperativo 239

O pronome pessoal (**nous**, no exemplo anterior) pode ser omitido ou mantido para enfatizar.

Para enfatizar o sujeito do verbo, quando é um pronome pessoal

Lui, il adore cuisiner ; **elle**, elle préfère le bricolage.	*Ele adora cozinhar; ela prefere bricolagem.*
Ils ont beaucoup de chance, **eux** !	*Eles têm muita sorte!*

- *Após c'est/ce sont, sozinho ou antecedendo a uma oração relativa*

C'est vous, Roger et Michelle ?	*São vocês, Roger e Michelle?*
— Oui, **c'est nous**.	*— Sim, somos nós.*
C'est moi qui gagne !	*Eu ganhei! (Sou eu quem ganhou!)*
Ce sont eux avec qui je parle.	*É com eles que eu falo.*

- *Com être à para indicar posse*

C'est la voiture de Caroline ?	*É o carro de Caroline?*
— Non, elle **est à moi**. La vieille voiture **est à elle**.	*— Não, é o meu. O carro velho é dela.*
Ces skis-là **sont à nous**.	*Aquele esquis são nossos.*

Être + pronome oblíquo tônico é uma alternativa ao uso de um pronome possessivo (**le/la/les mien[ne][s]** etc.).

Ces enfants sont **à vous** ? Ce sont **les vôtres** ?	*Aquelas crianças são suas? São as suas?*

- *Para substituir os substantivos que se referem a pessoas após certos verbos + proposição*

Esses verbos incluem as seguintes expressões:

penser à/songer à *(pensar sobre, refletir sobre)*
penser de *(pensar, ter uma opinião)*
renoncer à *(renunciar, perder a esperança)*
tenir à *(tratar com carinho, estimar)*

240 Expressões Afirmativas e Negativas, Formação do Imperativo e Uso de Verbos...

Tu penses souvent **à ton frère** ?	*Você pensa com frequência **em seu irmão**?*
— Oui, je pense souvent **à lui**.	*— Sim, eu penso muito **nele**.*
Que penses-tu **d'elle** ?	*O que você pensa **sobre ela**?*
— Je pense **qu'elle** est formidable !	*— Eu acho **que ela** é ótima!*
Tu tiens **à tes amis** ?	*Você estima **seus amigos**?*
— Oui, je tiens beaucoup **à eux**.	*— Sim, eu **os** estimo muito.*
Je n'aime plus ce type. Je renonce **à lui**.	*Eu não gosto mais daquele cara. Não tenho esperanças quanto **a ele**.*

- *Em combinação com -même(s) para enfatizar (em português: ... mesmo[a], ... mesmos[as])*

Tu conduis **toi-même** ?	***Você mesmo** dirige?*
Font-**ils** le ménage **eux-mêmes** ?	***Eles mesmos** limpam a casa?*
Dans la vie, **on** peut faire beaucoup **soi-même**.	*Na vida, pode-se fazer muita coisa **sozinho**.*

- *Após que/qu' em uma comparação (Capítulo 10)*

Tu écris mieux **que moi** ?	*Você escreve melhor **do que eu**?*

Exercício 11.6

*Crie frases completas com os elementos a seguir, usando o pronome tônico e **être** em cada uma, segundo o modelo.*

EXEMPLOS: nous/contents   *Nous, nous sommes contents.*

Richard/anxieux   *Richard, lui, est anxieux.*

1. je/très occupé _____.

2. Alice/courageuse _____.

3. Léon/heureux _____.

4. les étudiantes/intelligentes _____.

5. les voisins/tranquilles _____.

6. André et nous/drôles _____.

Exercício 11.7

*Complete cada linha do diálogo com os pronomes tônicos (**moi**, **toi**, **lui** etc.). Os dois amigos usam a forma **tu** entre si, mas observe com cuidado os lugares sobre os quais eles estão falando ou endereçando outros.*

1. CAMILLE : Cécile et _____, nous allons bientôt partir au match de football (*futebol*). Et _____ ?

2. ROBERT : _____ aussi, je pars bientôt. Et Cécile et _____, vous allez prendre la voiture ?

3. CAMILLE : _____ ? Oui, nous sommes en retard. On tient à voir Zidane. Et _____, qu'est-ce que tu penses de _____ ?

4. ROBERT : Ah! _____, je le trouve formidable. C'est _____ la vedette (*estrela*) de l'équipe (*time*).

5. CAMILLE : Alors, c'est _____ qui allons l'applaudir.

Exercício 11.8

Traduza as frases para o francês.

1. Nós trabalhamos mais duro (**dur**) do que eles.

   _____ .

2. Sou mais rico do que você (*fam.*)?

   _____ ?

3. Ele não é mais alto do que eu.

   _____ .

4. Você (*fml.*, *f.*) é mais feliz do que ela?

   _____ ?

5. Eu ando tão rápido quanto elas.

   _____ .

6. Ela escreve melhor do que ele.

   _____ .

7. Elas não cantam mais alto (**fort**) do que eu.

   _____ .

Exercício 11.9

*Substitua pelo pronome tônico (**moi, toi, lui** etc.) cada alternativa sugerida ou use o pronome fornecido. Mude os sujeitos e verbos quando necessário.*

1. Ces raquettes de tennis sont à *moi*. (Éloïse, Jacques, mes amies, Maurice et son collègue)

___

2. Qui doit réserver le court ? — C'est *elle* qui *doit* le faire. (moi, Mireille et Chantal, nos voisins, vous)

___

3. Vous cherchez les balles vous-mêmes ? — Oui, *je* le *fais moi-même*. (Mathilde, nous, tu, ton amie et toi, Max)

___

O Imperativo e Suas Formas

O imperativo (ou comando) de um verbo é usado para dar instruções, fazer solicitações, sugestões ou dar ordens.

O imperativo regular é fácil de aprender, pois é baseado no tempo presente. O francês tem três formas de imperativo, correspondendo à pessoa ou pessoas sendo endereçadas.

tu	(segunda pessoa informal, no singular)
vous	(segunda pessoa formal, no singular e plural; e plural informal)
nous	(primeira pessoa no plural, inclui o grupo ao qual o falante pertence)

O imperativo não usa pronomes pessoais.

O Imperativo dos Verbos *-er*

A letra **-s** na forma **tu** dos verbos **-er** é omitida na ortografia do imperativo. A pronúncia fica igual.

parler (*falar*)		
tu parles	**Parle !**	*Fala!*
vous parlez	**Parlez !**	*Falai!*
nous parlons	**Parlons !**	*Falemos!*

Afirmativas versus Negativas, Pronomes Tônicos e Imperativo

écouter *(escutar)*

tu écoutes	**Écoute !**	*Escuta!*
vous écoutez	**Écoutez !**	*Escutai!*
nous écoutons	**Écoutons !**	*Escutemos!*

Regarde cet oiseau-là !	***Veja*** *aquele pássaro!*
S'il vous plaît, **parlez** plus lentement.	*Por favor,* ***fale*** *mais devagar.*
Nous avons le temps ; **écoutons** cette chanson.	*Temos tempo;* ***escutemos*** *essa música.*

O Imperativo dos Verbos -*ir*

A combinação de letras **-iss-** ocorre nas terminações **nous** e **vous** dos imperativos **-ir** regulares, como acontece na conjugação do tempo presente.

choisir *(escolher)*

tu choisis	**Choisis !**	*Escolhe!*
vous choisissez	**Choisissez !**	*Escolhei!*
nous choisissons	**Choisissons !**	*Escolhamos!*

finir *(terminar)*

tu finis	**Finis !**	*Termina!*
vous finissez	**Finissez !**	*Terminai!*
nous finissons	**Finissons !**	*Terminemos!*

Choisissons un film pour ce soir.	***Escolhamos*** *um filme para esta noite.*
Réfléchissez bien **à** vos choix.	***Reflita*** *bem sobre suas escolhas.*
Finis tes légumes !	***Termine*** *os legumes!*

O Imperativo dos Verbos -*re*

Note que o **-s** final na forma **tu** do presente também aparece no imperativo dos verbos **-re** regulares.

attendre *(esperar)*

tu attends	**Attends !**	*Espera!*
vous attendez	**Attendez !**	*Esperai!*
nous attendons	**Attendons !**	*Esperemos!*

244 Expressões Afirmativas e Negativas, Formação do Imperativo e Uso de Verbos...

descendre (descer, saltar)		
tu descends	**Descends !**	*Desce!/Salta!*
vous descendez	**Descendez !**	*Descei!/Saltai!*
nous descendons	**Descendons !**	*Desçamos!/Saltemos!*

Attends ! J'arrive ! **Espera!** *Estou chegando!*

Descendons à Odéon, d'accord ? **Saltemos** *no Odéon, combinado?*

Vendez la bicyclette bleue ; elle est trop petite. **Venda** *a bicicleta azul; é pequena demais.*

Formas Imperativas dos Verbos Irregulares

As formas imperativas dos verbos irregulares geralmente são idênticas no presente. Contudo, note na tabela a seguir que a letra **-s** em **tu** do verbo **aller** (**tu vas**) é *omitida* no imperativo. A pronúncia é igual.

faire (fazer)	**aller** (ir)
Fais... !	**Va... !**
Faites... !	**Allez... !**
Faisons... !	**Allons... !**

Um verbo no imperativo também pode anteceder um infinitivo.

Faisons du jogging demain matin. **Vamos** *correr amanhã de manhã.*

Allez chercher deux baguettes. **Vá** *buscar duas baguetes.*

On sonne ; **va** ouvrir ! *A campainha tocou;* **vá** *abrir a porta!*

Fais le ménage. Moi, je fais la cuisine. **Limpe** *e eu cozinho.*

Être e **avoir** têm um imperativo irregular que difere de suas formas no presente.

être (ser/estar)		**avoir** (ter)	
tu es	**Sois... !**	tu as	**Aie... !**
vous êtes	**Soyez... !**	vous avez	**Ayez... !**
nous sommes	**Soyons... !**	nous avons	**Ayons... !**

Sois calme, il n'y a pas de danger.	*Fique calmo, não tem perigo.*
Soyez sages, les enfants !	*Sejam boazinhas, crianças!*
Ayez confiance en vos amis.	*Confia em seus amigos.*

Comandos Negativos

Nos comandos negativos, **ne/n'** vem antes do verbo no imperativo e **pas**, depois.

N'achetez pas de tabac.	*Não compre tabaco.*
N'aie pas honte.	*Não tenha vergonha.*
Ne faisons pas de bruit.	*Não façamos barulho.*
Ne parlez pas de ces difficultés.	*Não fale sobre problemas.*
N'ayez pas peur.	*Não tenha medo.*

Imperativo em Frases

Como você viu, o imperativo (como outros verbos) pode ser seguido de adjetivos, advérbios, objetos direto/indireto, complemento preposicional e verbos no infinitivo.

Adjetivo:	Sois **calme**.	*Fique calmo.*
Advérbio:	Réfléchissez **bien**.	*Pense com cuidado.*
	Ne descends pas **ici** !	*Não desça aqui!*
Objeto direto:	Achète **du beurre**.	*Compre manteiga.*
Objeto indireto:	Répondons **au professeur**.	*Respondamos ao professor.*
Complemento preposicional:	Allons **au cinéma** !	*Vamos ao cinema!*
Verbo no infinitivo:	Va **faire** le marché.	*Vá fazer compras.*

Há modos mais coloquiais ou educados de expressar comandos. Eles usam verbos no imperfeito (Capítulo 14), futuro (Capítulo 15), condicional (Capítulo 15) e subjuntivo (Capítulo 16). Por exemplo:

Pourriez-vous me faire une réservation ?	*Você poderia fazer uma reserva?*
Si tu téléphonais à maman ?	*Que tal telefonar para mamãe?*

Exercício 11.10

*Mude as instruções e conselhos para o imperativo **vous**. Veja o exemplo.*

EXEMPLO: Il faut manger moins. __Mangez moins.__

1. Il faut faire de l'exercice. _____.
2. Il faut boire assez d'eau. _____.
3. Il faut essayer de rester (*ficar*) calme. _____.
4. Il ne faut pas fumer (*fumar*). _____.
5. Il faut réfléchir à la vie. _____.
6. Il faut être sociable. _____.
7. Il ne faut pas manger trop de viande. _____.
8. Il ne faut pas prendre l'ascenseur (*elevador*). _____.

Exercício 11.11

*Mude estas instruções e conselhos para o imperativo **tu**.*

EXEMPLO: Tu ne dois pas jouer dans la rue. __Ne joue pas dans la rue!__

1. Tu dois finir tes devoirs. _____!
2. Tu ne dois pas manger de bonbons. _____!
3. Tu dois mettre tes lunettes quand tu lis. _____!
4. Il faut aller au lit à dix heures. _____!
5. Il ne faut pas regarder la télé le soir. _____!
6. Tu ne dois pas trop parler au téléphone. _____!
7. Tu dois écrire à ta grand-mère. _____!
8. Tu ne dois pas perdre ton parapluie. _____!

Imperativo com Pronome Oblíquo

Os pronomes com função de objetos direto e indireto, e os pronomes **en** e **y** são anexados aos comandos *afirmativos* com um hífen. Isso também ocorre com os pronomes reflexivos (Capítulo 12). Porém, nos comandos negativos, os pronomes oblíquos *antecedem* o verbo.

Afirmativas versus Negativas, Pronomes Tônicos e Imperativo

Achète **ces pommes** ! Achète-**les** !	*Compre **as maçãs**! Compre-**as**!*
Ne les achète **pas** !	***Não as** compre!*
Buvez **de l'eau** ! Buvez-**en** !	*Beba **água**! Beba **um pouco**!*
N'en buvez **pas** !	***Não** beba!*
Allons **au match** ! Allons-**y** !	*Vamos **ao jogo**! Vamos **lá**!*
N'y allons **pas** !	***Não** vamos **lá**!*

- **Me** e **te** se tornam **moi** e **toi** após um comando afirmativo.

Passe-**moi** le pain, s'il te plaît.	*Passe-**me** o pão, por favor.*
Non, **ne me** passe **pas** le pain.	***Não me** passe o pão.*

- A letra **s** (pronunciada como [z]) reaparece quando **en** ou **y** é adicionado a **tu** no imperativo dos verbos **-er** ou **aller**.

Parle ! (Ne parle pas !)	*Fale! (Não fale!)*
Parle**s**-en ! (**N'en** parle **pas** !)	*Fale **sobre isso**! (**Não** fale **sobre isso**!)*
Va au marché ! (Ne va pas au marché !)	*Vá ao mercado! (Não vá ao mercado!)*
Va**s**-y ! (**N'y** va **pas** !)	*Vá lá! (**Não** vá **lá**!)*

Exercício 11.12

Mude cada comando afirmativo para um negativo, seguindo o modelo. Preste atenção na colocação dos pronomes oblíquos.

EXEMPLO: Prends-le ! *Ne le prends pas&!*

1. Mangez-en ! _____!
2. Rends-les ! _____!
3. Passe-moi le sel ! _____!
4. Réfléchissez-y ! _____!
5. Finis-la ! _____!
6. Répète-le ! _____!
7. Vas-y ! _____!
8. Achètes-en ! _____!
9. Donnez-lui le cahier ! _____!
10. Dis-leur bonjour ! _____!

Exercício 11.13

Reescreva cada comando, substituindo o objeto em itálico por um pronome oblíquo.

1. Achète *des fruits* ! _____ !
2. Passez les crayons *aux élèves* ! _____ !
3. N'écoutez pas *la radio* ! _____ !
4. Bois *de l'eau* ! _____ !
5. Allez *au supermarché* ! _____ !
6. Range *ta chambre* ! _____ !
7. Ne donnez pas *le livre* à Georges ! _____ !
8. Ne donnez pas le livre à *Georges* ! _____ !
9. Faites *de l'exercice* ! _____ !
10. Écris à *ta mère* ! _____ !

Exercício 11.14

Leia as situações em português e crie comandos em francês para a pessoa.

1. Há pratos na pia (e não é sua vez de lavar).

   _____ .

2. Sua esposa trouxe trabalho para casa de novo.

   _____ .

3. Seu colega mora perto, mas sempre dirige.

   _____ .

4. Seu vizinho (criança) está brincando com uma tesoura (**les ciseaux**).

   _____ !

5. Seu cachorro parece estar com sede.

   _____ .

6. Seu amigo parece doente e cansado hoje.

   _____ .

Afirmativas versus Negativas, Pronomes Tônicos e Imperativo — 249

Vocabulário-chave

L'entretien de la maison et du jardin (Manutenção da Casa e Jardim)

Você pode estar mantendo uma casa em uma área que fala francês, comprando na loja de ferragens, fazendo consertos ou conversando com trabalhadores, comerciantes ou o seu senhorio.

Use construções com o verbo **faire** para as atividades domésticas: **faire le ménage, faire le lit, faire la vaisselle, faire la lessive** etc. Para explicar que algo não funciona, diga **Le/La/L'... ne marche pas**. Os verbos **laver** (*lavar*), **nettoyer** (*limpar*), **repasser** (*passar*) e **ranger** (*arrumar, organizar*) também são úteis.

l'ampoule (*f.*)   (*lâmpada*)
l'arrosoir (*m.*)   (*regador*)
l'aspirateur (*m.*)   (*aspirador*)
la baignoire   (*banheira*)
le balai   (*vassoura*)
la bouilloire   (*chaleira*)
le micro-ondes   (*micro-ondas*)
la brosse   (*escova*)
la brouette   (*carrinho de mão*)
la cafetière   (*cafeteira*)
le carrelage   (*telha*)
la cave   (*adega*)
le chiffon   (*pano*)
les couverts (*m.*)   (*talheres*)
la couverture   (*cobertor*)
la cuisinière   (*fogão*)
le déplantoir   (*colher de pedreiro*)
les draps (*m.*)   (*lençóis*)
l'éponge (*f.*)   (*esponja*)
l'escabeau (*m.*)   (*banquinho*)
l'escalier (*m.*)   (*escada*)
l'évier (*m.*)   (*pia*)
le fer à repasser   (*ferro de passar*)
le four   (*forno*)
la fourche   (*garfo*)
le frigo   (*geladeira*)
le garde-robe   (*guarda-roupas*)
le grenier   (*sótão*)

le grille-pain   (*torradeira*)
la houe   (*enxada*)
le lavabo   (*lavabo*)
le lave-vaisselle   (*lava-louças*)
la lessive   (*lavanderia*)
la literie   (*roupa de cama*)
la machine à coudre   (*máquina de costura*)
la machine à laver   (*máquina de lavar*)
le mixer   (*liquidificador*)
l'ouvre-boîtes (m.)   (*abridor de latas*)
le parquet   (*assoalho*)
la pelle   (*pá de lixo*)
les persiennes (f.)   (*persianas*)
le placard   (*armário embutido*)
la planche à repasser   (*mesa de passar roupa*)
le plumeau   (*espanador*)
le pot de fleurs   (*vaso de flores*)
la poubelle   (*lata de lixo*)
le râteau   (*ancinho*)
le seau   (*balde*)
le sécateur   (*tesoura de podar*)
le sèche-linge   (*secadora*)
la serviette   (*guardanapo*)
le sous-sol   (*porão*)
le store   (*veneziana*)

le tablier *(avental)*
la tignasse *(esfregão)*
la tondeuse *(cortador de grama)*
le tuyau *(mangueira)*
la vaisselle *(pratos)*
la ventouse *(desentupidor)*
le W.C. *(toalete)*

Le bricolage **(Bricolagem)**

l'atelier (*m.*) *(ateliê)*
la caisse à outils *(caixa de ferramentas)*
le chauffage *(aquecedor)*
le chauffe-eau *(caldeira)*
les ciseaux (*m.*) *(tesoura)*
la clé *(chave)*
la climatisation *(ar-condicionado)*
les clous (*m.*) *(pregos)*
l'échelle (*f.*) *(escada)*
l'étau (*m.*) *(torno)*
la fiche *(tomada elétrica)*
la hache *(machado)*
l'interrupteur (*m.*) *(interruptor)*
la lampe de poche *(lanterna)*
le marteau *(martelo)*
le moteur *(motor)*
la peinture *(pintura)*
la perceuse *(broca)*
la pince *(pinça)*
le pinceau *(pincel)*
la plomberie *(encanamento)*
la prise de courant *(tomada)*
le rabot *(superfície plana)*
le robinet *(torneira)*
le rouleau *(rolo de pintura)*
la salopette *(macacão)*
la scie *(serra)*
le scotch *(fita)*
la serrure *(fechadura)*
le tourne-vis *(chave de fenda)*
le ventilateur *(ventilador)*
les vis (*f.*) *(parafusos)*

Exercício 11.15

Imagine as seguintes atividades diárias e liste as ferramentas e materiais que o ajudarão a realizá-las. Consulte as listas de vocabulário anteriores.

1. Vous voulez repeindre la cuisine. Vous allez chercher :

2. C'est le printemps. Vous allez refaire votre jardin. Vous prenez :

3. Votre appartement est un désastre ! Quels termes associez-vous avec cette situation ?

Interpretação de Texto

Un week-end de bricolage

Qu'est-ce que le bricolage ? C'est l'activité qui consiste à faire des travaux manuels chez soi, **en tant qu'**amateur, **surtout** si on a sa propre maison et son jardin. C'est la décoration, la réparation, **l'aménagement**, la construction, etc., des pièces et des **appareils** de sa maison.

On dit que soixante-dix pour cent des Français bricolent de temps en temps et trente-sept pour cent déclarent le faire souvent ou très souvent. Cette activité continue à connaître **une croissance** spectaculaire. Hommes et femmes, la plupart mariés, sont **les pratiquants** les plus passionnés. Les personnes plus âgées ou **à la retraite** refont leur logement ou aident leurs enfants dans leur installation. On pose, par exemple, un carrelage ou **une moquette** ; on installe ou modifie les systèmes électriques ou la plomberie; on construit des murs ou **cloisons** ; on répare **le toit** ; ou bien on construit **une pièce supplémentaire**. Ces **ménages** possèdent parfois aussi **une résidence secondaire en province** où ils passent souvent le week-end à ne faire que du bricolage !

Pourquoi le faire soi-même si on peut engager **des gens du métier** ? Le bricolage est un moyen de retrouver des activités manuelles, de combattre la tendance générale de l'abstraction qu'on trouve dans tant de professions. Il donne de la satisfaction — surtout aux personnes des **professions libérales** — de développer des capacités dans de nouveaux domaines. Et cela économise aussi en aidant le budget !

en tant que (*como*)	une pièce supplémentaire (*um novo cômodo*)
surtout (*sobretudo*)	les ménages (*m.*) (*famílias*)
l'aménagement (*m.*) (*organização*)	une résidence secondaire (*segunda casa*)
les appareils (*m.*) (*aparelhos*)	en province (*no interior*)
une croissance (*crescimento*)	des gens (*m.*) du métier (*empreiteiros*)
les pratiquants (*m.*) (*praticantes*)	les professions libérales (*f.*) (*profissionais liberais*)
à la retraite (*aposentados*)	
une moquette (*carpete*)	
les cloisons (*f.*) (*divisórias*)	
le toit (*teto*)	

Perguntas

Após ler o texto, responda as perguntas em francês.

1. Qui aime bricoler en France ?

2. Quelles sortes d'activités sont les plus populaires ?

3. Quels sont les avantages du bricolage ? Y a-t-il des inconvénients ?

4. Pourquoi, à votre avis, les Français aiment-ils tant faire du bricolage ?

5. Le bricolage vous intéresse-t-il ? Qu'est-ce que vous aimez faire ?

6. Pourquoi faites-vous du bricolage ? L'économie ? le plaisir ? la satisfaction ? l'apprentissage (*aprendizagem*) ? l'esthétique ?

12

Pronomes Reflexivos com Verbos Pronominais e o Particípio Presente

O que É um Verbo Pronominal?

O verbo pronominal é sempre acompanhado de um pronome oblíquo, chamado de *pronome reflexivo*, que é idêntico ao sujeito. Em português, são os pronomes *me, mim, te, ti, se, si, consigo, nos, conosco, vos*.

A criança se vestiu.
Você se machucou?
Falamos **conosco**.
Eu comprei para **mim** mesmo um novo computador.

O francês tem três tipos de verbos pronominais: *reflexivo, recíproco* e *idiomático*. Nas construções reflexivas, a ação do verbo se reflete no sujeito.

Je me réveille à sept heures.   ***Eu acordo*** às sete da manhã.
Ces enfants s'endorment trop   ***As crianças se deitam*** *muito*
    tard.   *tarde.*

Os pronomes reflexivos correspondem às seis formas verbais:

me (m')	*me, mim*	**nous**	*nos*
te (t')	*te, ti*	**vous**	*vos*
se (s')	*se, si, consigo*	**se** (s')	*se, si, consigo*

O infinitivo de um verbo reflexivo ou pronominal é escrito com o pronome **se/s'**: **se réveiller** (*acordar, despertar-se*), **s'endormir** (*adormecer, deitar-se*). O pronome reflexivo sempre antecede o verbo conjugado (**Je me**

253

réveille, *Eu acordo*), exceto no imperativo afirmativo, quando vem após. Veja a seção "Imperativos dos Verbos Pronominais" posteriormente.

Verbos Reflexivos

Em francês, a ação dos verbos reflexivos sempre se reflete no sujeito.

Presente do indicativo de se lever (*levantar-se*)

je **me lève**	*eu me levanto*	nous **nous levons**	*nós nos levantamos*
tu **te lèves**	*tu te levantas*	vous **vous levez**	*vós vos levantais*
il/elle/on **se lève**	*ele/ela se levanta*	ils/elles **se lèvent**	*eles/elas se levantaram*

Presente de s'endormir (*adormecer, deitar-se*)

je **m'endors**	*eu me deito*	nous **nous endormons**	*nós nos deitamos*
tu **t'endors**	*tu te deitas*	vous **vous endormez**	*vós vos deitais*
il/elle/on **s'endort**	*ele/ela se deitam*	ils/elles **s'endorment**	*eles/elas se deitam*

Nous nous levons toujours pendant la pause.
Nós sempre nos levantamos durante a pausa.

Est-ce que **vous vous endormez** tard le week-end ?
Você se deita tarde no fim de semana?

— Oui, je **m'endors** après minuit.
— Sim, eu me deito depois da meia-noite.

Vocabulário-chave

Veja uma lista dos verbos reflexivos para rotinas e atividades diárias:

La vie quotidienne (Rotinas Comuns)

s'amuser   *divertir-se*
se baigner   *banhar-se*
se brosser (les dents, les cheveux)   *escovar (dentes), pentear-se (cabelo)*
se coucher   *ir para cama, deitar-se*
se déshabiller   *despir-se*
se doucher   *banhar-se, tomar banho*

Pronomes Reflexivos com Verbos Pronominais e o Particípio Presente   255

s'endormir   *deitar-se, dormir*
s'ennuyer   *chatear-se*
s'entraîner   *praticar; treinar*
s'habiller   *vestir-se*
s'installer   *instalar-se, sentar-se*
se laver (les mains, le visage)   *lavar-se (mãos, rosto)*
se lever (je me lève)   *levantar-se*
se maquiller   *maquiar-se*
se peigner   *pentear-se (cabelo)*
se préparer (à)   *preparar-se*
se promener (je me promène)   *passear, caminhar etc.*
se raser   *barbear-se*
se regarder   *ver (a si mesmo)*
se reposer   *descansar*
se réveiller   *despertar-se, acordar*

Tu te réveilles à quelle heure ?   *A que horas você **acorda**?*
— **Je me réveille** vers sept heures.   — *Eu **acordo** por volta das sete.*
Je me rase avant le petit déjeuner.   *Eu me **barbeio** antes do café da manhã.*

Tu ne t'habilles pas pour sortir ?   *Você **não vai se vestir** para sair?*
Georges se promène dans le parc.   *Georges **passeia** no parque.*
Elles s'entraînent pour le marathon.   *Elas **treinam** para a maratona.*

Verbos Pronominais em Construções com Infinitivo

Nas construções verbo + verbo, o pronome reflexivo antecede o infinitivo.

Nous allons **nous préparer** avant de partir.   *Vamos **nos preparar** antes de sair.*

Elle ne veut pas **se promener** avec nous ?   *Ela não quer **passear** conosco?*

Les jeunes élèves doivent **se coucher** assez tôt.   *Os alunos devem **se deitar** bem cedo.*

Je peux **me laver les cheveux** le soir.   *Eu posso **lavar meu cabelo** à noite.*

Exercício 12.1

Crie frases completas com os elementos a seguir. Verifique se o pronome reflexivo e o verbo concordam com o sujeito e se você entende o significado da frase.

1. je/se réveiller/tard/le week-end _____.
2. ma sœur/se regarder/longtemps/dans/la glace _____.
3. nous/se lever/de bonne heure/lundi matin _____.
4. André et Paul/s'habiller/en jean _____.
5. Maman/se maquiller/rapidement _____.
6. Papa/se raser/tous les jours _____.
7. je/s'ennuyer/dans/le bus _____.
8. les enfants/s'amuser/après/les cours _____.

Exercício 12.2

Traduza as frases para o francês usando um verbo reflexivo.

1. Eu tomo banho às sete horas. _____.
2. Minha irmã se maquia. _____.
3. Nós vamos para a cama bem (**assez**) tarde. _____.
4. Você (*fml.*) fica pronto rápido. _____.
5. Elas acordam de madrugada (**à l'aube**). _____.
6. Eles se levantam quando a mãe os chama. _____.
7. Você (*fam.*) passeia à noite. _____.

Exercício 12.3

Complete as frases com as formas corretas dos verbos listados. Use cada verbo apenas uma vez. Não se esqueça de incluir o pronome reflexivo.

se brosser, s'entraîner, s'installer, se laver, se lever, se raser

1. Après le petit déjeuner, je _____ les dents.
2. Les garçons commencent à _____ vers quatorze ou quinze ans.
3. Les serveurs au restaurant _____ les mains très souvent.
4. Nous _____ pendant la pause chercher un verre d'eau.
5. Tu _____ pendant six semaines avant de courir dans le marathon.
6. Les Boisvert déménagent ; la semaine prochaine ils vont _____ dans leur nouvelle maison.

Verbos Pronominais: Formas Negativa, Interrogativa e Imperativa

As negativas e interrogativas dos verbos pronominais lembram suas formas não pronominais, exceto pelo uso do pronome reflexivo. O imperativo é diferente na afirmativa e negativa.

Negativas dos Verbos Pronominais

Na negativa, **ne** antecede o pronome reflexivo e **pas** segue o verbo.

Tu **ne te reposes pas** suffisamment.	Você **não descansou** o bastante.
Elle **ne se maquille pas** le week-end ?	Ela **não se maquia** no fim de semana?
Les enfants **ne se couchent pas** encore.	As crianças **ainda não se deitaram**.

Interrogativas dos Verbos Pronominais

As interrogativas dos verbos pronominais podem ser criadas com entonação, **est-ce que** ou inversão.

Tu **t'habilles** déjà ?	*Já se vestiu?*
Les étudiants **se baignent** le samedi ?	*Os alunos vão nadar aos sábados?*
Est-ce que vous vous brossez les dents souvent ?	*Você escova seus dentes com frequência?*

Na interrogativa invertida de um verbo pronominal, o pronome *pessoal* é invertido e vem após o verbo, anexado com um hífen. O pronome *reflexivo* antecede o verbo invertido + pronome pessoal.

Vous endormez-vous tard le week-end ?	*Você se deita tarde no fim de semana?*
Ne te lèves-tu pas quand le réveil sonne ?	*Você não se levanta quando o despertador toca?*

Quando há *um substantivo com função de sujeito*, ele antecede o verbo e é repetido pelo pronome pessoal anexado, como ocorre nos verbos não pronominais.

Rachelle se lève-t-elle à midi ?	*Rachelle se levanta ao meio-dia?*
Les professeurs s'installent-ils tôt à leur bureau ?	*Os professores se sentam à mesa cedo?*

Imperativos dos Verbos Pronominais

No imperativo afirmativo, o pronome reflexivo segue o verbo e é anexado com um hífen. **Te/t'** se torna **toi** depois do verbo. Contudo, no imperativo negativo, o pronome reflexivo *antecede* o verbo.

se lever (*levantar-se*)

IMPERATIVO	IMPERATIVO NEGATIVO
Lève-toi !	Ne te lève pas !
Levez-vous !	Ne vous levez pas !
Levons-nous !	Ne nous levons pas !

Pronomes Reflexivos com Verbos Pronominais e o Particípio Presente 259

s'endormir (*adormecer, deitar-se*)

IMPERATIVO	IMPERATIVO NEGATIVO
Endors-toi !	Ne t'endors pas !
Endormez-vous !	Ne vous endormez pas !
Endormons-nous !	Ne nous endormons pas !

Lève-toi, il est déjà tard !   *Levante-se, já é tarde!*

Promenez-vous après le dîner.   *Passeie após o jantar.*

Ne vous endormez pas devant la télé !   *Não durma na frente da TV!*

Installons-nous là-bas, d'accord ?   *Vamos sentar lá, combinado?*

Ne t'entraîne pas juste avant de te coucher.   *Não treine antes de ir para a cama.*

Exercício 12.4

Reescreva cada frase como uma pergunta com inversão, usando o sujeito dado. Então, escreva a resposta para cada uma na negativa.

1. Nous nous levons à huit heures.

   (vous) _____?

   _____ .

2. Le matin, je m'entraîne tôt.

   (tu) _____?

   _____ .

3. Margot se réveille difficilement.

   (Margot) _____?

   _____ .

4. Elles s'habillent bien.

   (elles) _____?

   _____ .

5. Je m'endors devant la télé.

   (tu) _____?

   _____ .

Exercício 12.5

Traduza os comandos para o francês.

Seja formal (pl.).
1. Não se levante. _____.
2. Acorde! _____!
3. Escove os dentes. _____.
4. Não sente aqui. _____.

Agora, seja informal.
5. Vá para a cama. _____.
6. Vista-se. _____.
7. Não vá nadar agora. _____.
8. Divirta-se! _____!

Exercício 12.6

Leia as situações e crie um comando em francês.
1. Sua irmã dorme muito tarde. _____!
2. Seus dois amigos pediram ajuda para mantê-los acordados. _____!
3. Seu sobrinho está com as mãos muito sujas. _____!
4. Sua irmãzinha usa maquiagem demais. _____.
5. Ela vai a uma festa e veste-se muito cedo. _____.
6. Sua mãe parece cansada. _____.

Revisão: *à* e *pour* em Frases com Objeto Indireto

Em francês, os *objetos indiretos* normalmente são antecedidos pela preposição **à**, algumas vezes por **pour**.

Je téléphone **à mes amis**.	*Eu telefono* **para meus amigos**.
Nous offrons un cadeau **à Annie**.	*Nós damos um presente* **à Annie**.

Os verbos de comunicação (**parler à, écrire à, téléphoner à**), em geral, requerem um objeto indireto. Quando um pronome com função de objeto indireto substitui o substantivo, **à** fica subentendido:

Je téléphone **à mes parents**.	Eu telefono para **meus pais**.
Je **leur** téléphone.	Eu **lhes** telefono.
Nous offrons un cadeau **à Laure**.	Damos à **Laure** um presente.
Nous **lui** offrons un cadeau.	Nós **lhe** damos um presente.

Verbos Reflexivos com Partes do Corpo

Os verbos reflexivos e outros pronominais podem ter, ambos, um objeto indireto e um direto. Note o uso do *artigo definido* com as partes do corpo.

On **se** peigne **les cheveux** avant l'interview.	*Penteia-se o cabelo (nós penteamos) antes da entrevista.*

Na frase anterior, **les cheveux** é o objeto *direto* de **se peigne**, enquanto **se** é o objeto *indireto*. A preposição do objeto indireto **à** fica subentendida. Encontre os objetos direto e indireto nas frases a seguir.

Nous **nous** lavons **les mains**.	*Nós lavamos **nossas mãos**.*
Elle **se** brosse **les dents** après manger.	*Ela escova **seus dentes** depois de comer.*
Les garçons doivent-ils **se** raser **la barbe** ?	*Os rapazes devem barbear-se (**fazer a barba**)?*

 Exercício 12.7

Dê uma resposta pessoal a cada pergunta.

1. Quand vous brossez-vous les dents ?

_____ .

2. Si on a un rhume (*resfriado*) combien de fois par jour faut-il se laver les mains ?

_____ .

262 Expressões Afirmativas e Negativas, Formação do Imperativo e Uso de Verbos...

3. Vous lavez-vous les cheveux tous les jours ? Pourquoi ou pourquoi pas ?

_____ .

4. Les petits enfants se peignent-ils les cheveux eux-mêmes ?

_____ .

Verbos Reflexivos Recíprocos

Alguns verbos podem ser usados no plural como verbos _recíprocos_. Os verbos recíprocos mostram que uma ação é mútua, envolvendo duas ou mais pessoas. Assim, em geral, são verbos no plural.

As construções recíprocas têm um objeto direto ou indireto, dependendo do verbo usado. Os pronomes reflexivos **nous**, **vous** e **se/s'** são usados como pronomes com função de objetos direto e indireto.

Nous nous parlons. (**nous**: _objeto indireto_, **parler à**)	_Nós **nos** falamos._
Vous vous envoyez des mails ? (**vous**: _objeto indireto_, **envoyer à**)	_Vocês **trocaram** e-mails **entre si**?_
Ils se voient souvent. (**se**: _objeto direto_, **voir qqun/qqch**)	_Eles **se** veem com frequência._
Elles s'écrivent. (**se**: _objeto indireto_, **écrire à qqun**)	_Elas **se** escrevem._
Nous nous téléphonons et **nous nous écrivons** aussi.	_Nós **nos telefonamos** e **nos escrevemos** também._
Ils se regardent longuement.	_Eles **se olharam** por muito tempo._
Vous ne vous quittez pas ?	_Vocês **não estão se separando**?_
Quand **les Français se rencontrent**, on s'embrasse ou **on se serre la main.**	_Quando **os franceses se encontram, eles se beijam** ou **apertam as mãos.**_

Pronomes Reflexivos com Verbos Pronominais e o Particípio Presente   263

- Com a reciprocidade em uma construção verbo + verbo, o pronome reflexivo antecede o infinitivo.

Nous **devons nous quitter.**	*Nós **devemos nos afastar.***
Ils **vont se revoir.**	*Eles **se verão de novo.***
Vous **préférez vous écrire** ?	*Vocês **preferem se escrever?***

- **On**, o pronome na terceira pessoa do singular, é usado em uma conversa para expressar uma ação recíproca, substituindo a forma **nous**. É usado com **se/s'** e o verbo fica no singular.

Nous nous revoyons (**On se revoit**) au Nouvel An.	*A **gente se vê** no Ano-Novo.*
On s'écrit plus tard, d'accord ?	*A **gente se escreve** depois, combinado?*

- Os verbos e expressões a seguir geralmente são usados com um significado recíproco. Na lista, a indicação [**à**] mostra que o pronome reflexivo é um objeto *indireto*.

s'aider   *ajudar-se*

se comprendre   *compreender um ao outro*

se connaître   *conhecer, familiarizar-se*

se disputer   *questionar-se*

se donner rendez-vous [à]   *encontrar-se*

s'écrire [à]   *escrever um ao outro*

s'entendre (bien, mal)   *entender-se (bem, mal)*

s'envoyer (des mails) [à]   *enviar (e-mails) um ao outro*

se faire des cadeaux [à]   *dar presentes um ao outro*

se parler [à]   *falar-se*

se regarder   *olhar-se*

se rencontrer   *encontrar-se*

se ressembler [à]   *parecer-se*

se retrouver   *encontrar-se (planejado)*

se revoir   *rever-se*

se serrer la main [à]   *dar as mãos um ao outro*

se téléphoner [à]   *telefonar-se*

se voir   *ver-se*

Yves et Simone **se font des cadeaux**.

*Yves e Simone **deram presentes um ao outro**.*

Ton frère et toi, **vous ressemblez-vous** ?

*Você e seu irmão **se parecem**?*

Nous nous retrouvons tous les jours à midi.

***Nós nos encontramos** todo dia ao meio-dia.*

Alors, **on se revoit** samedi soir ?

*Então, **a gente se revê** sábado à noite?*

Exercício 12.8

Complete as frases na história a seguir com um verbo escolhido na lista sugerida. Preste atenção nos verbos e no pronome reflexivo.

s'aimer, se connaître, se disputer, s'écrire, s'entendre, se parler, se retrouver, se revoir, se voir

1. Guillaume Dumont et moi, nous _____ depuis trois ans.

2. Nous sommes voisins. Donc, nous _____ presque tous les jours et nous _____ de tout.

3. Des fois, nous _____ à midi en ville pour déjeuner.

4. Quand nous partons en vacances, nos familles _____ des cartes et des mails.

5. Nos femmes et nos enfants _____ aussi très bien.

6. Les enfants n'ont pas le même âge, mais ça ne fait rien (*isso não é um problema*). Ils _____ le week-end pour les jeux vidéo.

7. Ils _____ parfois quand ils ne sont pas d'accord.

8. Mais en général ils _____ bien.

Exercício 12.9

Dê uma resposta pessoal a cada pergunta.

1. Vos amis et vous, où vous retrouvez-vous le week-end ?

   _____.

2. Dans votre famille, vous écrivez-vous, ou bien préférez-vous vous téléphoner ?

   _____.

3. Dans votre famille, est-ce qu'on se voit souvent ? Est-ce qu'on se donne rendez-vous ?

   _____.

4. Au travail ou à l'école, vos collègues/camarades s'entendent-ils généralement bien ?

   _____.

5. Vous dites-vous bonjour le matin ? Est-ce que vous vous serrez la main ? De quoi vous parlez-vous ?

   _____.

Verbos Pronominais Idiomáticos

O francês tem muitos verbos pronominais idiomáticos. A forma reflexiva é usada para um significado específico do verbo. O mesmo verbo pode ter diferentes significados em uma forma não pronominal.

s'en aller   *ir embora, partir*
s'apercevoir de (qqch, qqun)   *aperceber-se de (algo, alguém)*
s'appeler   *chamar-se*
se décider à + *inf.*   *decidir-se a (fazer algo)*
se demander   *ter curiosidade; perguntar a si mesmo*
se dépêcher de + *inf.*   *apressar-se para (fazer algo)*
se disputer avec (qqun)   *discutir com (alguém)*
s'ennuyer de + *inf.*   *entediar-se de (fazer algo)*
s'entendre avec (qqun)   *entender-se com (alguém)*
se fâcher avec (qqun)   *zangar-se com (alguém)*
se faire à   *acostumar-se com*
s'habituer à   *acostumar-se com*
se marier avec (qqun)   *casar-se com (alguém)*

se mettre à + *inf.*   *começar a (fazer algo)*

s'occuper de (qqch, qqun)   *ocupar-se com (algo, alguém)*

se passer de (qqun, qqch)   *conseguir, arrumar-se sem (alguém, alguém)*

se rappeler (qqch, qqun)   *lembrar-se de (algo, alguém)*

se rendre compte de/que (qqch)   *perceber (algo)*

se souvenir de/que (qqch, qqun)   *lembrar-se de (algo, alguém)*

se tromper de (qqch)   *enganar-se (com algo)*

Nous allons **nous mettre à** travailler.	**Nós** *vamos* **começar a** *trabalhar.*
Que **je m'ennuie de** ces exercices !	*Como* **eu fico entediado com** *esses exercícios!*
Samuel ne peut pas **se passer de** déjeuner.	**Samuel** *não* **consegue ficar sem** *almoçar.*
Ils se souviennent de leur pays natal.	**Eles se lembram de** *seu país natal.*
Roger se marie avec Sylvie dimanche.	**Roger se casa com** *Sylvie no domingo.*

- Quando não são pronominais, os verbos na lista anterior (com exceção de **souvenir**) têm significados diferentes daqueles dados.

Comment est-ce que **tu t'appelles** ?	*Qual* **é seu nome***?*
J'appelle le patron pour m'excuser.	**Eu chamei** *o patrão para me desculpar.*

- **S'apercevoir de** (*aperceber-se*) e **apercevoir** (*distinguir*) são conjugados como o verbo irregular **recevoir** (*receber*).

s'apercevoir de (aperceber-se, perceber)

je m'aperçois	nous nous apercevons
tu t'aperçois	vous vous apercevez
il/elle/on s'aperçoit	ils/elles s'aperçoivent

Tu **t'aperçois de** sa mauvaise humeur ?	**Você percebeu** *o mau humor dela?*
Elles **s'aperçoivent que** nous nous trompons.	*Elas* **perceberam que** *nós nos enganamos.*

Pronomes Reflexivos com Verbos Pronominais e o Particípio Presente

- Quando se referem a uma pessoa, os verbos pronominais são seguidos de um *pronome tônico* (**moi**, **toi** etc.); eles não usam um pronome com função de objeto indireto anterior.

Nous nous fions **à nos amis**. *Nós confiamos em **nossos amigos**.*
Nous nous fions **à eux**. *Nós confiamos **neles**.*
Il s'occupe **de sa sœur**. Il *Ele cuida **de sua irmã**.*
s'occupe **d'elle**. *Ele cuida **dela**.*

Exercício 12.10

Traduza as frases para o francês usando os verbos sugeridos. Preste atenção nas preposições.

se dépêcher de, s'entendre avec, se fier à, s'habituer à, s'intéresser à, se marier avec, se mettre à, s'occuper de, se passer de, se rappeler, se rendre compte de/que, se souvenir de/que, se tromper de

1. Estou acostumado com esta cidade. _____.
2. Estamos correndo para chegar lá na hora. _____.
3. Matilde se casou com ele. _____.
4. Ela cuida de mim. _____.
5. Você (*fml.*) percebeu que está nevando?

   _____?

6. Eu confio em meu professor. _____.
7. Nós lembramos de nossa antiga escola. _____.
8. Michel se dá bem com Charles. _____.
9. Laure não está interessada em futebol (**au football**).

   _____.

10. Eles não erram o endereço com frequência.

    _____.

11. As crianças começaram a jogar. _____.
12. Você (*fam.*) não pode ficar sem seu computador, certo?

    _____?

Exercício 12.11

Complete cada frase com a forma correta de um verbo pronominal idiomático. Escolha dentre os verbos da lista do Exercício 12.10 e preste atenção nas preposições.

1. J'ai bonne mémoire ; je _____ nos premiers jours à l'école.
2. Olivier aime la viande. Mais sa femme est végétarienne, alors ces jours-ci Olivier très bien _____ bifteck.
3. Mais, Robert, il est tard ! Tu dois _____.
4. Si vous _____ travailler maintenant, nous allons être en retard !
5. Tu _____ qu'il est deux heures passées ?
6. C'est un ami fidèle. Nous _____ lui.

Formas Não Pronominais dos Verbos Pronominais

Muitos verbos pronominais também são usados em sua forma simples (não pronominal), muitas vezes com um objeto ou pronome. Na forma simples, o sujeito do verbo age em outro objeto.

Je me réveille facilement. (**me** = objeto direto reflexivo)   *Eu acordo com facilidade.*

Plus tard, **je réveille ma femme**. (**ma femme** = objeto direto)   *Mais tarde, eu acordo minha mulher.*

Je la réveille. (**la** = pronome com função de objeto direto)   *Eu a acordo.*

Pronominal		Não Pronominal	
s'amuser	*divertir-se*	amuser	*divertir com (algo)*
s'arrêter de	*impedir de, evitar*	arrêter	*parar (algo, alguém)*
s'ennuyer	*chatear-se, entendiar-se*	ennuyer	*aborrecer (alguém)*
se fâcher	*zangar-se com*	fâcher	*irritar (alguém)*
se parler	*falar consigo*	parler (à)	*falar (com alguém)*
se regarder	*olhar para si mesmo*	regarder	*ver (algo, alguém)*

Amusez-vous !
Parfois, **je me parle** à haute voix.

Regarde-toi de près, que vois-tu ?

Nous nous ennuyons quand il pleut.
Ce politicien **m'ennuie**.
Agnès, **arrête** ce taxi, s'il te plaît.

Divirta-se!
Algumas vezes, **eu falo comigo mesmo** *em voz alta.*

Olhe para si mesmo *de perto, o que você vê?*

Nós nos entediamos quando chove.
Aquele político **me chateia**.
Agnès, **pare** *aquele táxi, por favor.*

Exercício 12.12

Traduza as frases para o francês.

1. Nós paramos de trabalhar às seis horas. _____.
2. Ela para o carro na frente da minha casa. _____.
3. Você (*fam.*) vai passear com os cachorros? _____?
4. Nós vamos dar uma volta. _____.
5. Ele nos chateia. _____.
6. Algumas vezes, fico chateado na aula. _____.
7. Não fique com raiva! (*fam.*) _____!
8. Aquela ideia (**idée**, *f.*) me deixa com raiva. _____.

Se com Expressões Impessoais

Muitos verbos normalmente são usados com o pronome reflexivo **se** para comunicar algo óbvio ou outra generalidade. O pronome para expressar generalidades é sempre **se/s'**; o verbo na terceira pessoa fica no singular ou plural, dependendo do sujeito.

Le vin blanc **se boit** frais.
Les maillots de bain **se vendent** bien en été.
Cela **ne se fait pas** ici.
Ici, les omelettes **ne se mangent pas** le matin.
Le bruit **s'entend** d'ici.

Vinho branco **se bebe** *gelado.*
Vendem-se *bem roupas de banho no verão.*
Isso **não se faz** *aqui.*
Aqui, **não se comem** *omeletes de manhã.*
Pode-se ouvir *o barulho daqui.*

Exercício 12.13

Leia as generalidades expressas com **on** *e reescreva cada frase usando os novos sujeitos (em itálico) de acordo com o modelo.*

EXEMPLO: On oublie vite *les bonnes idées*. Les bonnes idées s'oublient vite.

1. On parle *français* au Québec. _____.
2. On vend *les skis* en automne. _____.
3. On mange *beaucoup de fromage* en France. _____.
4. On fait rarement du *jogging* sous la pluie. _____.
5. On apprend facilement *les nouveaux mots*. _____.
6. On ne boit pas de *boissons froides* avec la fondue. _____.

O Particípio Presente

Em nosso idioma, o particípio presente resultou em adjetivo no português moderno, terminando em *-nte*: Como **habitante** de outro país, Cristine entendeu melhor o seu.

Formação do Particípio Presente

O particípio persente do francês é formado retirando a terminação **-ons** de **nous** no presente e adicionando **-ant**.

boire (*beber*)	nous **buv**ons	**buvant** (*bebido*)
donner (*dar*)	nous **donn**ons	**donnant** (*dado*)
faire (*fazer*)	nous **fais**ons	**faisant** (*feito*)
finir (*terminar*)	nous **finiss**ons	**finissant** (*terminado*)
perdre (*perder*)	nous **perd**ons	**perdant** (*perdido*)
vouloir (*querer, desejar*)	nous **voul**ons	**voulant** (*querido, desejado*)

Três verbos têm particípios presentes irregulares:

avoir (*ter*)	**ayant** (*tido*)
être (*ser/estar*)	**étant** (*sido/estado*)
savoir (*saber*)	**sachant** (*sabido*)

Usos do Particípio Presente

O particípio presente geralmente é antecedido pela preposição **en** (*enquanto, durante, ao*) para expressar uma ação que ocorre *no mesmo momento* do verbo principal. As duas ações são realizadas pelo mesmo sujeito.

J'écoute la radio **en faisant** mes devoirs. — *Eu escuto rádio **enquanto faço** o dever de casa.*

Ne parle pas au téléphone **en conduisant** ! — *Não fale ao telefone **enquanto dirige**!*

En rentrant, il allume les lampes. — ***Ao entrar em casa**, ele acende as luzes.*

O particípio presente **en** também pode indicar uma relação de *causa e efeito*. Nesse caso, **en** corresponde ao gerúndio. Um pronome oblíquo, se necessário, vem após **en** e antecede o particípio presente.

C'est **en voyageant** qu'on devient voyageur. — *É **viajando** que se torna viajante.*

Nous apprenons le français **en étudiant**. — *Aprendemos francês **estudando**.*

Je fais la connaissance d'un ami **en lui parlant**. — *Conheço um amigo **conversando com ele**.*

Exercício 12.14

Jacques adora seu MP3. Use o modelo para descrever o dia dele.

EXEMPLO: se lever   *Il l'écoute en se levant.*

Il l'écoute...

1. se brosser les dents _____.
2. prendre sa douche _____.
3. conduire la voiture _____.
4. monter l'escalier _____.
5. s'installer au travail _____.
6. faire du jogging _____.
7. manger _____.

8. s'endormir _____.
9. prononcer le français _____.
10. boire son café _____.

Exercício 12.15

*Responda cada pergunta com uma resposta pessoal, usando **en** + um particípio presente.*

1. Comment apprenez-vous les verbes français ? _____.
2. Quand écoutez-vous la radio ? _____.
3. Comment vous amusez-vous ? _____.
4. Quand vous ennuyez-vous ? _____.
5. Comment passez-vous de bonnes vacances ? _____.
6. Comment fait-on la connaissance d'un nouveau pays ? _____.

Descrevendo Pessoas

Descreva as características físicas, como cabelo e cor dos olhos, com **avoir** + artigo definido (**le/la/les/**) + parte do corpo.

Ma mère a **les** yeux bleus.	Minha mãe tem olhos azuis.
Ginette a **les** cheveux noirs.	Ginette tem cabelos pretos.
Lui, il a **le** front large.	Ele tem uma testa grande.

Diga que *algo dói* usando **avoir mal à** + **le/la/l'** + parte do corpo. Use **un mal de...** para indicar uma *dor*.

J'ai mal à la tête.	Eu **tenho dor de cabeça**.
Il **a mal à l'estomac** ? Ce sont les bonbons...	Ele **está com dor de estômago?** É o doce...
Après une journée au clavier, elle **a mal aux mains**.	Depois de um dia no teclado, suas **mãos doem**.
Je souffre de **maux de tête** fréquents.	Eu tenho **dores de cabeça frequentes**.

Vocabulário-chave

Você pode precisar deste vocabulário para explicar algo no consultório do médico, dentista ou na farmácia. Que isso não aconteça com frequência!

Les parties du corps (Partes do Corpo)

la bouche	(a boca)	la joue	(a bochecha)
le bras	(o braço)	la langue	(a língua)
les cheveux (m.)	(o cabelo)	les lèvres (f.)	(os lábios)
la cheville	(o tornozelo)	la main	(a mão)
le cœur	(o coração)	le menton	(o queixo)
les côtes (f.)	(as costelas)	le nez	(o nariz)
le cou	(o pescoço)	le nombril	(o umbigo)
le coude	(o cotovelo)	l'œil/les yeux (m.)	(o olho/ os olhos)
le crâne	(o crânio)	l'ongle (m.)	(a unha)
la cuisse	(a coxa)	l'oreille (f.)	(a orelha)
les dents (f.)	(os dentes)	l'orteil (m.)	(o dedo do pé)
le doigt	(o dedo)	le pied	(o pé)
le dos	(as costas)	le poignet	(o punho)
l'épaule (f.)	(o ombro)	la poitrine	(o peito)
l'estomac (m.)	(o estômago)	le pouce	(o polegar)
la figure	(o rosto)	les seins (m.)	(os seios)
le front	(a testa)	le sourcil	(a sobrancelha)
les genoux (m.)	(os joelhos)	la taille	(a cintura; o tamanho)
la gorge	(a garganta)	le talon	(o calcanhar)
la hanche	(o quadril)	la tête	(a cabeça)
la jambe	(a perna)	le ventre	(o abdômen)

Exercício 12.16

Où avez-vous mal ? (Onde dói?) Para cada pessoa, explique o que dói usando a expressão **avoir mal à** *+ artigo definido + parte do corpo. Mude o sujeito quando necessário.*

1. Votre sac à dos, plein de livres, est très lourd. _____.

2. Cyrille doit aller chez le dentiste. _____.

3. Agnès fait de l'alpinisme à la montagne. _____.

4. Il fait très froid et vous n'avez pas de chapeau. _____.
5. La cravate de Simon est trop serrée (*apertada*). _____.
6. Il fait du soleil... et il y a beaucoup de neige. _____.
7. Le chien mange du chocolat ! _____.
8. Albertine chante tout l'après-midi. _____.
9. Les bottes de Madeleine sont trop petites. _____.
10. Tu apprends à jouer de la harpe. _____.

 Interpretação de Texto

Un accueil chaleureux ?

Tous les pays de l'Union Européenne accueillent des immigrés. Sa géographie, **son statut** d'ancien **pouvoir** colonial et son **taux de naissance** assez **faible** font de la France un grand pays de migration. Un immigré est « une personne **née étrangère à l'étranger** et entrée en France... en vue de s'établir sur le territoire français de façon durable. » Un immigré peut **acquérir** la nationalité française par naturalisation, par mariage ou par **filiation**. Comme aux États-Unis, l'enfant de parents étrangers, né en France, est **accordé** la nationalité française. (Les habitants ayant la nationalité française ne sont plus comptés dans la population d'immigrés.)

Les pays sources de migration **restent** les anciennes colonies ou territoires français du **Maghreb** (l'Algérie, le Maroc, la Tunisie), ainsi que les anciennes colonies françaises d'Afrique sub-saharienne. Certains immigrants viennent des pays de l'Union Européenne et d'autres régions, **telles que** l'Asie (**y compris** la Turquie). On **se déplace** pour chercher du travail ou pour **se réunir avec** des parents **proches**. Pourtant, le chômage, l'éducation et d'autres facteurs d'ordre économique, religieux ou culturel marginalisent certains groupes dans des ghettos urbains — comme c'est souvent le cas des nouvelles populations. Ceci peut mener à des manifestations de xénophobie et même de racisme.

L'**intégration** est peut-être lente, mais avec le temps, elle tend à réussir. Un quart de la population française **actuelle** a un parent ou un grand-parent immigré. Le niveau éducatif des nouveaux immigrés est **en hausse**. Et la France est le pays qui enregistre le plus grand nombre de **demandes d'asile**, politique ou humanitaire.

un accueil *(uma acolhida)*
chaleureux *(caloroso)*
son statut *(seu status)*
le pouvoir *(poder)*
taux de naissance *(taxa de nascimento)*
faible *(baixa; fraca)*
née étrangère *(nascida no estrangeiro)*
à l'étranger *(em outro país)*

acquérir *(conseguir, adquirir)*
la filiation *(filiação)*
accordé *(recebem)*
restent *(permanecem [**rester**])*

le Maghreb *(Magrebe [Norte da África])*
tel(le) que *(tais como)*
y compris *(inclusive)*
se déplacer *(mudar-se)*

se réunir avec *(reunir-se com)*

proches *(próximos)*
l'intégration (f.) *(a integração)*
actuel(le) *(atual)*
en hausse *(crescente)*
demandes (f.) d'asile *(pedidos de asilo)*

Perguntas

Após ler o texto, responda as perguntas em francês.

1. Pourquoi la France est-il un grand pays de migration ?

2. Comment peut-on obtenir la nationalité française ?

3. D'où viennent les immigrés en France ?

4. Quels problèmes sociaux sont liés *(ligados)* à l'immigration ?

5. Venez-vous d'une famille d'immigrés ? Donnez des détails.

6. Êtes-vous tenté(e) *(tentou)* d'aller vivre à l'étranger ? Où voulez-vous aller ? Pourquoi ?

III

O Passado e o Futuro, o Condicional e o Subjuntivo

13

Formas e Usos
do *passé composé*

O que É *passé composé*?

Como em português, o francês tem mais de um tempo no passado. Os dois mais comuns são **passé composé** (*pretérito perfeito* em português) e **imparfait** (*pretérito imperfeito*).

O **passé composé** indica uma ação ou ações completas no passado. É o tempo comum que reconta eventos e incidentes, usado com a mesma frequência que o pretérito perfeito do português (*"Eu vi aquele filme"*). O **passé composé** do francês é um tempo composto. É formado com o presente dos verbos auxiliares **avoir** ou **être** + particípio passado do verbo que mostra a ação.

Os verbos conjugados com o auxiliar **être** serão apresentados mais tarde neste capítulo. O **imparfait**, e seus usos, é apresentado no Capítulo 14.

Formação do *passé composé* com *avoir*

O **passé composé** da *maioria* dos verbos em francês é formado com o presente do verbo auxiliar **avoir** + o particípio do verbo.

Passé composé de parler (*falar, conversar*)	
j'**ai parlé**	nous **avons parlé**
tu **as parlé**	vous **avez parlé**
il/elle/on **a parlé**	ils/elles **ont parlé**

O **passé composé** tem outros equivalentes em português: **J'ai parlé** pode significar *eu falei* ou *eu tenho falado*.

Est-ce que **tu as parlé** avec le prof ?	***Você falou*** *com o professor?*
Marie et Blanche ont parlé de l'étude.	***Marie e Blanche conversaram*** *sobre o estudo.*

Particípios Regulares e Irregulares

As formas dos particípios passados em francês (o equivalente a *agido*, *falado*, *ido*, *visto*, *escrito* etc.) são regulares para os verbos regulares e geralmente irregulares para os verbos irregulares.

Particípios Passados Regulares

Para formar os particípios passados regulares dos verbos **-er** e **-ir**, o **-r** final é retirado do infinitivo. Para os verbos **-er**, um acento agudo (´) é adicionado ao **-e** (**-é**) final.

achet**er**	achet**é**
commenc**er**	commenc**é**

J'ai acheté un DVD.	*Eu* ***comprei*** *um DVD.*
Le film **a commencé** ?	*O filme* ***começou?***

Os verbos **-ir** regulares simplesmente retiram o **-r** final do infinitivo para formar o particípio.

chois**ir**	chois**i**
fin**ir**	fin**i**

Jean **a choisi** un appartement.	*Jean* ***escolheu*** *um apartamento.*
Nous **avons fini** de manger.	*Nós* ***terminamos*** *de comer.*

Para formar os particípios regulares dos verbos **-re**, retire o **-re** do infinitivo e acrescente a letra **-u**.

attend**re**	attend**u**
perd**re**	perd**u**

Tu **as attendu** longtemps ?	*Você* ***esperou*** *muito tempo?*
Elles **ont perdu** leurs clés.	*Elas* ***perderam*** *as chaves.*
Mon cousin **a fini** par faire son droit.	*Meu primo* ***terminou*** *o curso de Direito.*

Alors, tu **as vendu** ton appartement ?
*Então, você **vendeu** seu apartamento?*

On **a dîné** et on **a discuté** longtemps.
*A gente **jantou** e **conversou** por muito tempo.*

Samedi, nous **avons rendu visite** à Maman.
*No sábado, nós **visitamos** mamãe.*

Exercício 13.1

Mude os verbos do presente para o **passé composé**.

1. nous écoutons _____
2. tu réfléchis _____
3. on attend _____
4. vous choisissez _____
5. elles parlent _____
6. nous commençons _____
7. ils entendent _____
8. tu achètes _____
9. nous mangeons _____
10. j'envoie _____

Exercício 13.2

Traduza as frases para o francês. Use o **passé composé** *em cada uma.*

1. Terminei meu trabalho. _____.
2. Nós jantamos às oito horas. _____.
3. Ela perdeu as chaves. _____.
4. Meu irmão esperou na cafeteria. _____.
5. Elas escolheram suas aulas. _____.
6. Você (*fml.*) começou a correr. _____.
7. Eu comprei um bolo. _____.
8. Você (*fam.*) vendeu o carro. _____.

Formas e Usos do passé composé 281

Particípios Passados Irregulares

A maioria dos verbos irregulares tem particípios passados irregulares. Reveja o significado dos seguintes verbos.

- ***Verbos irregulares com particípios terminando em* -u**

  apercevoir (*perceber*): **aperçu**
  avoir (*ter*): **eu**
  boire (*beber*): **bu**
  connaître (*conhecer*): **connu**
  croire (*crer, acreditar*): **cru**
  devoir (*dever*): **dû**
  lire (*ler*): **lu**
  obtenir (*obter*): **obtenu**
  paraître (*parecer*): **paru**
  plaire (*agradar*): **plu**

  pleuvoir (*chover*): **plu**
  pouvoir (*poder*): **pu**
  recevoir (*receber*): **reçu**
  revoir (*rever*): **revu**
  savoir (*saber*): **su**
  tenir (*manter, segurar*): **tenu**
  vivre (*viver*): **vécu**
  voir (*ver*): **vu**
  vouloir (*desejar, querer*): **voulu**

Falando do Verbo *plaire à* (agradar)

Veja o presente do verbo irregular **plaire à** (*agradar; gostar*): je **plais**, tu **plais**, il/elle/on **plaît**, nous **plaisons**, vous **plaisez**, ils/elles **plaisent**; particípio passado: **plu**.

O sujeito de **plaire** é sempre a pessoa ou coisa que agrada; a pessoa *que é agradada* é o objeto indireto do verbo:

Georges **plaît à** Sylvie.   *Sylvie* **gosta de** *Georges.* (*Georges agrada à Sylvie.*)

Tu **me plais**.   **Eu gosto de** (**amo**) *você.* (*Você me agrada.*)

Ce restaurant **m'a plu**.   **Eu gostei** *daquele restaurante.* (*Aquele restaurante* **me** *agradou.*)

- ***Verbos irregulares com particípios passados terminando em* -s**

  apprendre (*aprender*): **appris**
  comprendre (*entender*): **compris**
  mettre (*colocar*): **mis**
  permettre (*deixar, permitir*): **permis**

  prendre (*pegar*): **pris**
  promettre (*prometer*): **promis**
  remettre (*adiar; entregar*): **remis**

O Passado e o Futuro, o Condicional e o Subjuntivo

- **Verbos irregulares com particípios passados terminando em -t**

  conduire (*dirigir*): **conduit**

  couvrir (*cobrir*): **couvert**

  découvrir (*descobrir*): **découvert**

  dire (*dizer*): **dit**

  écrire (*escrever*): **écrit**

  faire (*fazer*): **fait**

  feindre de (*fingir*): **feint**

  offrir (*oferecer*): **offert**

  ouvrir (*abrir*): **ouvert**

  produire (*produzir*): **produit**

  réduire (*reduzir*): **réduit**

  souffrir (*sofrer*): **souffert**

  traduire (*traduzir*): **traduit**

- **Verbos irregulares com particípios passados terminando em -i**

  dormir: **dormi**

  mentir: **menti**

  poursuivre (*perseguir, prosseguir*):
  poursuivi

  rire (*rir*): **ri**

  sentir: **senti**

  servir: **servi**

  sourire (*sorrir*): **souri**

  suivre (*seguir*): **suivi**

Vous **avez lu** le journal aujourd'hui ?	*Você **leu** o jornal hoje?*
Khaled **a bu** trois tasses de café.	*Khaled **bebeu** três xícaras de café.*
J'**ai mis** mon imperméable ce matin.	*Eu **coloquei** minha capa de chuva esta manhã.*
Tu **as appris** la nouvelle ?	*Você **ouviu** a notícia?*
Le marchand m'**a offert** un rabais.	*O lojista me **ofereceu** um desconto.*
Nous **avons écrit** beaucoup de mails.	*Nós **escrevemos** muitos e-mails.*
As-tu **fait** le ménage ?	*Você **limpou** a casa?*
Danielle **a feint** de comprendre.	*Danielle **fingiu** entender.*
Les enfants **ont souri**.	*As crianças **sorriram**.*
Roseanne **a poursuivi** ses études.	*Roseanne **continuou** seus estudos.*

- **O particípio passado de être (ser/estar) é été**

  Être no **passé composé** sempre usa o verbo auxiliar **avoir**. Pode ter o significado de *ir*, *viajar (para)*.

Ont-ils **été** en Angleterre au printemps ?	*Eles **foram** para a Inglaterra na primavera?*
Je **n'ai jamais été** au Canada.	*Eu **nunca fui** ao Canadá.*

Formas e Usos do passé composé 283

Exercício 13.3

*Crie uma frase completa no **passé composé** com os elementos fornecidos.*

1. nous/faire/le ménage _____.
2. Isabelle/écrire/une lettre _____.
3. ils/apprendre/la nouvelle _____.
4. je/suivre/trois cours _____.
5. tu/boire/un thé _____.
6. je/mettre/une cravate _____.
7. vous/offrir/un cadeau _____.
8. on/être/en Afrique _____.

Exercício 13.4

*Complete as frases com um verbo no **passé composé** escolhido na lista de verbos fornecida.*

devoir, dormir, obtenir, poursuivre, prendre, rire, servir, vivre

1. Les enfants _____ tard ce matin.
2. Tu _____ de bonnes notes ?
3. On _____ devant le spectacle comique.
4. Vous _____ le train pour venir en ville, n'est-ce pas ?
5. Je/J' _____ le dessert après le dîner.
6. Nous _____ trois ans au Québec.
7. Hier soir, je/j' _____ téléphoner à mes grands-parents.
8. Les agents de police _____ le suspect.

Negativas, Interrogativas e Advérbios com *passé composé*

As frases negativas e interrogativas no **passé composé** são feitas como no presente. A colocação dos advérbios pode variar.

Passé composé na Negativa

Nas frases negativas no **passé composé**, **ne/n'**... **pas** e outras expressões negativas ficam em torno do verbo auxiliar. Nesse tipo de frase, **rien** (*nada*) e **personne** (*ninguém*) podem vir após uma preposição.

Nous **n'avons pas fait** ce devoir.	*Nós **não fizemos** a tarefa.*
Elle **n'a pas dit** bonjour.	*Ela **não disse** olá.*
Je **n'ai jamais voyagé** en Asie.	*Eu **nunca viajei** para a Ásia.*
Ils **n'**ont écrit **à personne**.	*Eles **não** escreveram **para ninguém**.*

Interrogativa do *passé composé*

As perguntas no **passé composé** podem ser feitas com entonação, **est-ce que** e inversão. Nas perguntas com inversão, inverta o verbo auxiliar apenas e anexe o pronome pessoal. Os sujeitos são repetidos por um pronome pessoal invertido.

Vous avez lu les romans de Camus ?	*Você **leu** os romances de Camus?*
Est-ce que Michel a choisi une voiture ?	*Michel **escolheu** um carro?*
As-tu vu Hélène ?	*Você **viu** Hélène?*
Où a-t-il acheté sa voiture ?	*Onde ele **comprou** seu carro?*
Jean-Luc a-t-il pris son vélo ?	*Jean-Luc **pegou** sua bicicleta?*
N'ont-ils pas voyagé en Europe ?	*Eles **não viajaram** para a Europa?*

Advérbios com *passé composé*

Advérbios curtos, como **déjà** (*já*), **souvent** (*com frequência*) e **toujours** (*sempre*) normalmente são colocados entre o verbo auxiliar e o particípio passado no **passé composé**. Em uma frase negativa, eles vêm após **pas**.

Tu as **déjà** visité Chartres ? *Você **já** visitou Chartres?*
Nous avons **souvent** pris du cidre. *Nós tomamos cidra **com frequência**.*
J'ai **toujours** conduit une Renault. *Eu **sempre** dirigi um Renault.*
On **n'a pas beaucoup** mangé au déjeuner. *Nós **não** comemos **muito** no almoço.*

Vocabulário-chave

Palavras de transição ajudam a relacionar os eventos em uma ordem cronológica no presente, passado ou futuro.

Expressions de transition (Palavras de Transição)

d'abord   *primeiro (no início)*
D'abord, ils ont quitté la maison.   ***Primeiro**, eles saíram da casa.*

puis   *depois*
Puis, ils ont pris leur voiture.   ***Depois**, pegaram o carro.*

ensuite...   *em seguida...*
Ensuite, ils ont conduit jusqu'au centre-ville.   ***Em seguida**, eles dirigiram até o centro da cidade.*

après...   *mais tarde...*
Après, ils ont déjeuné dans un bistro.   ***Mais tarde**, eles almoçaram em um bistrô.*

enfin/finalement   *finalmente*
Enfin (Finalement), ils ont retrouvé lerus copains.   ***Finalmente**, eles encontraram seus amigos.*

Puis e **ensuite** podem ser usados alternadamente, assim como **enfin** e **finalement**.

Os advérbios a seguir descrevem o passado recente.

hier   *ontem*
Hier, j'ai eu un rendez-vous avec le prof.   ***Ontem**, eu tive uma reunião com o professor.*

O Passado e o Futuro, o Condicional e o Subjuntivo

avant-hier   *antes de ontem*

Nous avons passé un examen **avant-hier**.	*Fizemos uma prova **antes de ontem**.*

hier matin   *ontem de manhã*

Hier matin, j'ai quitté la maison assez tôt.	*Ontem de manhã, eu saí de casa bem cedo.*

hier après-midi, hier soir   *ontem à tarde; ontem à noite/noite passada*

Hier soir, j'ai retrouvé mes copains en ville.	*Ontem à noite, eu encontrei meus amigos na cidade.*

As expressões a seguir também sinalizam o uso do **passé composé**.

à ce moment-là   *naquele momento*
l'année (la semaine) passée   *último ano (semana)*
ce jour-là   *naquele dia*
hier   *ontem*
lundi (mardi, ...)   *segunda (terça, ...)*
pendant   *por, durante + período de tempo*
(Pendant) Combien de temps... ?   *(Por) Quanto tempo... ?*
soudain   *de repente*
tout à coup   *subitamente*
un jour   *um dia*
une (deux...), une fois   *uma vez (duas vezes...)*

Ao expressar uma duração de tempo ou o que foi feito durante um período de tempo, use os substantivos femininos **journée** (*dia*), **matinée** (*manhã*) e **soirée** (*noite*), em vez de **jour**, **matin**, **soir**. Esses termos são usados com **toute** (*toda, inteira*).

toute la matinée (journée, soirée)   *a manhã inteira (dia, noite)*

J'ai passé **toute la soirée** à terminer ce devoir !	*Eu passei **a noite toda** terminando o dever!*

Exercício 13.5

*Faça uma pergunta no **passé composé** usando a inversão, com base em cada afirmativa. Depois, responda a nova pergunta na negativa.*

1. Tu lis un roman de Balzac. _____?
   _____.

2. Je vois mes amis samedi soir. _____?
   _____.

3. Émilie conduit un petit camion. _____?
   _____.

4. Je fais la lessive. _____?
   _____.

5. Les étudiants ont des devoirs à faire. _____?
   _____.

6. Nous mettons des chaussures de marche. _____?
   _____.

7. Ils vivent trois ans à Lyon. _____?
   _____.

Exercício 13.6

*Traduza as frases para o francês. Use o **passé composé** e uma expressão de tempo ou palavra de transição.*

1. Primeiro, você (*fml.*) almoçou. _____.
2. Depois, lavamos os pratos. _____.
3. Finalmente, eu saí de casa. _____.
4. Ano passado, você (*fam.*) fez um curso de italiano. _____.
5. Você (*fml.*) já esteve na França? _____?
6. Ele comeu muito no café da manhã. _____.
7. Ontem à noite, ela viu um belo pôr do sol. _____.
8. Eu sempre amei a cozinha francesa. _____.

Passé composé com être

O **passé composé** de um grupo limitado de verbos é formado com o auxiliar **être**; muitos desses verbos expressam uma mudança de posição ou estado.

No **passé composé** com **être**, o particípio passado sempre *concorda com o sujeito* em gênero e número. Como com os adjetivos, acrescente **-e** para o feminino e **-s** para o plural.

Passé composé de aller (*ir*)	
je **suis allé(e)**	nous **sommes allé(e)s**
tu **es allé(e)**	vous **êtes allé(e)(s)**
il/on **est allé**	ils **sont allés**
elle **est allée**	elles **sont allées**

Os verbos na lista a seguir são conjugados com **être** no **passé composé**. A maioria indica uma mudança de posição como **monter** (*subir*) e **tomber** (*cair*) ou um estado de ser/estar, como **devenir** (*tornar-se*) e **rester** (*permanecer*). Ajuda aprender os verbos **être** como pares ou grupos. Vários deles têm particípios passados irregulares.

aller: **allé(e)(s)**	*ir*
partir: **parti(e)(s)**	*partir, sair*
rester: **resté(e)(s)**	*ficar, permanecer*
sortir: **sorti(e)(s)**	*sair*
venir: **venu(e)(s)**	*vir*
descendre: **descendu(e)(s)**	*descer*
monter: **monté(e)(s)**	*subir*
tomber: **tombé(e)(s)**	*cair*
arriver: **arrivé(e)(s)**	*chegar*
entrer: **entré(e)(s)**	*entrar*
rentrer: **rentré(e)(s)**	*regressar, voltar*
retourner: **retourné(e)(s)**	*retornar, regressar*
revenir: **revenu(e)(s)**	*voltar*
devenir: **devenu(e)(s)**	*tornar-se*
mourir: **mort(e)(s)**	*morrer*
naître: **né(e)(s)**	*nascer*

Naître e *mourir*

A conjugação do tempo presente de **naître** (*nascer*) é: je **nais**, tu **nais**, il/elle/on **naît**, nous **naissons**, vous **naissez**, ils/elles **naissent**; particípio passado: **né(e)**.

A conjugação do tempo presente de **mourir** (*morrer*) é: je **meurs**, tu **meurs**, il/elle/on **meurt**, nous **mourons**, vous **mourez**, ils/elles **meurent**; particípio passado: **mort(e)**.

Mme Curie est née à Varsovie, en Pologne, en 1867. En 1891 **elle est allée** à Paris poursuivre ses études à la Sorbonne. **Elle est devenue** chef du laboratoire et a reçu le Prix Nobel de Physique en 1903, à côté de son mari, Pierre Curie. **Son mari** Pierre **est mort** tragiquement en 1906. **Mme Curie est restée** en France toute sa vie ; **elle est retournée** à Varsovie pour y fonder un laboratoire de radioactivité. **Morte** en 1934, elle reste la seule femme à avoir reçu deux Prix Nobel (Physique, 1903, et Chimie, 1911).

Madame Curie nasceu em Varsóvia, Polônia, em 1867. Em 1891, **ela foi** *para Paris para continuar seus estudos na Sorbone.* **Ela se tornou** *chefe do laboratório e recebeu o Prêmio Nobel em Física em 1903, junto com seu marido, Pierre Curie.* **Seu marido** *Pierre* **morreu** *tragicamente em 1906.* **Madame Curie permaneceu na França** *sua vida inteira;* **ela voltou** *a Varsóvia para montar um laboratório de radioatividade.* **Ela morreu** *em 1934 e continua sendo a única mulher que recebeu dois Prêmios Nobel (Física, 1903, e Química, 1911).*

Exercício 13.7

Crie frases completas com o **passé composé** *e os elementos fornecidos. Comece cada uma com* **Il y a** *(há) + período de tempo.*

1. trois jours/je (f.)/sortir/avec Sylvain

_____.

2. une semaine/tu (m.)/aller/au théâtre

_____.

3. six mois/nous (f.)/partir/en France

_____.

4. quelques jours/ils/rentrer/chez eux

_____ .

5. une heure/nous (*m.*)/descendre/faire le marché

_____ .

6. un instant/le vase/tomber/dans l'escalier

_____ .

Exercício 13.8

Complete a história no **passé composé***, escolhendo da lista de verbos fornecida. Alguns itens têm mais de uma resposta possível.*

   aller, arriver, descendre, monter, partir, rentrer, rester, retourner, sortir, tomber, venir

Hier, mes deux sœurs _____ (1) à l'université à la fin des vacances.
Martine _____ (2) de notre maison avec deux grosses valises.
Elle _____ (3) deux ou trois fois dans la
maison pour chercher quelque chose. Tout à coup, les valises d'Arlette
_____ (4) de la voiture. Je/J' (*m.*) _____
(5) de la maison les ramasser. Puis, les voisins _____ (6) leur dire
au revoir. Ensuite, Daniel et moi, nous _____ (7) dans la voiture
avec elles, et nous _____ (8). La voiture est petite, donc, Maman
n'y _____ pas _____ (9) ; elle
_____ (10) à la maison. Enfin, nous _____ (11)
ensemble à Montpellier.

Conjugando os Verbos *être* **e** *avoir* **no** *passé composé*

Lembre-se de que os verbos **être** (particípio passado: **été**) e **avoir** (particípio passado: **eu**) sempre são conjugados com o auxiliar **avoir**.

Tu **as été** au supermarché ?   Você **foi** ao supermercado?
Bruno **a eu** une excellente idée.   Bruno **teve** uma grande ideia.

Formas e Usos do passé composé

Passé composé com Pronomes Oblíquos

Os pronomes com função de objetos direto e indireto são colocados antes do auxiliar no **passé composé**.

J'ai lu **cet article**. Je **l'**ai lu.	*Eu li **aquele artigo**. Eu o li.*
Tu aimes **ce film-là** ? **L'**avez-vous vu ?	*Você gostou **daquele filme**? Você o viu?*
Tu as vu **Anny** ? On ne **lui** a pas parlé.	*Você viu **Anny**? Nós não falamos com ela.*

Concordância dos Pronomes Oblíquos com o Particípio Passado

No **passé composé** com **avoir**, um *objeto direto antes* do verbo conjugado concorda em gênero e número com o particípio desse verbo. Acrescente **-e** ou **-s** ao particípio quando necessário. (Essa concordância sempre é vista na ortografia, mas geralmente não é ouvida.)

Tu as acheté **ces livres** ? Tu **les** a acheté**s** ?	*Você comprou **aqueles livros**? Você **os** comprou?*
J'ai pris **tes chaussures**. Je **les** ai pris**es**.	*Eu peguei **seus sapatos**. Eu **os** peguei.*
Marielle a choisi **cette école**. Elle **l'**a choisi**e**.	*Marielle escolheu **esta escola**. Ela **a** escolheu.*

- Contudo, o particípio passado *não* concorda com um pronome com função de objeto *indireto* anterior e não há concordância com o pronome *partitivo* **en**.

On n'a pas écrit **aux parents**. On ne **leur** a pas **écrit**.	*Não escrevemos **para nossos pais**. Não **lhes** escrevemos.*
J'ai mangé **des légumes**. J'**en** ai **mangé**.	*Eu comi **legumes**. Eu **comi alguns**.*

- Os particípios passados dos verbos conjugados com **être** sempre concordam com o *sujeito* do verbo; isso inclui as frases com o pronome **y**.

Suzanne et sa sœur sont parti**es** ce matin.	***Suzanne e sua irmã** saíram esta manhã.*
Non, **nous** ne sommes pas né**es** à Bruxelles. **Nous** n'**y** sommes pas né**es**.	***Nós** não nascemos em Bruxelas. **Nós** não nascemos **lá**.*

Nos amis sont entrés dans le théâtre. **Ils y** sont entrés.

*Nossos **amigos** entraram no teatro. **Eles** entraram **nele**.*

- As regras de concordância também se aplicam às *orações relativas* no **passé composé**.

Les spectateurs **qui sont arrivés** tôt attendent dans le foyer. (**qui** + verbo **être**)

*Os espectadores **que chegaram** cedo estão aguardando no salão.*

Les personnes **que j'ai invitées** apportent du vin. (**que**, substituindo **les personnes**, como objeto direto anterior)

*As pessoas **que eu convidei** trouxeram vinho.*

 Exercício 13.9

*Reescreva as frases, substituindo o objeto em itálico por um pronome oblíquo, **y** ou **en**. Preste atenção na concordância do particípio passado.*

1. J'ai vu *mes neveux* hier. _____.
2. Catherine a écrit à *Marc*. _____.
3. Nous avons bu *de l'eau minérale*. _____.
4. Laure et Sami sont allés à *EuroDisney*. _____.
5. Tu as acheté *des meubles* (móveis) ? _____?
6. Avez-vous reçu *les lettres* (f.) de Raoul ? _____?
7. Ils ont fait *la vaisselle*. _____.
8. J'ai mis *ma veste noire*. _____.

Passé composé dos Verbos Pronominais

Todos os verbos pronominais são conjugados com **être** no **passé composé**. Em geral, o particípio de um verbo pronominal concorda em gênero e número com seu pronome reflexivo, portanto, com o sujeito do verbo.

Observe o uso de **avoir** (não pronominal) ou **être** (pronominal) como verbos auxiliares nos seguintes exemplos:

Elle a levé les rideaux.

*Ela **levantou** as cortinas.*

Hier, **elle s'est levée** vers six heures.

*Ontem, **ela se levantou** por volta das seis horas.*

Nous avons rencontré Éric ce matin.	*Nós **encontramos** Éric esta manhã.*
Nous nous sommes rencontrés à Paris.	*Nós **nos encontramos** em Paris.*
Tu as déjà **vu** Sylvain ?	*Você já **viu** Sylvain?*
— Oui, **on s'est vu(s)** hier.	*— Sim, **a gente se viu** ontem.*
Yvonne s'est regardée dans la glace.	*Yvonne **se viu** no espelho.*

Quando o Particípio Passado Não Concorda

Há exceções na concordância do particípio passado com um pronome reflexivo:

- O particípio *não* concorda se o verbo tem um objeto *indireto*. Os verbos a seguir (**téléphoner, parler, poser des questions**) sempre têm **à** + um objeto indireto.

Ils se sont **téléphoné.**	*Eles se **telefonaram**.*
Elles se sont **parlé.**	*Elas se **falaram**.*
Nous nous sommes **posé des questions.**	*Nós nos **perguntamos**.*

- E mais, o particípio passado *não* concorda quando o verbo é *seguido de um objeto direto*, geralmente uma parte do corpo.

    No primeiro exemplo a seguir, o pronome reflexivo **s'** (referindo-se a **Hélène**) é o objeto direto do verbo **laver** e *há* concordância. No segundo, **les mains** (após **laver**) é o objeto direto do verbo, enquanto o pronome **s'** serve como objeto indireto (**à Hélène**). Assim, *não* há concordância.

Hélène **s'est lavée.**	*Hélène **se lavou**.*
Hélène **s'est lavé les mains.**	*Hélène **lavou suas mãos**.*
Nous **nous sommes brossé les dents.**	*Nós **escovamos os dentes**.*
Anne et Marie **se sont lavé les cheveux.**	*Anne e Marie **lavaram o cabelo**.*

Exercício 13.10

*Traduza as frases para o francês. Use o **passé composé** e os verbos sugeridos. Preste atenção na concordância, ou não, do particípio passado.*

se brosser les cheveux, se connaître, s'écrire, s'endormir, se faire connaissance, s'occuper de, se réveiller, se tromper de, se voir

1. Nós (*f.*) nos vimos ontem. _____.
2. Mireille e Claude se escreveram. _____.
3. Eu (*m.*) acordei ao meio-dia. _____.
4. Minhas filhas escovaram o cabelo. _____.
5. A que horas as crianças (*m.*) se deitaram? _____?
6. Você (*fam.*, *f.*) lavou a roupa? _____?
7. Eu (*f.*) errei no endereço. _____.
8. Eles se conheceram há um ano. _____.

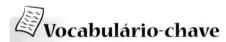**Vocabulário-chave**

Le sport (Esportes)

Os esportes são internacionais. Observe quantos esportes franceses são cognatos.

assister à (un match)   *assistir a (uma partida, jogo, show)*
être fana de...   *ser louco por...*
être passionné(e) de...   *ser apaixonado por...*
faire du/de la/de l'...   *fazer, praticar...*
jouer au...   *jogar...*

l'alpinisme (*m.*)   (*alpinismo*)
les arts martiaux (*m.*)   (*artes marciais*)
le jujitsu   (*jiu-jitsu*)
le karaté   (*karatê*)
le tai-chi chuan   (*tai chi*)
le base-ball   (*beisebol*)
le basket(-ball)   (*basquetebol*)
le bateau   (*remo*)
le canoë-kayak   (*caiaque*)
la course   (*corrida*)

le cyclisme (le vélo)   (*ciclismo*)
le deltaplane   (*voo livre*)
l'équitation (*f.*)   (*equitação*)
l'escrime (*f.*)   (*esgrima*)
le foot(ball)   (*futebol*)
le football américain   (*futebol americano*)
le footing   (*jogging*)
le golf   (*golfe*)
la gymnastique   (*ginástica*)
le hockey   (*hóquei*)

Formas e Usos do passé composé

le jogging   (*jogging*)
le marathon   (*maratona*)
la natation   (*natação*)
le patinage   (*patinação*)
le ping-pong   (*pingue-pongue*)
la planche à roulettes (*skate*)
la planche à voile   (*windsurf*)
la randonnée   (*marcha*)
le roller   (*patins*)

le rugby   (*rúgbi*)
le saut   (*salto em altura*)
le ski   (*esqui*)
le snowboard   (*snowboard*)
le surf   (*surfe*)
le tennis   (*tênis*)
la voile   (*iatismo*)
le volley(-ball)   (*voleibol*)
le yoga   (*ioga*)

Les distractions (**Lazer e Entretenimento**)

Passatempos e interesses melhoram a vida das pessoas e sempre são bons assuntos.

l'art (*m.*)   (*a arte*)
l'aquarelle (*f.*)   (*as aquarelas*)
le dessin   (*o desenho*)
la peinture à l'huile   (*a pintura a óleo*)
la sculpture   (*a escultura*)
l'artisanat (*m.*)   (*o artesanato*)
la céramique   (*a cerâmica*)
la menuiserie   (*a carpintaria*)
la poterie   (*a olaria*)
le vitrail   (*o vitral*)
le bricolage   (*a bricolagem*)
les cartes (*f.*)   (*as cartas*)
le bridge   (*o bridge*)
le poker   (*o pôquer*)
le cirque   (*o circo*)
la danse   (*a dança*)
le ballet   (*o balé*)
le drame   (*o drama*)
le film d'amour   (*a história de amor*)
le film d'aventures   (*o filme de aventura*)
le film d'horreur   (*o filme de horror*)
la séance   (*a sessão*)
la cassette   (*a cassete*)
la chanson   (*a música*)
le chœur   (*o coro*)

le concert   (*o concerto*)
le lecteur de DVD/CD   (*o aparelho de DVD/CD*)
le lecteur MP3   (*o MP3*)
la musique classique   (*a música clássica*)
la musique de chambre   (*a música de câmara*)
l'opéra (*m.*)   (*a ópera*)
l'orchestre (*m.*)   (*a orquestra; a banda*)
le pop/rap/rock/jazz   (*o pop/rap/ rock/jazz*)
le quatuor   (*o quarteto de cordas*)
la danse de salon   (*a dança de salão*)
la danse folklorique   (*a dança folclórica*)
le tango   (*o tango*)
la danse moderne   (*a dança moderna*)
le jardinage   (*a jardinagem*)
les jeux de hasard (*m.*)   (*os jogos de azar*)
les jeux de société   (*os jogos de tabuleiro*)
les échecs (*m.*)   (*o xadrez*)

les dames (*f.*) (*as damas*)
les jeux électroniques (*os jogos eletrônicos*)
la lecture (*a leitura*)
la bande dessinée (*a história em quadrinhos*)
la biographie (*a biografia*)
l'essai (*m.*) (*a não ficção*)
les magazines (*m.*) (*as revistas*)
le roman (*o romance*)
le roman d'amour (*o romance de amor*)
le roman d'aventures (*o romance de aventura*)
le roman illustré (*o romance ilustrado*)
le roman policier (*o mistério*)
les mots croisés (*m.*) (*as palavras cruzadas*)
le musée (*o museu*)
l'exposition (*f.*) (*a exposição*)
le spectacle (*o espetáculo*)
le cinéma (*o filme, cinema*)
le billet (*o bilhete, ingresso*)
le dessin animé (*o desenho animado*)
le documentaire (*o documentário*)
la symphonie (*a sinfonia*)
l'observation (*f.*) des oiseaux (*a observação de pássaros*)
la photographie (*a fotografia*)
un appareil-photo (*máquina fotográfica*)
un caméra (*câmera de filmagem*)
un caméscope (*câmera de vídeo*)
la télévision (*a televisão*)
le podcast (*o podcast*)
la radio (*o rádio*)
la chaîne (*o canal*)
l'émission (*f.*) (*o programa*)
le théâtre (*o teatro*)
les spectateurs (*m.*) (*os espectadores*)
la salle de théâtre (*o teatro*)
la pièce (*a peça*)
le drame (*o drama*)
la comédie (musicale) (*a comédia [musical]*)
la tragédie (*a tragédia*)
le sudoku (*o sudoku*)
les travaux (*m.*) d'aiguille (*a costura*)
la broderie (*o bordado*)
la couture (*a costura*)
le crochet (*o crochê*)
la tapisserie (*a tapeçaria*)
le tissage (*a tecelagem*)
le tricot (*o tricô*)

Exercício 13.11

Responda as perguntas usando as listas de vocabulário anteriores.

1. Nommez les sports que vous aimez regarder.

_____

2. Nommez les sports que vous avez déjà faits ou que vous faites actuellement.

_____

3. Quelles sont vos distractions préférées ? en été ? en hiver ?

_____.

4. Expliquez pourquoi vous vous intéressez à ces activités.

_____.

5. Qu'avez-vous fait le week-end passé ?

_____.

6. Quel sport ou quelle activité voulez-vous apprendre ? Pourquoi ?

_____.

 Interpretação de Texto

Une soirée mouvementée

Nous nous sommes aperçus pour la première fois dans un cours de danse folklorique africaine. Je suis arrivée un peu en retard ce soir-là. Les autres danseurs m'ont regardé entrer avec beaucoup d'intérêt, puisqu'ici, on arrive en général avant l'heure pour se préparer. J'assiste à ce cours depuis plusieurs années déjà, et je trouve que **je m'y connais** déjà assez **bien** en danse africaine. Je ne me trompe presque plus de **pas** ni de rythme. Dans le cours, **il s'agit de** la danse des pays d'Afrique de l'Ouest. Nous invitons des musiciens qui jouent des instruments traditionnels — tels le kora (une sorte de guitare) et des tambours, dont le *djembé*. **Nous nous consacrons** aux danses de plusieurs pays : le Sénégal, le Mali, la Côte d'Ivoire et la Guinée.

Alors, ce jour-là, j'ai dû traverser la salle pour rejoindre mon groupe. **En m'y dirigeant**, j'ai regardé de côté où j'ai aperçu le nouveau joueur de djembé. Lui aussi, il a levé la tête pour m'observer. Qu'est-ce que je peux dire ? C'est **le coup de foudre** ! Il est grand et beau, au visage tranquille mais intelligent. À ce moment-là, j'ai fait un faux pas, **j'ai trébuché** et je suis tombée ! J'ai rougi, **j'ai balbutié**. Lui, **il a laissé tomber** son tambour et m'a aidée à me relever. Heureusement, je ne me suis pas fait mal. J'ai rejoint le groupe, il a repris son djembé. Je me suis mise à suivre les pas des autres danseurs.

mouvementé(e)   (*movimentada*)

je m'y connais... bien   (*estou muito familiarizado*)

le pas   (*passo*)

il s'agit de   (*trata-se*)

nous nous consacrons   (*nós nos dedicamos*)

en m'y dirigeant   (*no caminho*)

le coup de foudre   (*paixão à primeira vista*)

j'ai trébuché   (*eu tropecei*)

j'ai balbutié   (*eu gaguejei*)

il a laissé tomber   (*ele deixou cair*)

Perguntas

Após ler o texto, responda as perguntas em francês.

1. À quoi s'intéresse la narratrice ? Depuis combien de temps s'y consacre-t-elle ?

2. Qu'est-ce qui s'est passé (*aconteceu*) ce soir-là, à son arrivée ?

3. Imaginez la rencontre de ces personnes après le cours. Employez le passé composé.

4. Racontez un incident tiré (*ocorrido*) de votre vie.

14

Imparfait, Narração no Passado e Mais sobre Pronomes Oblíquos

Resumo do *passé composé*

No Capítulo 13, você aprendeu o **passé composé**, que reconta ações concluídas ou uma série de ações no passado. O **passé composé** é formado com um verbo auxiliar (o presente de **avoir** ou **être**) + o particípio passado. Ele tem três tipos de conjugação:

- *A maioria dos verbos é conjugada com* avoir.

  Pour passer l'été en France, **j'ai dû** faire des préparatifs. D'abord, en février, **j'ai réservé** mon vol. Ensuite, **j'ai fini** un tas de projets. Finalement, **j'ai attendu** le jour du départ avec impatience. **J'ai fait** mes valises bien en avance.

  Para passar o verão na França, **tive que** *me preparar. Primeiro, em fevereiro,* **reservei** *meu voo. Então,* **concluí** *muitos projetos. Finalmente,* **aguardei** *com impaciência pela data de partida.* **Eu fiz** *as malas bem antes.*

- *Alguns verbos são conjugados com* être.

  Os verbos conjugados com **être** são *intransitivos.* Eles não têm objeto direto nem indireto (embora possam ser seguidos de uma preposição). O particípio passado sempre concorda com o sujeito em gênero e número.

  Enfin, **le 15 juin est arrivé. Je suis partie** pour l'aéroport en disant au revoir à la famille. **Nous sommes passés** par la sécurité et **sommes montés** dans l'avion. Un passager a oublié un petit sac dans la salle d'attente, mais évidemment, **il n'est pas descendu** le reprendre.

300 O Passado e o Futuro, o Condicional e o Subjuntivo

*Finalmente, **chegou 15 de junho**. **Eu fui** para o aeroporto dizendo
adeus para minha família. **Nós passamos** pela segurança e
embarcamos no avião. Um passageiro esqueceu uma pequena bolsa
na sala de espera, mas obviamente, **ele não desceu** para pegá-la.*

- **Os verbos pronominais (reflexivos, recíprocos e idiomáticos)
  (Capítulo 12) também são conjugados com être.**

  Os verbos pronominais sempre mantêm seu pronome reflexivo, que se
  refere ao sujeito. Em geral, o particípio passado dos verbos pronominais
  concorda com o sujeito.

  Enfin, tous **les passagers se sont installés**. Vers dix heures vingt,
  l'avion s'est mis à rouler. À ce moment-là, moi aussi, **je me suis
  souvenue de** quelque chose : mon guide de France, oublié chez
  moi… Une fois l'avion atterri à Paris, **je me suis dépêchée d'**en
  acheter un autre, en français.

  *Enfim, todos **os passageiros tomaram seus assentos**. Por volta de
  10:20, **o avião começou** a taxiar. Nesse momento, **eu lembrei** de
  algo também: meu guia de viagem da França, esquecido em casa.
  Assim que o avião aterrissou em Paris, **eu corri** para comprar outro,
  em francês.*

✐ Exercício 14.1

*Complete as frases no **passé composé** com os verbos fornecidos.*

1. Samedi nous _____ de faire un pique-nique à la montagne.
   (décider)

2. On _____ des tas de bonnes choses à manger. (préparer)

3. Antoine _____ ; il _____ même _____
   des serviettes et une nappe dans le panier. (ne rien oublier, mettre)

4. Nous _____ la maison et nous _____ à dix
   heures. (quitter, partir)

5. Dans la voiture nous _____ chanter, mais Papa nous
   _____ de regarder le paysage. (se mettre à, dire)

6. Nous _____ près d'un village où nous
   _____. (arriver, s'arrêter)

7. Je/J' _____ nos paniers, et nous _____.
(prendre, s'y installer)

8. Après déjeuner, je/j' _____ une randonnée avec Antoine,
et on _____ par visiter le village. (faire, finir)

Imparfait (Pretérito Imperfeito)

O *pretérito imperfeito* (**l'imparfait**) é o tempo usado para descrever ações ou estados no passado que são contínuos ou habituais. Também é usado para fazer descrições no passado.

Formas do *imparfait*

Para formar o **imparfait**, retire a terminação **-ons** de **nous** no presente (verbos regulares e irregulares) e acrescente as terminações **-ais**, **-ais**, **-ait**, **-ions**, **-iez**, **-aient**.

Presente	Imparfait	
nous dans**ons**	nous dans**ions**	(*nós dançávamos*)
nous fais**ons**	ils/elles fais**aient**	(*eles/elas faziam*)
nous choisiss**ons**	tu choisiss**ais**	(*você escolhia*)
nous répond**ons**	je répond**ais**	(*eu respondia*)
nous pouv**ons**	vous pouv**iez**	(*vós podíeis, você podia*)

Para os verbos que terminam em **-ger**, insira **-e-** antes da terminação quando ela inicia com a letra **-a** ou **-o**. Para os verbos terminados em **-cer**, mude **-c-** para **-ç-** antes de **-a** ou **-o**. Quatros terminações do **imparfait** começam com **-a**.

Presente	Imparfait		
nous mang**e**ons	nous mangions	ils/elles mang**e**aient	*nós comíamos/ eles/elas comiam*
nous commen**ç**ons	nous commencions	ils/elles commen**ç**aient	*nós começávamos eles/elas começavam*

O **imparfait** é fácil de aprender: todas as conjugações, exceto o verbo **être**, são formadas do mesmo modo. Os pronomes reflexivos e oblíquos são colocados como no presente do indicativo; as negativas e interrogativas também seguem os padrões do presente.

O Passado e o Futuro, o Condicional e o Subjuntivo

Veja as formas do imperfeito para **parler** (*falar*), **finir** (*terminar*), **attendre** (*esperar*) e **être** (*ser/estar*). O radical do imperfeito irregular de **être** é **ét-**.

parler (*falar*)	finir (*terminar*)
je parl**ais**	je fin**issais**
tu parl**ais**	tu fin**issais**
il/elle/on parl**ait**	il/elle/on fin**issait**
nous parl**ions**	nous fin**issions**
vous parl**iez**	vous fin**issiez**
ils/elles parl**aient**	ils/elles fin**issaient**

attendre (*esperar*)	être (*ser/estar*)
j'attend**ais**	j'ét**ais**
tu attend**ais**	tu ét**ais**
il/elle/on attend**ait**	il/elle/on ét**ait**
nous attend**ions**	nous ét**ions**
vous attend**iez**	vous ét**iez**
ils/elles attend**aient**	ils/elles ét**aient**

Significados e Usos do *imparfait*

O **imparfait** tem outros equivalentes em português. **Je parlais** pode significar *eu falava, eu estava falando* ou *eu costumava falar*. **Nous étions** pode significar *nós éramos/estávamos* ou *nós costumávamos ser/estar*.

À dix heures, **je** t'**attendais** au coin.	*Às dez horas, **eu esperava** por você na esquina.*
Autrefois, **nous** ne **nous écrivions** pas.	*No passado, **nós** não nos **escrevíamos**.*
Où **habitiez-vous** en 1995 ? — En 1995, **j'avais** un petit appartement à Paris.	*Onde **você morava** em 1995? — Em 1995, **eu tinha** um pequeno apartamento em Paris.*
Il était rue du Terrage.	***Ele ficava** na rue du Terrage.*
J'allais chez ma tante le dimanche.	***Eu ia** para a casa da minha tia aos domingos.*
Nous faisions la cuisine ensemble.	***Nós** cozinhávamos juntas.*

Imparfait, Narração no Passado e Mais sobre Pronomes Oblíquos 303

O **imparfait** expressa ações ou situações contínuas ou não interrompidas, existindo por um período de tempo indefinido no passado. Em geral, não se menciona o começo ou o fim do evento. O **imparfait** é usado de vários modos:

- *Em descrições, para definir um cenário*

  C'était une soirée tranquille. Dehors, **il neigeait** et **il faisait** froid. **Mme Dupont lisait** un roman ; **M. Dupont regardait** un DVD. **Fido se reposait** devant le feu.

  *Era uma noite tranquila. Do lado de fora, **nevava e fazia** frio. A Sra. Dupont estava lendo um romance; o **Sr. Dupont assistia um** DVD. **Fido descansava** diante da lareira.*

- *Para as ações habituais ou usuais no passado*

  Quand **j'étais** jeune **j'allais** chez mes grands-parents en été. **Nous nous amusions** toujours très bien. Tous les soirs **on faisait** de belles promenades sur la plage.

  *Quando **eu era** jovem, **eu ia** para a casa dos meus avós no verão. **Nós** sempre **nos divertíamos** muito. Toda noite, **a gente fazia** belos passeios pela praia.*

- *Para descrever sentimentos e estados mentais ou emocionais no passado*

  Jean-Charles était mécontent ; **il avait envie de** laisser tomber ses études.

  *Jean-Charles estava triste; **ele queria** largar os estudos.*

- *Para dizer a hora do dia ou expressar a idade no passado*

  Il était sept heures et demie. **C'était** l'anniversaire d'Iris ; **elle avait** dix-huit ans.

  *Eram 07:30 da manhã. Era o aniversário de Iris; **ela tinha** dezoito anos.*

- *Para descrever uma ação ou situação que estava acontecendo quando outro evento (geralmente no passé composé) a interrompeu*

  Il **prenait sa douche** quand j'**ai sonné**.

  *Ele **tomava banho** quando eu **toquei a campainha**.*

Exercício 14.2

Crie frases completas no **imparfait** *usando os elementos dados.*
Cette nuit, à une heure du matin...

1. vous/s'amuser à la disco _____.
2. tu/s'endormir _____.
3. Michaël/faire de beaux rêves _____.
4. je/commencer/à lire _____.
5. Papa/prendre un bain _____.
6. les chats/se disputer _____.
7. nous/être à la cuisine _____.
8. Suzanne et sa sœur/manger _____.

Exercício 14.3

Complete o parágrafo no **imparfait** *escolhendo da lista de verbos dados. Diversos verbos serão usados mais de uma vez.*

aller, avoir, discuter, être, falloir, se mettre, s'occuper, se parler, se réunir, travailler

Quand j' _____ (1) quinze ans je/j' _____ (2) à une école assez particulière. Il n'y _____ (3) pas de vrais cours ni de profs. Nous _____ (4) tous les matins sous les arbres du jardin. Puis, nous _____ (5) avec les adultes, qui _____ (6) en réalité nos profs, mais qui, dans cette école, _____ (7) à côté de nous. Alors, nous _____ (8) d'accord sur ce qu'il _____ (9) faire ce jour-là : travaux d'agriculture ou de construction, ou bien on _____ (10) des animaux (poules, chèvres, lapins). Tout en travaillant, nous _____ (11) de choses pratiques, de l'environnement, de nos lectures et de comment réussir notre vie. C' _____ (12) vraiment une école spéciale.

Imparfait, Narração no Passado e Mais sobre Pronomes Oblíquos

Vocabulário-chave

Expressions de temps au passé (**Expressões de Tempo no Passado**)

As frases no **imparfait** geralmente são marcadas por advérbios e expressões de tempo. Usá-los nas frases no passado deixa mais claro o significado do **imparfait**.

à ce moment-là (*naquele momento*)
à cette époque-là (*naquela época*)
auparavant (*antes*)
autrefois (*no passado*)
désormais (*daí em diante*)
de temps à autre (*de vez em quando*)
de temps en temps (*às vezes*)

d'habitude (*geralmente*)
il y a (*há algum tempo*)

le lundi (*às segundas-feiras*)
le week-end (*todo fim de semana*)
ne... jamais (*nunca*)
normalement (*normalmente*)
parfois (*algumas vezes*)
par moments (*de vez em quando*)
pendant que (*enquanto*)
quelquefois (*às vezes*)
souvent (*com frequência*)
toujours (*sempre*)
tous les jours (*todo dia*)

Exceto para **auparavant** (*antes*) e **autrefois** (*no passado*), essas expressões também são usadas com outros tempos verbais.

***D'habitude*, les enfants avaient faim à midi.**
On dormait *pendant que* Corinne travaillait.
***Il y a* trois mois, il travaillait à l'étranger.**
***Autrefois*, je ne tenais pas compte de lui.**

Geralmente, as crianças tinham fome ao meio-dia.
Nós *dormíamos* enquanto Corinne trabalhava.
Há *três meses*, **ele trabalhava no exterior**.
No passado, **eu** não o **levava** em conta.

Exercício 14.4

*Dê uma resposta pessoal no **imparfait** a cada pergunta.*

1. Que faisiez-vous tous les jours quand vous aviez quinze ans ?

   _____.

2. Où habitiez-vous autrefois ? Aimiez-vous cet endroit (*lugar*) ? Pourquoi ?

   _____.

3. Décrivez l'été à l'endroit où vous habitiez à quinze ans. Que faisait-on en été ?

   _____.

Narração: *passé composé* e *imparfait* Usados Juntos

Para recontar os eventos passados em francês, você precisará usar o **passé composé** e o **imparfait**, em geral na mesma frase.

- Em português, quando nos referimos a eventos passados, escolhemos dentre várias formas:

   Ela trabalhou.   *Ela fez o trabalho.*   *Ela tinha trabalhado.*
   Ela estava   *Ela costumava*   *Ela trabalhava... às*
      trabalhando.   *trabalhar.*   *sextas-feiras.*

   Do mesmo modo em francês, sua escolha do **passé composé**: *Elle a travaillé* **hier** (*Ela* **trabalhou** *ontem*) ou do **imparfait**: *À cinq heures, elle travaillait encore* (*Às cinco horas, ela ainda* **trabalhava**) depende da percepção do evento passado.

- O **passé composé** expressa uma ação ou sequência de ações passadas concluídas. Dá uma ideia de ação terminada no passado ou repetida um número *definido* de vezes.

   L'année passée **je suis allée** deux   Ano passado, **eu fui à** França
      fois en France.   duas vezes.

- Por outro lado, o **imparfait** indica ações, descrições e estados mentais ou físicos contínuos, habituais e secundários no passado. Ele não foca

Imparfait, Narração no Passado e Mais sobre Pronomes Oblíquos 307

na conclusão da ação. O **imparfait** define a cena no passado. As ações passadas devem ser repetidas em um número *indeterminado* de vezes.

Quand **j'étais** jeune, **j'allais** chez ma tante en été.

*Quando **eu era** jovem, **ia** para a casa de minha tia no verão.*

- Uma ação, sentimento ou situação no **imparfait** pode ser "interrompida" por uma ação no **passé composé**. Compare o primeiro e segundo verbos nos três exemplos a seguir:

J'avais faim quand **je me suis réveillé**.

***Eu estava com fome** quando **acordei**.*

Georges était malade quand **tu es venu**.

***Georges estava** doente quando **você chegou**.*

Nous jouions aux cartes quand **il y a eu** une panne d'électricité.

***Nós jogávamos** cartas quando **faltou** energia (ocorreu uma falta de energia).*

- O **passé composé** nas frases a seguir relata uma mudança repentina em um momento específico. O **imparfait** na segunda frase de cada conjunto descreve o estado ou situação do sujeito antes da mudança.

J'ai eu faim vers midi.

*Eu **tive** fome por volta do meio-dia.*

Avant midi **je n'avais** pas faim.

*Antes do meio-dia, **eu não tinha** fome.*

Georges **est tombé malade** hier soir.

*Georges **ficou doente** na noite passada.*

Avant sept heures il **était** en bonne forme.

*Antes das sete horas, ele **estava** bem.*

- Leia a seguinte descrição do dia de Claire. Continue atento a todos os verbos em francês, prestando muita atenção no uso do **passé composé** e do **imparfait**.

Hier, quand je me suis levée, il faisait beau. Dehors, le soleil brillait et les oiseaux chantaient. Je me sentais contente et pleine de courage. Mais, tout à coup, le ciel s'est couvert. Il a commencé à pleuvoir. À ce moment-là, j'ai perdu courage, et je me suis recouchée. La situation me semblait bien triste. J'ai fini par rester au lit tout l'après-midi... Enfin, la pluie s'est arrêtée. Puis, Micheline a téléphoné parce que les copains m'attendaient. On allait faire du bateau sur le lac. Soudain, je me suis sentie beaucoup plus optimiste.

Ontem, quando eu me levantei, o tempo estava bom. Lá fora, o Sol brilhava e os pássaros cantavam. Eu me senti feliz e cheia de energia. Mas, de repente, o céu ficou escuro. Começou a chover. Naquele momento, fiquei deprimida e voltei para a cama. A situação pareceu bem triste. Eu acabei ficando na cama a tarde inteira... Enfim, a chuva parou. Então, Micheline me telefonou porque nossos amigos esperavam por mim. A gente ia passear de barco no lago. De repente, eu me senti muito mais otimista.

Exercício 14.5

Traduza as frases para o francês usando o **passé composé** *e o* **imparfait**.

1. Quando eu (f.) cheguei em Paris, o tempo estava bom.

   _____.

2. Nós descansávamos quando Éric ligou.

   _____.

3. Ele saía de casa quando lembrou dos livros.

   _____.

4. Eu ainda vestia minha capa de chuva quando, de repente, a chuva parou.

   _____.

5. Ela não se sentia bem na noite passada, mas saiu de qualquer modo (**quand même**).

   _____.

6. Ontem, você (*fam.*) encontrou a cafeteria onde (**on**) serviam aquela sopa boa.

   _____.

Exercício 14.6

Escreva uma conclusão pessoal para cada frase no **passé composé** *ou* **imparfait** *de acordo com o contexto.*

1. Quand je me suis réveillé(e) ce matin, _____.
2. Hier soir, il pleuvait. Alors, mon ami et moi, _____.

Imparfait, Narração no Passado e Mais sobre Pronomes Oblíquos   309

3. Nous voulions nous retrouver au café, mais _____.

4. J'ai fait la connaissance de mon/ma meilleur(e) ami(e) il y a

_____ quand _____.

5. Ce matin je devais _____, mais

_____.

6. Qu'est-ce que vous alliez faire l'année passée que vous n'avez pas fait ?

_____.

Mais sobre os Pronomes Oblíquos

O francês pode usar os pronomes oblíquos, **y**, **en** e pronomes reflexivos em pares. Em português: *Eu dou o livro a Liliane. Eu o dou* (= objeto direto) *a ela* (= objeto indireto). Em francês, os dois pronomes oblíquos antecedem o verbo.

Para fazer uma revisão dos pronomes oblíquos e reflexivos, consulte os Capítulos 9, 11 e 12.

Pronomes Oblíquos Duplos

Quando dois pronomes oblíquos são usados em uma frase ou pergunta (e também no imperativo negativo), eles sempre aparecem na seguinte ordem:

Pronomes Oblíquos

me (m')	**le**	**lui**	**y/en** + verbo
te (t')	**la**	**leur**	
se	**les**		
nous			
vous			

A primeira coluna na tabela inclui os pronomes com função de objetos direto e indireto e os pronomes reflexivos. A segunda coluna tem apenas os pronomes oblíquos *diretos* e a terceira, apenas os pronomes oblíquos *indiretos*. **Y** e **en** vêm por último e são usados nessa ordem. Nas frases negativas, **ne** antecede o pronome oblíquo duplo.

Frases Declarativas e Interrogativas

Joseph envoyait **des mails à Corinne**. Il **lui en** envoyait.	*Joseph enviava **e-mails para Corinne**. Ele os enviava **para ela**.*

310   O Passado e o Futuro, o Condicional e o Subjuntivo

Tu **me** donnes **cette écharpe** ? Tu **me la** donnes ?	*Você **me** dá aquele **lenço**? Você* ***me** dá ele?*
Non, je ne **t'**offre pas **d'argent**. Je ne **t'en** offre pas.	*Eu não ofereço **a você dinheiro**.* *Eu não **o** ofereço **a você**.*
Elle **vous** a retrouvés **à la gare** ? Elle **vous y** a retrouvés ?	*Ela encontrou **vocês na estação**?* *Ela encontrou **vocês lá**?*

Verbos Pronominais

Je **me** lave **les mains**. Je **me les** lave.	*Eu lavo **minhas mãos**. Eu **as** lavo.*
Sonja **s'**est brossé **les cheveux**. Elle **se les** est brossés.	*Sonja penteou **o cabelo**. Ela* *penteou-**se**.*

No exemplo anterior, **brossés** *concorda* com o objeto direto antecedente **les** = **les cheveux**.

Imperativos Negativos

Ces cahiers ? Non, ne **me les** donnez pas.	***Aqueles cadernos**? Não **me** dê* ***eles**.*
Ce film ? Ne **nous en** parle pas ! (**parler de**)	***Aquele filme**? Não fale **conosco*** ***sobre ele**!*

Pronomes Oblíquos Duplos com Imperativos Afirmativos

Todos os pronomes oblíquos antecedem os imperativos *negativos*, como se pode ver nos exemplos anteriores. Contudo, em um imperativo afirmativo, os pronomes oblíquos vêm *após* o verbo. Quando há dois pronomes oblíquos em um imperativo afirmativo, eles ocorrem nesta ordem:

Comandos Afirmativos

le	**moi** (**m'**)	**nous**	**y**	**en**
la	**toi** (**t'**)	**vous**		
les	**lui**	**leur**		

A primeira coluna na tabela é composta pelos objetos *diretos*; os seis pronomes nas segunda e terceira colunas são objetos *indiretos*; **y** e **en** vêm depois.

Vous voulez mon billet ? — Oui, donnez-**le-moi**. Je t'apporte des gâteaux ?	*Você quer meu bilhete?* *— Sim, **me** dê ele.* *Devo levar os bolos para você?*

Imparfait, Narração no Passado e Mais sobre Pronomes Oblíquos   311

— Oui, apporte-**m'en**.

On achète ces cadeaux pour les enfants ?

— Oui, achetons-**les-leur**.

*— Sim, leve-**os para mim**.*

Devemos comprar aqueles presentes para as crianças?

*— Sim, vamos comprá-**los para elas**.*

Exercício 14.7

Reescreva as frases substituindo os objetos em itálico pelos pronomes oblíquos, usando os pronomes existentes. Haverá dois pronomes em cada frase. Use **y** *ou* **en** *quando necessário.*

1. Je donne *la pomme au professeur*. _____.

2. Tu m'offres *dix euros*. _____.

3. Nous parlions *du film à nos amis*. _____.

4. Mathieu n'a pas retrouvé *ses copains au bar*. _____.

5. Je me suis brossé *les dents (f. pl.)*. _____.

Exercício 14.8

Traduza os comandos para o francês usando o antecedente fornecido. Use os padrões familiar e formal.

1. Ces cahiers ? (*Dê eles para mim*.)

_____.

_____.

2. De l'argent ? (*Ofereça a ele algum*.)

_____.

_____.

3. Des fruits ? (*Não coma nenhuma*.)

_____.

_____.

4. La voiture ? (*Não o venda para ela.*)

_____

_____

5. Ce restaurant ? (*Vá lá.*)

_____

_____

Vocabulário-chave

Les voyages et le logement (Viagem e Acomodações)

Muitos viajantes planejam outra viagem assim que voltam de uma. Embora o inglês seja falado em muitos locais de turismo, planeje usar o francês ao viajar para os países francófonos.

- **En voyage** *(Em uma Viagem)*

l'aéroport (*m.*)   (*o aeroporto*)
aller-retour   (*ida e volta*)
l'arrêt d'autobus (*m.*)   (*o ponto de ônibus*)
l'autocar (*m.*)/le car   (*o ônibus intermunicipal*)
l'avion (*m.*)   (*o avião*)
le billet   (*o bilhete, a passagem*)
la carte d'embarquement   (*o cartão de embarque*)
la carte d'identité   (*a identidade*)
une carte routière   (*um roteiro*)
la ceinture de sécurité   (*o cinto de segurança*)
un chariot (à bagages)   (*um carrinho [de bagagem]*)
un charter   (*um voo fretado*)
le compartiment   (*o compartimento*)
composter le billet   (*validar a passagem*)
la consigne   (*o guarda-volumes*)
la douane   (*a alfândega*)

un horaire   (*um horário*)
la location de voitures   (*o aluguel de carros*)
le passeport   (*o passaporte*)
un plan   (*um mapa da cidade*)
première/deuxième classe   (*primeira/segunda classe*)
la porte   (*o terminal de embarque*)
le quai   (*a plataforma de embarque*)
la salle d'attente   (*a sala de espera*)
le siège   (*o assento [avião, trem]*)
le syndicat d'initiative   (*a agência de turismo*)
le tarif   (*a tarifa*)
le TGV   (*o trem de alta velocidade*)
le train   (*o trem*)
un voyage d'affaires   (*uma viagem de negócios*)

Imparfait, Narração no Passado e Mais sobre Pronomes Oblíquos

- **À l'hôtel** *(No Hotel)*

l'addition (f.) (a conta)
l'ampoule (f.) (a lâmpada)
l'annuaire (m.) (a lista telefônica)
l'ascenseur (m.) (o elevador)
une auberge de jeunesse (um albergue)
une chambre (um quarto)
à un (deux) lit(s) (com uma cama [duas camas])
un grand lit (uma cama de casal)
qui donne sur... (que dá para...)
un chasseur (um mensageiro)
le chauffage (o aquecimento)
... ne marche pas. (... não funciona.)
des cintres (m.) (os cabides)
les clés (f.) (as chaves)
le coffre-fort (o cofre)
le couloir (o corredor)
une couverture (um cobertor)
l'escalier (m.) (a escada)
des draps (m.) (os lençóis)
l'étage (m.) (o andar [prédio])
la femme de chambre (a arrumadeira)

la climatisation (o ar-condicionado)
la lampe (a luminária)
le loyer (o aluguel)
un oreiller (o travesseiro)
la note/l'addition (f.) (a conta)
la demi-pension (a meia pensão [com jantar])
tout compris (tudo incluído)
le petit déjeuner compris (o café da manhã incluído)
la pension complète (a pensão completa [três refeições])
une lumière (pour lire) (uma luz para leitura)
le/la réceptionniste (o/a recepcionista)
une salle de bain privée (um banheiro particular)
avec une baignoire (com banheira)
avec douche (com ducha)
du savon (sabonete)
le ventilateur (o ventilador)
un verre (um copo)

 Exercício 14.9

Revise as palavras do vocabulário anterior e responda as perguntas.

1. Vous téléphonez à un hôtel pour réserver une chambre. Qu'est-ce que vous demandez au réceptionniste ? Dites-lui ce dont vous avez besoin.

   _____.

2. Y a-t-il du vocabulaire concernant les voyages dont vous avez besoin, mais qui ne se trouve pas ici ? Comment allez-vous l'apprendre ?

   _____.

3. Racontez un incident qui vous est arrivé en voyage. (Utilisez le passé composé et l'imparfait.)

   _____.

Interpretação de Texto

Un voyage mémorable

Moi, je n'ai pas eu une enfance très **aisée**. Ma mère était **veuve**, ayant perdu mon père assez jeune. Donc, elle nous a élevés seule, mes deux frères et moi. Évidemment nous étions pauvres. Bien sûr qu'on travaillait dur. Mon frère a même dû quitter l'école pour aider à **nous soutenir**. (Heureusement, plus tard il a réussi dans la vie et est devenu entrepreneur **à son propre compte**.) Nous ne voyagions presque jamais, sauf de rares visites chez des cousins qui avaient **une villa** en Auvergne.

Pourtant, j'allais à une bonne école où il y avait des programmes de voyage pour les élèves pendant les vacances de Pâques, au printemps. L'été où j'avais quatorze ans j'ai pu partir au Maroc, en voyage organisé. Quelle expérience et quelle révélation ! J'ai voyagé bien sûr en **car** avec mes camarades de classe et nos profs. Mais les villages et les paysages marocains que nous avons vus **m'ont éblouie**, et les gens étaient vraiment formidables. Je ne vais jamais oublier notre traversée du désert, la visite à Marrakech et des villages **berbères**. Je sais qu'en rentrant je n'étais plus la même personne. Ce voyage m'a changée profondément. Mes nouveaux intérêts et cette nouvelle perspective m'ont permis de me construire une vie satisfaisante.

aisé(e)   (*boa situação [financeira]*)
veuve   (*viúva*)
nous soutenir   (*nos sustentar*)
à son propre compte   (*autônomo*)
une villa   (*casa de férias*)
un car   (*ônibus fretado*)
m'ont éblouie   (*me impressionaram*)
berbère(s)   (*bérber [nativos da África do Norte]*)

Perguntas

Após ler o texto, responda as perguntas em francês.

1. Décrivez la vie d'enfance de la narratrice (à l'imparfait).

_____.

2. Qu'est-ce qu'elle a pu faire quand elle avait quatorze ans ?

_____.

3. Qu'est-ce qui l'a impressionnée le plus ?

_____.

4. Avez-vous eu une expérience qui vous a changé(e) ? Racontez-la.

_____.

15

O Futuro, o Condicional, Adjetivos e Pronomes Indefinidos

O Futuro

Em francês, o futuro (**le futur**) é simples (com uma palavra). O radical do futuro é o infinitivo *inteiro* do verbo. O **-e** final do infinitivo dos verbos **-re** é omitido antes das terminações serem adicionadas. Acrescente as seguintes terminações do futuro ao infinitivo: **-ai, -as, -a, -ons, -ez, -ont**.

Quanto às formas do presente de **avoir** (**j'ai, tu as, il/elle a, nous avons, vous avez, ils/elles ont**), as terminações do futuro são fáceis de aprender, pois são quase iguais. As interrogativas, negativas e pronomes oblíquos são tratados como nas outras conjugações simples, presente e **imparfait**.

o Futuro

parler	(*falar*)	finir	(*terminar*)
je	parler**ai**	je	finir**ai**
tu	parler**as**	tu	finir**as**
il/elle/on	parler**a**	il/elle/on	finir**a**
nous	parler**ons**	nous	finir**ons**
vous	parler**ez**	vous	finir**ez**
ils/elles	parler**ont**	ils/elles	finir**ont**

vendre	(*vender*)		
je	vendr**ai**	nous	vendr**ons**
tu	vendr**as**	vous	vendr**ez**
il/elle/on	vendr**a**	ils/elles	vendr**ont**

Parleras-tu au congrès le mois prochain ?	*Você **falará** no congresso no próximo mês?*
Elles **finiront** leur projet ce soir.	*Elas **terminarão** o projeto esta noite.*
Non, je ne **vendrai** jamais cette vieille voiture !	*Não, eu nunca **venderei** esse carro velho!*

Formas Irregulares do Futuro

No futuro, as terminações do verbo são iguais para todos os verbos em francês. Contudo, alguns têm *radicais irregulares*.

- ***Verbos com mudanças na ortografia***

    Com uma exceção, os verbos com mudanças na ortografia (Capítulo 5) no presente têm a mesma mudança no radical de *todas* as pessoas do futuro. Exceção: O radical dos verbos como **espérer** e **préférer** é *regular* no futuro (sem mudança na ortografia).

On te **rappellera** ce soir, d'accord ?	*A gente **ligará para você** esta noite, combinado?*
Achèteront-ils leurs skis samedi ?	*Eles **comprarão** esquis no sábado?*
J'**essaierai** ce beau manteau.	*Eu **experimentarei** este belo casaco.*
Je pense que tu **préféreras** ce restaurant-là.	*Eu acho que você **preferirá** esse restaurante.*

- ***Verbos com radicais irregulares***

    Os verbos irregulares no futuro não seguem um padrão específico e devem ser simplesmente memorizados. Lembre-se de que as terminações dos verbos no futuro são iguais para todos:

    aller (*ir*): **ir-**
    avoir (*ter*): **aur-**
    courir (*correr*): **courr-**
    devoir (*dever*): **devr-**
    envoyer (*enviar*): **enverr-**
    être (*ser/estar*): **ser-**
    faire (*fazer*): **fer-**
    falloir (*ser necessário*): **il faudra**
    mourir (*morrer*): **mourr-**
    pleuvoir (*chover*): **il pleuvra**
    pouvoir (*poder*): **pourr-**

savoir *(saber)*: **saur-**
venir *(vir)*: **viendr-**
voir *(ver)*: **verr-**
vouloir *(querer)*: **voudr-**

NOTA: **Il pleuvra** *(choverá)* e **il faudra** *(será necessário)* são usados apenas na forma impessoal no singular (**il**).

Qu'est-ce que tu **feras** pendant le week-end ?	*O que você **fará** no fim de semana?*
Nous **devrons** chercher une vidéo.	*Nós **deveremos** procurar um vídeo.*
Quels cours **voudra**-t-il suivre ?	*Quais aulas ele **desejará** assistir?*
La météo dit qu'il **pleuvra** demain.	*A previsão do tempo disse que **choverá** amanhã.*
Il y aura dix invités demain soir.	***Haverá** dez convidados amanhã à noite.*

Exercício 15.1

Crie frases completas no futuro usando os elementos fornecidos.

Après-demain,

1. Renée/partir _____.
2. Olivier/acheter/ses/billets _____.
3. nous/prendre/le/train _____.
4. mon amie/venir/me/voir _____.
5. vous/être/déjà/à Boston _____.
6. il/falloir/remettre/ce/devoir _____.
7. ils/avoir/besoin de/faire le marché _____.
8. tu/pouvoir/me prêter/la/voiture _____.

Usos do Futuro

O futuro em francês é quase igual ao português. Ele pode usar o futuro "próximo" **aller** + infinitivo (*ir fazer*) e também é visto em contextos mais formais. Pode expressar um futuro mais distante que **aller** + infinitivo.

- Nas frases hipotéticas em francês, o verbo após **si** (*se*) sempre está no *presente* quando o verbo da oração principal está no futuro. **Si** se torna **s'** apenas antes de **il/ils** (**s'il vient**), *não* antes de **elle/elles** (**si elle**).

Si tu le **veux**, je **prendrai** le métro.	*Se você **quiser**, eu **pegarei** o metrô.*
Si elle **est** libre, nous **irons** à Paris.	*Se ela **estiver** livre, **iremos** a Paris.*
S'ils peuvent, ils nous **aideront**.	*Se eles puderem, nos **ajudarão**.*

- Nas frases com **quand** (*quando*), **lorsque** (*quando*), **dès que** (*desde que*) e **aussitôt que** (*logo que*), o futuro é usado em *ambas* as orações, caso as duas ações estejam no futuro.

Je **partirai** *dès que* j'**aurai** mon diplôme.	*Eu **partirei** desde que tenha meu diploma.*
Quand Marthe **arrivera**, nous **déjeunerons**.	***Quando** Marthe **chegar**, nós **almoçaremos**.*

Exercício 15.2

Traduza as frases para o francês usando o presente após **si***. Nas frases com* **quand/lorsque** *(quando) ou* **dès que/aussitôt que** *(desde/logo que), lembre de usar o futuro nas duas orações.*

1. Se eu sair, você (*fam.*) me acompanhará?

   _____?

2. Ela virá, se a convidarmos.

   _____.

3. Assim que começar a nevar, a gente (**on**) voltará para casa.

   _____.

4. Quando eu chegar em sua (*fam.*) casa, esperarei por você.

   _____.

5. Se eu tiver dinheiro, irei para Quebec no verão.

   _____.

6. Ele nos ligará assim que chegar.

   _____.

Exercício 15.3

Fale sobre seus planos futuros respondendo essas perguntas pessoais.

1. Que ferez-vous le week-end prochain ? et cet été ?

   _____.

2. Si vous ne travaillez pas demain, que ferez-vous ?

   _____.

3. Où serez-vous l'année prochaine ?

   _____.

O Condicional

Em português, o condicional tem a terminação do futuro do pretérito. *Ele viajaria*; *nós iríamos*. Ele descreve uma ação que depende de uma condição: *Ele viajaria se tivesse tempo*.

Em francês, o futuro do pretérito (**le conditionnel**), como o futuro do presente, tem um verbo simples (uma palavra). As terminações **-ais**, **-ais**, **-ait**, **-ions**, **-iez** e **-aient** são acrescentadas ao infinitivo. Como o futuro, o **-e** final dos verbos **-re** é omitido antes de as terminações serem adicionadas. As terminações do condicional são fáceis de aprender, pois são semelhantes às terminações do **imparfait**.

Condicional

parler (*falar*)		finir (*terminar*)	
je	parler**ais**	je	finir**ais**
tu	parler**ais**	tu	finir**ais**
il/elle/on	parler**ait**	il/elle/on	finir**ait**
nous	parler**ions**	nous	finir**ions**
vous	parler**iez**	vous	finir**iez**
ils/elles	parler**aient**	ils/elles	finir**aient**

vendre (vender)	
je	vend**rais**
tu	vend**rais**
il/elle/on	vend**rait**
nous	vend**rions**
vous	vend**riez**
ils/elles	vend**raient**

J'**aimerais** faire un peu plus d'exercice.
*Eu **adoraria** fazer um pouco mais de exercício.*

Nous te **vendrions** volontiers ce canapé.
*Nós **venderíamos** esta poltrona para você com prazer.*

Os verbos com mudanças na ortografia e verbos com radicais irregulares no futuro (veja a seção, "Formas Irregulares do Futuro", anteriormente no capítulo) têm os mesmos radicais irregulares no condicional.

Il **voudrait** des conseils sur les vols.
*Ele **gostaria** de sugestões sobre os voos.*

Nous **serions** heureux de vous inviter.
*Nós **ficaríamos** contentes em convidá-lo.*

J'**achèterais** cet ordinateur si possible.
*Eu **compraria** o computador se possível.*

Marc m'a dit qu'il **irait** bientôt en Europe.
*Marc me disse que **iria** em breve para a Europa.*

Exercício 15.4

Crie frases completas no condicional usando os elementos dados.

1. je/aimer/sortir _____.
2. ils/vouloir/voyager _____.
3. Mathieu/aller/en Europe/si possible _____.
4. nous/venir/volontiers (*com prazer*) _____.
5. je/prendre/deux verres d'eau _____.
6. elles/être/heureuses de/nous accompagner _____.

O Futuro, o Condicional, Adjetivos e Pronomes Indefinidos 321

7. faire/tu/aussi/ce/voyage ? _____?

8. est-ce que/vous/revoir/ce film/avec nous ? _____?

Usos do Condicional

O presente do condicional em francês é parecido com futuro do pretérito em português quanto ao uso.

- Ele expressa desejos ou solicitações educadas, e é usado com mais frequência do que o imperativo (comando) em francês.

Je **voudrais** deux cafés, s'il vous plaît.

Eu gostaria de dois cafés, por favor.

Pourriez-vous me dire où se trouve la pharmacie ?

Você poderia me dizer onde fica a farmácia?

- O presente do condicional de **devoir** (*dever*) + infinitivo dá conselhos e recomendações.

Vous **devriez voir** le nouveau film de Michel Gondry.

Você deveria ver o novo filme de Michel Gondry.

- O condicional também expressa uma ação no futuro quando vista de um ponto no passado.

Je savais qu'elle y **réussirait**.

Eu sabia que ela passaria (na prova).

Les Dubois m'ont dit qu'ils **seraient** en retard.

Os Dubois me disseram que chegariam tarde.

- Como no português, o condicional em francês é usado na oração principal das frases com **si** (*se*). Use o **imparfait** após **si** para expressar uma situação hipotética: **Si j'avais le temps...** (*Se seu tivesse tempo,...*). Depois, use o presente do condicional na oração principal para dizer o que aconteceria se a condição da cláusula **si** fosse antedida: **... je lirais le journal tous les matins** (*... eu leria o jornal toda manhã*).

Si Marthe **avait** le temps, elle **voyagerait** plus.

Se Marthe tivesse tempo, viajaria mais.

Si je **pouvais**, je **ferais** la cuisine régulièrement.

Se eu pudesse, cozinharia regularmente.

Exercício 15.5

Traduza as frases para o francês, lembrando que o **imparfait** *vem diretamente após* **si** *(se) em uma oração hipotética. O condicional é usado na oração principal.*

1. Se eu estivesse livre, ficaria com você (*fam.*).

   _____.

2. Sabíamos que Armand viria.

   _____.

3. Se ele viesse à festa, ela ficaria contente.

   _____.

4. Se você (*fam.*) tivesse bastante dinheiro, viajaria?

   _____?

5. Você (*fam.*) deveria se exercitar.

   _____.

6. Se você (*fml.*) quisesse isso (**le**), eu compraria.

   _____.

7. Gostaríamos de pedir três xícaras de café.

   _____.

8. Léon nos disse que faria as tarefas.

   _____.

Exercício 15.6

Responda as perguntas pessoais usando uma oração com **si** *e o presente do condicional.*

1. Si vous étiez libre aujourd'hui, que feriez-vous ?

   _____.

2. Si des parents ou amis proches venaient vous voir, où iriez-vous ?

   _____.

3. Si vous aviez assez d'argent pour aider les pauvres, à qui ou à quoi en offririez-vous ?

   _____.

O Mais-que-Perfeito e o Condicional Passado

Outro tipo de oração hipotética, descrevendo um evento que *não* ocorreu porque as condições não foram atendidas, é expresso com o *mais-que-perfeito* (**le plus-que-parfait**) e o *condicional passado* (**le passé du conditionnel**). Esses dois tempos compostos no passado são fáceis de aprender porque são construídos com elementos já conhecidos.

O Mais-que-Perfeito

O mais-que-perfeito é um tempo composto (duas palavras). Ele dá a ideia de *tinha feito (algo)* em português. Indica uma ação passada que ocorreu *antes* de outra ação passada que pode ser declarada ou implícita.

O mais-que-perfeito é composto pelo **imparfait** dos verbos auxiliares **avoir** ou **être** + particípio passado do verbo principal.

J'**avais terminé** ce travail avant mon départ.
*Eu **tinha terminado** o trabalho antes de partir.*

Gilles **était** déjà **parti** (quand je suis arrivée).
*Gilles já **tinha saído** (quando eu cheguei).*

O mais-que-perfeito é usado com **quand** e **lorsque** (ambos significando *quando*) e o advérbio **déjà** (*já*); a ação mais recente é expressa no **passé composé** ou **imparfait**.

Lorsque nous avons appelé, Marie **s'était** déjà **couchée**.
Quando *nós telefonamos, Marie já* ***tinha ido para a cama****.*

Exercício 15.7

O que já tinha acontecido quando Charles chegou em casa? Complete as frases no mais-que-perfeito, traduzindo os elementos para o francês.

Quand je suis rentré,

1. Marc tinha ido para a cama. _____.
2. a vizinha tinha feito uma visita. _____.
3. as crianças tinham tomado banho. _____.

324 — O Passado e o Futuro, o Condicional e o Subjuntivo

4. os cachorros tinham dormido. _____.

5. a gente **(on)** tinha servido o jantar. _____.

6. Simone tinha ido para o aeroporto. _____.

7. nós dois **(tous les deux)** tínhamos trabalhado tarde. _____.

8. ninguém tinha lavado os pratos. _____.

O Condicional Passado

O condicional passado (**le passé du conditionnel**) expressa uma ação ou evento que teria ocorrido se algumas condições tivessem acontecido: *Nós teríamos vindo* (*se tivéssemos sabido*).

O condicional passado é um tempo composto, formado com o condicional do auxiliar (**avoir** ou **être**) + particípio passado do verbo principal.

j'aurais parlé   (*eu teria falado*)

nous serions sortis   (*nós teríamos saído*)

elles se seraient inquiétées   (*elas teriam ficado preocupadas*)

Nas operações hipotéticas de "pesar", o mais-que-perfeito vem após a oração com **si** e o condicional passado é usado na oração principal. O pesar reflete o que não aconteceu.

Si Mathilde **était partie** plus tôt, elle n'**aurait** pas **raté** son train.

*Se Mathilde **tivesse saído** mais cedo, não **teria perdido** o trem.*

Si tu en **avais goûté**, tu l'**aurais aimé**.

*Se você **tivesse provado**, teria gostado.*

Se as consequências ainda continuam, o *presente do condicional* (**le conditionnel**) pode ser usado após o mais-que-perfeito.

Si je ne **m'étais** pas **couchée** si tard, je ne **serais** pas fatiguée aujourd'hui.

*Se eu não **tivesse ido para cama** tão tarde, não **estaria** cansada hoje.*

Exercício 15.8

Traduza cada terminação da frase para o francês, usando o condicional passado.
Si je n'avais pas raté (perdido) mon train,

1. eu teria chegado na hora. _____.
2. eu teria visto o filme. _____.
3. teríamos chegado em casa mais cedo. _____.
4. você (*fam.*) não teria perdido as chaves. _____.
5. as crianças teriam ido para a cama. _____.
6. Cathy teria terminado o dever de casa. _____.
7. a vizinha teria nos encontrado. _____.
8. não teríamos levantado tão tarde hoje. _____.

Conselhos e Pesares

Você já usou o verbo **devoir** no presente do condicional para dar conselhos.

Tu **ne devrais pas manger** tant de sucre.	Você **não deveria comer** tanto açúcar.
Les étudiants **devraient faire** plus d'exercice.	Os alunos **deveriam exercitar-se** mais.

No condicional passado, **devoir** expressa uma repreensão ou pesar, para si mesmo ou outras pessoas.

Tu **aurais dû travailler** plus.	Você **deveria ter trabalhado (estudado)** mais.
Mes parents **auraient dû vendre** la ferme.	Meus pais **deveriam ter vendido** a fazenda.
Je **n'aurais jamais dû conduire** si vite !	Eu **nunca deveria ter dirigido** tão rápido!

Exercício 15.9

Leia sobre as situações de seus amigos e dê conselhos pessoais, usando o verbo **devoir**.

1. Seu amigo está trabalhando como louco para terminar um projeto que ele começou meses atrás.

   _____ .

2. Sua irmã está se exercitando demais.

   _____ .

3. Seu colega (use **vous**) traz almoços pouco saudáveis para o trabalho.

   _____ .

4. Et vous ? Y a-t-il quelque chose que vous regrettez ? Qu'est-ce que vous auriez dû faire ?

   _____ .

Tout e Outros Adjetivos e Pronomes Indefinidos

As formas de **tout** (*todo[a][s], tudo*) são usadas como adjetivos, pronomes e até advérbios. Outros adjetivos e pronomes indefinidos (como **d'autres, quelques, quelqu'un** etc.) também são usados de várias formas. É melhor aprendê-los em um contexto.

Formas e Usos de *tout*

Tout é usado como adjetivo, pronome plural, pronome neutro ou advérbio.

- Como adjetivo, **tout** (**toute/tous/toutes**) pode ser seguido de um artigo (**le, une** etc.), adjetivo possessivo (**mon, ses** etc.) ou adjetivo demonstrativo (**ce, cette** etc.).

  Nous avons roulé **tout** l'après-midi.
  Nós rodamos a tarde **toda**.

  Voilà. Je t'ai expliqué **toutes mes** difficultés.
  Veja. Eu expliquei **todos os meus** problemas para você.

  Ils ont mangé **tous ces** gâteaux ?
  Eles comeram **todos os** bolos?

- Os pronomes **tous** e **toutes** no plural significam *todos, todas, todo mundo, cada um[a], qualquer um[a]*. Quando o **tous** masculino no plural é um *pronome*, o **-s** final é pronunciado: [tus]. Porém, o **-s** da forma *adjetiva* **tous** no plural não é pronunciado: **tous** [tu] **les gâteaux**.

    Voici la liste de lectures. **Toutes** sont intéressantes.
    Veja a lista de leituras. **Todas** são interessantes.

    Ces clients veulent **tous** [tus] acheter le même costume !
    Todos esses clientes querem comprar o mesmo terno!

    J'ai à lire quelques études. Dans **toutes**, on parle du taux de criminalité.
    Eu tenho que ler várias matérias. Em **todas**, fala-se sobre a taxa de criminalidade.

- O pronome **tout** (masculino no singular) neutro significa *tudo, todo*. É usado como sujeito ou objeto.

    Est-ce que **tout** va bien ?
    Tudo vai bem?
    Vous avez **tout** compris ?
    Você entendeu **tudo**?
    Calme-toi. Tu ne peux pas **tout** faire.
    Relaxa. Você não pode fazer **tudo**.

Exercício 15.10

*Veja as atividades e descreva a viagem de Aimée à Tunísia usando o adjetivo **tout**, **tous**, **toute(s)** onde possível.*

EXEMPLO: goûter aux gâteaux tunisiens *J'ai goûté à tous les gâteaux tunisiens.*

1. voir le musée _____.
2. visiter la collection d'amphores (*ânforas*) _____.
3. marchander (*barganhar*) avec les vendeurs (*m.*) _____.
4. parcourir la vieille ville _____.
5. acheter des tapis (*m.*) _____.
6. faire le tour des mosquées (*f.*) _____.

Outros Pronomes e Adjetivos Indefinidos

Outras palavras e expressões em francês podem ser usadas como adjetivos e pronomes.

- As expressões a seguir têm as mesmas formas se antecedem um substantivo (como adjetivos) ou substituem um (como pronomes).

un(e) autre *(um[a] outro[a])*
d'autres *(m., f. pl.)* *(outros[as])*
les autres *(m., f. pl.)* *(os[as] outros[as])*

certain(e)s *(certo[a][s], algum[a][s])*
le/la/les même(s) *(o[a][s] mesmo[a][s])*
plusieurs (de) *(vários[as])*

Adjetivos

Mes autres projets sont terminés. | ***Meus outros** projetos terminaram.*

Plusieurs tableaux n'étaient pas encore accrochés. | ***Vários** quadros ainda não foram pendurados.*

Certains invités n'ont pas pu venir. | ***Certos** convidados não puderam vir.*

Pronomes

Ces films sont passionnants. **D'autres** sont moins intéressants. | *Esses filmes são fascinantes. **Outros** são menos interessantes.*

— Oui, j'en ai vu **certains**. | *— Sim, eu vi **alguns**.*

— Nous avons peut-être regardé **les mêmes**. | *— Talvez nós assistimos **os mesmos**.*

- As expressões indefinidas a seguir têm formas *separadas* para o adjetivo e o pronome:

Adjetivos

quelques *(pl., invariável)* (+ *substantivo*) *alguns(as), vários(as)*
chaque *(sing., invariável)* (+ *substantivo*) *cada, todo(a)*

Pronomes

quelqu'un *(invariável)* *alguém, qualquer um*
quelqu'un de (+ *adj. masc.*) *alguém, qualquer um (+ adj.)*
quelque chose *alguma coisa, qualquer coisa*
quelque chose de (+ *adj. masc.*) *algo, qualquer coisa (+ adj.)*
quelques-uns/quelques-unes *(pl.)* *algum(a)(s)*

chacun/chacune *cada um(a)*

Le public a offert **quelques** idées.	*O público deu **algumas** ideias.*
Chaque élève apporte son propre goûter.	*Cada aluno traz seu próprio lanche.*
Il y a **quelqu'un** ?	*Alguém por aqui?*
Je cherche **quelqu'un de** libre.	*Eu procuro alguém (que esteja) livre.*
Elle n'a rien à offrir. Tu as **quelque chose** ?	*Ela não tem nada a oferecer. Você tem algo?*
Didier veut **quelque chose de** moins cher.	*Didier quer algo menos caro.*
Quelques-unes de mes amies viendront plus tard.	*Algumas amigas virão mais tarde.*
Nous avons vingt membres. J'ai envoyé un mail à **chacun**.	*Temos 20 membros. Eu enviei um e-mail a cada um.*

Não, Ninguém, Nenhum, Nada

Ne... aucun(e) ou **aucun(e)... ne...** (*não, ninguém, nenhum, nada*) é usado como um adjetivo ou pronome na negativa. É singular e concorda em gênero com o substantivo sendo usado. Como pronome, é o sujeito da frase.

Où est le patron ?	*Onde está o chefe?*
— Je **n'**en ai **aucune** idée.	*— **Não** tenho ideia.*
Mes employés ? **Aucun ne** pose de problèmes.	*Meus funcionários? **Nenhum** me dá problema.*

Exercício 15.11

Leia as linhas em voz alta, fazendo as substituições necessárias e mudanças nas frases oralmente.

1. *Plusieurs* amis ont appelé. (Quelques, Les mêmes, Tous ses, Chaque)
2. *Certains* voulaient emprunter de l'argent. (Tous, Plusieurs, Chacun)
3. *D'autres* vous ont invité. (Quelqu'un, Chacun, Les mêmes, Quelques-unes, Plusieurs)

Vocabulário-chave

À la banque (Negócios e Banco)

Assuntos financeiros acompanham as viagens. Na Europa, muitas transações podem ser feitas nas agências dos correios. A moeda geralmente é trocada em um **bureau de change** e caixas eletrônicos (**un DAB**) existem por todo lugar.

un acompte	*sinal, pagamento inicial*
la banque	*banco*
le/la banquier (-ière)	*banqueiro(a)*
des billets (de 10€) (*m.*)	*cédulas de (10€)*
un bureau de change	*câmbio*
la caisse	*caixa do banco*
le carnet de chèques	*talão de cheques*
la carte de crédit	*cartão de crédito*
la carte de paiement	*caixa eletrônico/cartão de débito*
le/la cassier (-ière)	*caixa*
changer de l'argent	*trocar moeda*
le chèque	*cheque*
le chèque sans provision	*cheque sem fundo*
les chèques de voyage	*cheque de viagem*
le coffre-fort	*cofre*
le coffre de sureté	*caixa-forte*
le compte en banque	*conta bancária*
le compte courant	*conta corrente*
le compte d'épargne	*poupança*
le cours/le taux du change	*taxa de câmbio*
déposer/verser de l'argent	*depositar em dinheiro*
un dépôt en banque	*depósito bancário*
le dépôt de garantie	*caução*
le distributeur (de billets) (DAB)	*caixa eletrônico*
emprunter ≠ prêter	*pedir emprestado ≠ emprestar*
endosser un chèque	*assinar um cheque*
des espèces (*f.*)	*em espécie*
faire de la monnaie	*trocar dinheiro*
la fiche/le bordereau	*comprovante de depósito*
les frais (*m.*)	*despesas*
les grosses coupures (*f.*)	*notas grandes*
le guichet	*guichê (caixa)*

O Futuro, o Condicional, Adjetivos e Pronomes Indefinidos 331

les heures d'ouverture (f.)	horário de funcionamento
l'hypothèque (f.)	hipoteca
les impôts (m.)	impostos
un livret	caderneta
le mandat	ordem de pagamento
la monnaie	moeda; troca
la petite monnaie	dinheiro trocado
le montant	soma, total
ouvrir un compte	abrir uma conta
le paiement	pagamento
payer les factures	pagar as contas
la poste (la PTT)	agência dos correios
retirer de l'argent	sacar dinheiro
le retrait	saque
le taux d'intérêt	taxa de juros
toucher un chèque	descontar um cheque
transférer	transferir
le transfert de fonds	transferência de fundos

 Exercício 15.12

Responda as perguntas usando o vocabulário da lista anterior.

1. Vous venez d'arriver dans un pays francophone. Trouvez les termes ci-dessus (*acima*) qui correspondent à ce que vous devez faire le premier jour.

   _____

2. Si vous alliez rester un an dans le pays, qu'est-ce que vous auriez besoin de faire ?

   _____

3. Qu'avez-vous fait la dernière fois que vous êtes allé(e) à la banque ? Quelles transactions avez-vous faites ? Avec qui avez-vous parlé ?

   _____.

Interpretação de Texto

Rêves d'avenir

Je ne suis ni **avare** ni particulièrement ambitieux. Au début, je voudrais avoir une vie assez aventureuse (je ne crains pas le risque) mais aussi **saine** et productrice. On m'a parlé de certaines professions où on gagne **un tas d'**argent, mais qui **à la longue** se révèlent **décevantes**, sur le plan intellectuel ou de la satisfaction. Je sais que les Français se voient depuis longtemps hostiles à l'idée de l'argent **en soi**. Quelles en sont les raisons ? On dit que ça s'explique par l'excellente sécurité sociale dont bénéficient tous les citoyens : **assurances** médicales, vacances annuelles, allocations familiales, **assurance chômage**, pension de retraite, etc. Est-ce qu'on travaille moins en France parce que ces systèmes fonctionnent bien ? Peut-être. Mais, moi, je sais que cette attitude culturelle date depuis **des siècles** (« l'argent ne fait pas **le bonheur** »). Même aujourd'hui, face aux grands entrepreneurs et au matérialisme contemporain auquel presque tout le monde **se plaît**, le Français se dit que gagner l'argent pour l'argent est **méprisable**. Les vraies **valeurs** se trouvent **ailleurs**.

Qu'est-ce que je ferai dans dix ans ? J'aurai assez pour vivre, **un boulot** qui me plaira (dans le domaine de la sociologie peut-être), une vie de famille solide et une maison confortable avec un jardin. Je lirai beaucoup, je jouerai au tennis et nous ferons des voyages à l'étranger. Mais pour le moment, il me faut trouver un job d'été...

  rêves d'avenir (*m.*)   *sonhos para o futuro*
  avare   *mesquinho*
  sain(e)   *saudável*
  un tas de/d'   *muito, um monte de (fam.)*
  à la longue   *em longo prazo*
  décevant(e)(s)   *decepcionantes*
  en soi   *em si*
  des assurances (*f.*)   *seguros*
  l'assurance chômage (*f.*)   *seguro desemprego*
  des siècles (*m.*)   *séculos*
  le bonheur   *felicidade*
  se plaît (**se plaire à**)   *desfruta*
  méprisable   *insignificante, desprezível*
  les valeurs (*f.*)   *valores*
  ailleurs   *em outro lugar*
  un boulot   *um trabalho (fam.)*

O Futuro, o Condicional, Adjetivos e Pronomes Indefinidos 333

Perguntas

Após a leitura do texto, responda as perguntas em francês.

1. Que pensez-vous de l'attitude que décrit ce narrateur ? À votre avis, est-ce logique ?

   _____ .

2. L'attitude envers (*em relação a*) l'argent est-elle différente dans votre pays ? En quoi diffère-t-elle ?

   _____ .

3. À votre avis, est-ce que les diverses classes sociales ont des idées différentes à cet égard ? Pourquoi ?

   _____ .

4. Et vous ? Où serez-vous dans dix ans ? Que ferez-vous ?

   _____ .

16

O Subjuntivo

O Modo Subjuntivo

Falamos sobre o *tempo* (passado, presente, futuro) de um verbo, mas também podemos falar sobre o *modo*. Você usou o modo *indicativo* o tempo todo: ele expressa fatos e faz perguntas. O *condicional* (Capítulo 15) é um modo que expressa uma ação que depende de outras condições.

O modo *subjuntivo* expressa os sentimentos do falante sobre uma ação ou estado de ser. Geralmente diz respeito à necessidade, importância ou solicitação. Em português, por exemplo:

Indicativo	Subjuntivo
Ela vai para o trabalho às oito.	É necessário *que ela vá* trabalhar às oito.
Nós somos pontuais.	Eles pediram *que nós sejamos* pontuais.

Em português, escolher o subjuntivo dá uma impressão formal. Mas, em francês, para certos contextos gramaticais em particular, o subjuntivo deve ser usado.

O subjuntivo em francês geralmente aparece na segunda parte de uma frase com oração subordinada. Ela é ligada à primeira por **que/qu'** (*que*).

O verbo da oração principal pode estar no presente, passado ou futuro, ao passo que o verbo da segunda fica no *presente* do subjuntivo.

Oração Principal (Indicativo)	+ *que/qu'* +	Oração Subordinada (Subjuntivo)
Il faut	que	tu **fasses** la vaisselle.
É necessário	*que*	*você **lave** os pratos.*
Il fallait	que	tu **fasses** la vaisselle.
Era necessário	*que*	*você **lavasse** os pratos.*

| | O Subjuntivo | 335 |

Il est nécessaire	qu'	il **sorte** plus.
É necessário	*que*	*ele **saia** mais.*
Il sera nécessaire	qu'	il **sorte** plus.
Será necessário	*que*	*ele **saia** mais.*

Formas do Presente do Subjuntivo

Para todos, exceto dois verbos (**être** e **avoir**), retire o **-ent** final da terceira pessoa do plural do presente do indicativo (**ils/elles finissent**) e acrescente as terminações do subjuntivo: **-e, -es, -e, -ions, -iez** e **-ent**.

Os verbos irregulares (veja a seção "Subjuntivos Irregulares" a seguir) usam as mesmas terminações, mas pode haver *radicais* irregulares no presente do subjuntivo. É melhor aprender as formas individualmente ou em pequenos grupos.

O Presente do Subjuntivo

	parler	finir	vendre	dormir
	(FALAR)	*(TERMINAR)*	*(VENDER)*	*(DORMIR)*
que je	parl**e**	finiss**e**	vend**e**	dorm**e**
que tu	parl**es**	finiss**es**	vend**es**	dorm**es**
qu'il/elle/on	parl**e**	finiss**e**	vend**e**	dorm**e**
que nous	parl**ions**	finiss**ions**	vend**ions**	dorm**ions**
que vous	parl**iez**	finiss**iez**	vend**iez**	dorm**iez**
qu'ils/elles	parl**ent**	finiss**ent**	vend**ent**	dorm**ent**

Il est important **que tu choisisses** tes amis.
*É importante **que você escolha** seus amigos.*

Il ne faut pas **que tu t'endormes** trop tôt.
*Você não deve **dormir** cedo demais.*

Algumas formas no subjuntivo lembram o presente do indicativo e o **imparfait**. O contexto mostrará se o verbo está no subjuntivo. Por exemplo, procure uma oração que começa com **que/qu'**.

Exercício 16.1

Mude as formas do verbo no subjuntivo do singular para plural ou vice-versa (que je se torna que nous ; que tu se torna que vous ; qu'il/qu'elle se torna qu'ils/qu'elles).

1. que je choisisse _____
2. que tu achètes _____
3. que vous dormiez _____
4. que nous parlions _____
5. qu'il finisse _____
6. qu'elles vendent _____
7. que j'entende _____
8. que tu partes _____

Subjuntivos Irregulares

Como mencionado antes, todos os verbos em francês, exceto **être** e **avoir**, usam as terminações do subjuntivo **-e, -es, -e, -ions, -iez** e **-ent**. Os verbos a seguir mostram irregularidades nos *radicais*.

Verbos com um Segundo Radical no Subjuntivo

Como os verbos regulares, alguns irregulares derivam o radical do subjuntivo da forma **ils/elles** do presente do indicativo. Outros usam um *segundo radical* em **nous** e **vous** do subjuntivo, derivado do radical de **nous** do presente do indicativo: **nous pren*ons*: que nous pren*ions*** e **que vous pren*iez***.

		Indicativo	Subjuntivo
boire	(*beber*)	ils/elles boivent	que je **boive**
		nous buvons	que nous **buvions**
croire	(*acreditar*)	ils/elles croient	que je **croie**
		nous croyons	que vous **croyiez**
devoir	(*dever*)	ils/elles doivent	que je **doive**
		nous devons	que nous **devions**
prendre	(*pegar*)	ils/elles prennent	que je **prenne**
		nous prenons	que vous **preniez**
recevoir	(*receber*)	ils/elles reçoivent	que je **reçoive**
		nous recevons	que nous **recevions**
venir	(*vir*)	ils/elles viennent	que je **vienne**
		nous venons	que vous **veniez**
voir	(*ver*)	ils/elles voient	que je **voie**
		nous voyons	que nous **voyions**

| | | O Subjuntivo | | 337 |

Il faut que Robert **boive** moins ! *É preciso que Robert **beba** menos!*
Il est important que vous **voyiez** *É importante que você **veja** o*
le patron. *chefe.*

Mais Sete Formas Irregulares do Subjuntivo

Diversos verbos irregulares têm radicais do subjuntivo completamente irregulares. E mais, as formas **nous** e **vous** de **être**, **avoir**, **aller** e **vouloir** têm radicais únicos em sua conjugação.

	faire	pouvoir	savoir
	(FAZER)	*(PODER)*	*(SABER)*
que je	**fasse**	**puisse**	**sache**
que tu	**fasses**	**puisses**	**saches**
qu'il/elle/on	**fasse**	**puisse**	**sache**
que nous	**fassions**	**puissions**	**sachions**
que vous	**fassiez**	**puissiez**	**sachiez**
qu'ils/elles	**fassent**	**puissent**	**sachent**

	être	avoir	aller	vouloir
	(SER/ESTAR)	*(TER)*	*(IR)*	*(QUERER)*
que je	**sois**	**aie**	**aille**	**veuille**
que tu	**sois**	**aies**	**ailles**	**veuilles**
qu'il/elle/on	**soit**	**ait**	**aille**	**veuille**
que nous	*soyons*	*ayons*	*allions*	*voulions*
que vous	*soyez*	*ayez*	*alliez*	*vouliez*
qu'ils/elles	**soient**	**aient**	**aillent**	**veuillent**

Pour réussir au travail, il faut que vous **soyez** à l'heure, que vous **fassiez** de votre mieux, que vous **ayez** de la patience et que vous **sachiez** vous entendre avec vos collègues.

*Para ter sucesso no trabalho, é preciso que você **seja** pontual, **faça** o seu melhor, **seja** paciente e **saiba como** conviver com os colegas.*

Pronúncia de *avoir* e *aller* no Subjuntivo

Pratique a pronúncia de **avoir** (*ter*) e **aller** (*ir*).

que j'**aie**	[e]	que j'**aille**	[ai]
qu'elles‿**aient**	[e]	qu'ils‿**aillent**	[ai]

Exercício 16.2

Complete as frases com o presente do subjuntivo usando os verbos entre parênteses.

1. Il faut que tu _____ à l'heure. (être)
2. Il est essentiel qu'il _____ de son mieux. (faire)
3. Il est important que nous _____ au bureau. (aller)
4. Il ne faut pas que vous y _____ trop tard. (rester)
5. Il n'est pas essentiel que je _____ tout aujourd'hui. (faire)
6. Il faut que nous _____ contents. (être)
7. Il est nécessaire qu'elle _____ réussir. (vouloir)
8. Il n'est pas important qu'ils _____ toujours raison. (avoir)
9. Il est important que tu _____ l'adresse. (savoir)
10. Il faut que vous _____ me comprendre. (pouvoir)

Exercício 16.3

Leia o comentário de seu amigo e lhe dê um conselho pessoal, usando **il faut que tu...** *ou outra expressão de necessidade.*

1. Je veux trouver de nouveaux amis. _____.
2. Je veux parler mieux le français. _____.
3. Il y a trop de stress dans ma vie. _____.
4. Comment passer le week-end ? _____.

Usos do Subjuntivo

O subjuntivo ocorre nas orações subordinadas após orações principais específicas: expressões de *necessidade, opinião, emoção, possibilidade* e *dúvida*, tanto impessoais quanto pessoais. As duas orações devem ter sujeitos diferentes, com o **il** impessoal ou uma pessoa específica na primeira.

O Subjuntivo com Expressões de Necessidade

As expressões impessoais de necessidade incluem estas orações principais:

il est essentiel de/que   (*é essencial/que*)
il est important de/que   (*é importante/que*)
il est indispensable de/que   (*é indispensável/crucial/que*)
il est nécessaire de/que   (*é necessário/que*)
il est temps de/que   (*é hora de*)
il faut (que)   (*é preciso/que, deve-se*)
il ne faut pas (que)   (*não se deve*)
il vaut mieux (que)   (*é melhor/que*)

Il était temps **que** tu **fasses** ce voyage.	*Era hora **de** você **fazer** aquela viagem.*
Il vaut mieux **que** je **m'en aille**.	*É **melhor que** eu **vá**.*
Il faudra **que** les électeurs **prennent** la décision.	*Será necessário que os eleitores **tomem** uma decisão. (Os eleitores terão que **tomar** uma decisão.)*

Antes de um infinitivo, as expressões impessoais de necessidade (**il faut, il est nécessaire de** etc.) expressam uma obrigação *geral*. Exceto os verbos **falloir** e **valoir**, todos usam a preposição **de/d'** antes de um infinitivo.

Il fallait arriver au bureau avant neuf heures.	*É **preciso chegar** no escritório antes das nove horas.*
Il est important de bien **faire** attention.	*É **importante** prestar muita atenção.*

Falando de *falloir* **e** *valoir*

Falloir (é preciso) e **valoir** (é melhor), seguidos de infinitivo ou oração no subjuntivo com **que**, são usados na forma impessoal apenas (com **il**). Note que a tabela a seguir também revê todas as conjugações verbais aprendidas. Consulte o Sumário ou Índice deste livro para ver os capítulos que apresentam as conjugações.

	falloir	valoir mieux	
	(SER PRECISO)	*(É MELHOR [QUE])*	
presente	**il faut**	**il vaut mieux**	(que je parte)
passé composé	**il a fallu**	**il a mieux valu**	(que je parte)
imparfait	**il fallait**	**il valait mieux**	(que je parte)
futuro próximo	**il va falloir**	**il va mieux valoir**	(que je parte)
futuro	**il faudra**	**il vaudra mieux**	(que je parte)
condicional	**il faudrait**	**il vaudrait mieux**	(que je parte)
condicional passado	**il aurait fallu**	**il aurait mieux valu**	(que je parte)
mais-que-perfeito	**il avait fallu**	**il avait mieux valu**	(que je parte)

Il va falloir **que nous partions** tôt.	*Será preciso **que partamos** cedo.*
Il va falloir **partir** tôt.	*Será preciso **partir** cedo.*
Il valait mieux **que tu fasses** ton jogging.	*Era melhor **que você tivesse ido** correr.*
Il valait mieux **faire** ton jogging.	*Era melhor **ir** correr.*

O Subjuntivo com Outras Expressões Impessoais

Outras expressões impessoais representam *opinião, emoção, possibilidade* ou *dúvida*. Como **il faut** etc., o uso do infinitivo na oração subordinada cria uma generalização; o uso do subjuntivo o torna pessoal.

Opinião e Emoção

il est bizarre de/que   (*é bizarro [estranho]/que*)

il est bon de/que   (*é bom/que*)

il est dommage de/que   (*é uma pena/que*)

il est étrange de/que   (*é estranho/que*)

il est injuste de/que   (*é injusto/que*)

il est inutile de/que   (*é inútil/que*)

il est juste de/que   (*é justo/que*)

il est préférable de/que   (*é preferível/a*)

il est regrettable de/que   (*é lamentável/que*)

il est utile de/que   (*é útil/que*)

Il est dommage qu'Hélène soit en retard.
É uma pena que Hélène esteja atrasada.

Il serait utile que tu lises les dossiers.
Seria útil você ler os arquivos.

Il est préférable de manger plus de légumes.
É preferível comer mais legumes.

Il est injuste de ne pas **pouvoir** porter plainte.
É injusto não poder denunciar.

Possibilidade e Dúvida

il est douteux que   (*é duvidoso que*)
il est impossible de/que   (*é impossível/que*)
il est peu probable que   (*é improvável que*)
il est possible de/que   (*é possível/que*)
il semble que   (*parece que*)
il se peut que   (*é possível que*)

Algumas expressões (**il est douteux, il est peu probable, il se peut** e **il semble**) *não podem* ser usadas com o infinitivo; são sempre seguidas de **que/qu'** + subjuntivo.

Il est douteux que cette loi **soit** approuvée.
É duvidoso que a lei seja aprovada.

Il se peut que nos amis **s'en aillent** tôt.
É possível que nossos amigos saiam cedo.

Exercício 16.4

Dando conselho a um amigo, combine os elementos nas duas colunas para criar seis frases no caso afirmativo ou negativo. Use uma expressão impessoal + **que tu...** *.*

1. il est dommage   faire de ton mieux
2. il est bon   choisir bien ta carrière
3. il est douteux   pouvoir avoir un bon salaire
4. il se peut   aller dans une autre ville
5. il est bizarre   s'ennuyer
6. il est utile   savoir t'avancer

Expressões Impessoais com o Indicativo

Quando as expressões impessoais implicam *certeza* ou *probabilidade*, elas são seguidas pelo *indicativo* na oração subordinada.

il est certain que (*é certo que*)
il est clair que (*está claro que*)
il est évident que (*é evidente que*)
il est probable que (*é provável que*)
il est sûr que (*é seguro que*)
il est vrai que (*é verdade que*)

Il est probable qu'ils sont chez eux aujourd'hui.
É provável que eles estejam em casa hoje.

Il est évident qu'il y a assez de place.
É evidente que há bastante espaço.

Mas, nas frases *negativas* ou *interrogativas* com essas expressões, o subjuntivo é usado na segunda oração para expressar incerteza, dúvida ou conjectura.

Il n'est pas certain que je puisse vous rejoindre.
Não é certeza de que eu possa me encontrar com vocês.

Est-il vrai qu'elle fasse toujours du violon ?
É verdade que ela ainda toca violino?

Exercício 16.5

*Crie frases no afirmativo (**que** seguido do futuro) ou no negativo (**que** seguido de subjuntivo), iniciando com uma expressão impessoal como Il (n')est (pas) vrai que... .*

1. je/devenir/célèbre _____.
2. nous/pouvoir/retourner/dans la lune _____.
3. les artistes/être/appréciés _____.
4. les gens/cesser d'avoir/des enfants _____.
5. je/faire/une découverte importante _____.
6. mon copain/écrire/un best-seller _____.

O Subjuntivo com Expressões Pessoais de Vontade, Emoção e Dúvida

Expressões pessoais de vontade, preferência, emoção e dúvida requerem o subjuntivo na oração subordinada *se há uma mudança de sujeito*. Se não houver nenhuma mudança, use um infinitivo.

Je **préfère que tu** le **fasses**.	*Eu **prefiro que você** o **faça**.* (dois sujeitos)
Je **préfère** le **faire** moi-même.	*Eu **prefiro fazer** eu mesmo.* (um sujeito)

- *Expressões pessoais de vontade e preferência*

    aimer mieux que (*preferir, gostar mais*)
    aimer que (*gostar, amar*)
    demander que (*perguntar*)
    désirer que (*desejar, querer*)
    exiger que (*exigir, requerer*)
    préférer que (*preferir*)
    souhaiter que (*desejar, ter esperança*)
    vouloir bien que (*querer*)
    vouloir que (*querer, desejar*)

O verbo **espérer** (*esperar*) sempre é seguido pelo *indicativo*, nunca pelo subjuntivo. Quando é seguido pelo futuro do indicativo, **espérer** geralmente é usado no lugar de **souhaiter** (*desejar, ter esperança*) e também evita o uso do subjuntivo (que sempre segue **souhaiter que**).

344 | O Passado e o Futuro, o Condicional e o Subjuntivo

Papa **espère que** tu **seras** heureux.

*Papai **espera que** você **fique** contente.*

Papa **souhaite que** tu **sois** heureux.

*Papai **tem esperança que** você **fique** contente.*

Je **voudrais partir** assez tôt.

*Eu **gostaria de sair** bem cedo.*

Nos amis **exigent que** nous **soyons** à l'heure.

*Nossos amigos **querem que** nós **sejamos** pontuais.*

- *Expressões pessoais de emoção*

avoir peur que/de   (*ter medo de*)
être content(e) que/de   (*estar contente por/que*)
être désolé(e) que/de   (*estar triste por/que*)
être furieux (furieuse) que   (*estar furioso por/que*)
être heureux (heureuse) que/de   (*estar feliz por/que*)
être ravi(e) que/de   (*estar encantado, feliz por/que*)
regretter que/de   (*lamentar por/que*)
être surpris(e) que/de   (*estar surpreso por/que*)

Je **regrette que** tu ne **puisses** pas me rejoindre.

*Eu **lamento que** você **não possa** vir comigo (me encontrar).*

Mes parents **sont ravis que** nous y **allions**.

*Meus pais **estão felizes porque** vamos lá.*

Avez-vous **peur qu'il neige** ?

*Você **tem medo de que neve (possa nevar)**?*

Elle **serait heureuse de dîner** avec nous.

*Ela **ficaria contente por jantar** conosco.*

- *Expressões pessoais de dúvida e incerteza*

je doute que   (*eu duvido que*)
je ne suis pas sûr(e) que/de   (*não tenho certeza que*)
je ne suis pas certain(e) que/de   (*não estou certo[a] que*)

Les jeunes **doutent que** leurs parents **aient** raison.

*Os jovens **duvidam que** seus pais **estejam** certos.*

Ariane **n'est pas sûre de pouvoir** venir ce soir.

*Ariane **não tem certeza se pode** vir esta noite.*

Vous **n'êtes pas certains qu'ils sachent** l'adresse ?

*Você **não está certo de que** eles **sabem** o endereço?*

O Subjuntivo

Os verbos **penser** (*pensar*) e **croire** (*acreditar*) podem (opcionalmente) ser seguidos pelo subjuntivo, mas apenas quando usados em uma frase *negativa* ou *interrogativa*.

Tu ne penses pas que le patron **ait** de bonnes idées ?   *Você não acha que* o chefe **tem** *boas ideias?*

Croyez-vous que le bus **soit** à l'heure ?   *Você acredita que* o ônibus *chegará na hora?*

Exercício 16.6

Crie frases completas com os elementos fornecidos. Na segunda oração, use o presente do subjuntivo (se houver dois sujeitos na frase) e ou um infinitivo (se houver apenas um).

1. je/douter que/on/savoir/quoi faire _____.
2. nous/préférer/se mettre d'accord _____.
3. les profs/exiger que/nous/apprendre _____.
4. nous/avoir peur que/le train/être en retard _____.
5. mon père/regrette de/quitter son emploi _____.
6. elle/espérer/voyager/en été _____.
7. vous/ne pas être sûrs que/je/réussir _____.
8. le patron/vouloir que/tu/revenir _____.

Exercício 16.7

Complete as frases com uma declaração pessoal.

1. Je regrette que/de _____.
2. Ma sœur est ravie que/de _____.
3. Je suis furieux (-euse) que _____.
4. Les électeurs sont surpris que _____.
5. Mon meilleur ami doute que _____.

Pretérito Perfeito do Subjuntivo com *avoir* ou *être*

O *pretérito perfeito do subjuntivo*, formado com o subjuntivo de **avoir** ou **être** + particípio passado, é usado em situações específicas.

Indica a opinião ou sentimento do primeiro sujeito sobre algo que *já ocorreu*. O verbo no pretérito perfeito do subjuntivo vem após **que** e sempre introduz o segundo sujeito.

Elle est mécontente que **nous ne soyons pas venus**.	Ela está triste porque **não viemos**.
Je suis ravie que **tu aies réussi** !	Eu estou feliz porque **você passou** (na prova)!
Il est dommage qu'**Annie soit tombée malade**.	É uma pena que **Annie tenha ficado doente**.

Subjuntivo versus Infinitivo

O francês falado geralmente evita o subjuntivo substituindo uma oração no subjuntivo pelo infinitivo ou escolhendo a forma preposicional de certas conjunções. Compare as seguintes frases:

Je demande **que tu fasses** le lit.	Eu peço **que você arrume** a cama.
Je **te** demande **de faire** le lit.	Eu pedi **para arrumar** a cama.
Il faut **que nous nous entraînions**.	É necessário **que nós treinemos**.
Il faut **nous entraîner**.	É necessário **treinar**.
Nous devons **nous entraîner**.	Nós devemos **treinar**.

As conjunções na coluna esquerda abaixo requerem o subjuntivo. Porém, elas têm *preposições* simples ou locuções correspondentes, que são mais fáceis de usar. As preposições (na coluna do meio) antecedem um infinitivo. Tais frases têm um sujeito simples.

à condition que	**à condition de**	*contanto que*
afin que	**afin de**	*a fim de*
à moins que	**à moins de**	*a menos que*
avant que	**avant de**	*antes de*
pour que	**pour**	*para que*
sans que	**sans**	*sem*

O Subjuntivo 347

On mange bien **pour rester** en bonne santé.
*Comemos bem **para ter** boa saúde.*

Simon retrouve son sac à dos **avant de sortir**.
*Simon achou sua mochila **antes de sair**.*

Je serai avec vous, **à moins d'avoir** à travailler.
*Eu encontrarei você, **a menos que tenha** que trabalhar.*

Exercício 16.8

Dê uma resposta pessoal (afirmativa ou negativa) a cada pergunta, usando a preposição dada entre parênteses. Cada resposta terá um sujeito (**je**).

1. Pourquoi étudiez-vous le français ? (pour) _____.
2. Allez-vous déménager ? (à condition de) _____.
3. Changerez-vous d'emploi ? (à moins de) _____.
4. Partirez-vous en voyage ? (avant de) _____.
5. Pouvez-vous travailler la nuit ? (sans) _____.

Vocabulário-chave

Liens d'amitié (Laços de Amizade)

Ter habilidades em um novo idioma é muito valioso ao encontrar novos amigos e colegas. Você já conhece grande parte do vocabulário e construções necessários. Reveja as Saudações no início do livro.

Je voudrais vous (te) présenter…	*Eu gostaria de apresentar…*
Voici mon ami(e)…	*Este é meu[minha] amigo[a]…*
Je m'appelle…	*Meu nome é…*
Enchanté(e) (d'avoir fait votre connaissance).	*Prazer em conhecer você.*
Moi de même.	*Igualmente.*
D'où venez-vous ? (D'où êtes-vous ?)	*De onde você é?*
Depuis quand êtes-vous à… ?	*Há quanto tempo você está…?*
Combien de temps allez-vous rester ici ?	*Quanto tempo você ficará aqui?*

Où habitez-vous ?	*Onde você mora?*
Que faites-vous dans la vie ?	*O que você faz?*
Vous avez une famille ? des enfants ?	*Você tem família? Filhos?*
À quoi vous intéressez-vous ?	*Quais são seus interesses?*
Vous aimez les sports (l'art, le cinéma…) ?	*Você gosta de esportes (arte, filmes…)?*
Êtes-vous libre de… ? (Tu es libre de… ?)	*Você está livre para…?*
Voudriez-vous (Veux-tu) y aller ensemble ?	*Você gostaria de ir lá junto?*
Oui, d'accord. Avec plaisir.	*Sim, combinado. Com prazer.*
Volontiers.	*Com satisfação.*
Oui, j'aimerais bien. (Oui, je voudrais bien.)	*Sim, gostaria.*
Désolé(e), je suis occupé(e).	*Desculpe, estou ocupado(a).*
C'est dommage. Je suis pris(e) ce soir-là.	*Que pena. Estou ocupado(a) à noite.*
Pourriez-vous venir nous (me) voir… ?	*Você poderia nos (me) ver…?*
Je pourrais venir vous chercher, si vous voulez.	*Eu posso vir para pegá-lo, se quiser.*
Je peux (Nous pouvons) vous téléphoner ?	*Eu posso (Nós podemos) lhe telefonar?*
Quel est votre numéro de téléphone ?	*Qual é o número de seu telefone?*
Quelle est votre adresse ? votre adresse courrielle ?	*Qual é seu endereço? Seu e-mail?*
Nous vous attendrons (Je vous attendrai) à…	*Vamos (Vou) esperar por você…*

Exercício 16.9

Use a lista de vocabulário e sua própria experiência para responder as perguntas.

1. Vous faites la connaissance d'un(e) collègue, d'un(e) camarade de classe ou d'un(e) voisin(e). Posez-lui plusieurs questions.

   _____.

2. On vous invite à sortir, mais vous devez refuser. Comment refuser poliment ?

   _____.

3. Vous avez un ami assez timide. Donnez-lui des conseils pour faire la connaissance de quelqu'un.

   _____.

 Interpretação de Texto

Créer des liens

Comment créer des liens avec **autrui** ? On dit que de nos jours, il devient de plus en plus difficile de faire connaissance avec les autres et de se faire de véritables amis. Les circonstances de la vie moderne **ne se prêtent pas** bien à la création de liens : les longues heures de travail et de transport urbain et de **banlieue**, les **grands immeubles pleins d'**appartements où les voisins **ne se voient guère**, la disparition graduelle des petits commerces et des cafés du quartier. Même le mauvais temps peut y contribuer, si on ne sort pas de chez soi. Enfin, nous disposons d'un vaste monde virtuel : la télévision, Internet, les blogs et les jeux électroniques, même les lecteurs MP3. Tous servent à nous rendre isolés tout en nous donnant l'illusion de ne pas l'être. On peut même être seul **au sein de** la famille. Si on le leur demandait, les **internautes** et les téléspectateurs **nieraient** être isolés.

Et pourtant nous avons besoin les uns des autres. Il est clair qu'entre amis la vie et la conversation s'améliorent, **la santé** physique et mentale aussi. Des études scientifiques l'ont prouvé. Quoi faire alors ? Il faut d'abord comprendre qu'on a besoin de l'autre. Il est indispensable que les communautés se mettent à créer des opportunités de se réunir et qu'elles sachent attirer des personnes de diverses générations et de divers intérêts : le sport, la politique, l'artisanat, le volontarisme, la musique, le jardinage, les livres… Ce ne sera pas facile au début, mais il faudra le faire.

créer des liens   (*criar laços*)
autrui   (*outras pessoas*)
ne se prêtent pas   (*não servem para*)
de banlieue   (*periferia*)
de grands immeubles (*m.*)   (*grandes prédios residenciais*)
plein(e)(s) de   (*cheio[a][s], repleto[a][s]*)
ne se voient guère   (*dificilmente se veem*)
au sein de   (*no seio da*)
internautes (*m., f.*)   (*internautas*)
nieraient   (*negariam*)
la santé   (*saúde*)

Perguntas

Após ler o texto, responda as perguntas em francês.

1. Donnez un résumé du passage, en une ou deux phrases, si possible.

_____

_____ .

2. Êtes-vous d'accord avec cet auteur ? Avez-vous eu cette expérience ?

_____

_____ .

3. À votre avis, quelle en est la solution ?

_____

_____ .

4. Et vous, comment créez-vous des liens ?

_____

_____ .

Gabarito

As respostas na forma de perguntas geralmente são mostradas com inversão. Os exemplos de respostas para perguntas pessoais são identificados com *As respostas podem* variar.

Capítulo 1
Substantivos, Artigos e Adjetivos Descritivos

1.1   1. l'   2. l'   3. la   4. la   5. l'   6. le   7. l'   8. la   9. la
10. la   11. le   12. la   13. la   14. le

1.2   1. des artistes   2. des hors-d'œuvre   3. les milieux   4. les étudiants
5. des Français   6. des cafés   7. les chapeaux   8. les eaux   9. les
fenêtres   10. des choix   11. des préférences   12. les travaux   13. les
nez   14. des cours

1.3   1. (a) janela   2. ciclismo   3. (os) hospitais *m.*   4. um guarda   5. (os)
escritores *m.*   6. (os) amigos   7. chapéus *m.*   8. (o) trabalho
9. escolhas *m.*   10. uma aula   11. aperitivos *m.*   12. homens
m.   13. (a) pele   14. a alemã   15. (os) livros *m.*   16. um lugar
17. histórias *f.*   18. um relógio   19. bolos *m.*   20. a mulher

1.4   1. intéressante   2. naïve   3. agréable   4. sérieuse   5. jaune
6. marron   7. bleue   8. costaude   9. fière   10. chic   11. chère
12. conservatrice   13. belle   14. grosse   15. active   16. gentille
17. travailleuse   18. drôle   19. vieille   20. heureuse

1.5   1. vieil   2. difficile   3. belle   4. gentille   5. jaunes   6. sincères
7. grand   8. ancienne   9. anciens   10. bon marché/pas chers
11. drôle   12. intéressant

1.6   1. des lampes bleues   2. des amis sérieux   3. les chats gris   4. des Suisses
sympathiques   5. des personnes costaudes   6. les beaux appartements
7. de jeunes garçons   8. des examens difficiles   9. les derniers trains
10. les quartiers anciens

1.7   1. les hommes bruns   2. la femme gentille/sympathique   3. des chaussures
rouges   4. les vieux hôtels   5. les beaux appartements   6. les cours
intéressants   7. les héros courageux   8. les hors-d'œuvre riches   9. des
voitures chères   10. des Américains idéalistes   11. les grandes universités

352 Gabarito

12. de nouveaux livres   13. les chapeaux orange   14. des tragédies tristes
15. les professeurs travailleurs   16. des personnes fières

Capítulo 2
Os Verbos *être* e *avoir*, Pronomes Pessoais e Negação

2.1 1. Vous   2. Je   3. Elles   4. Nous   5. Tu   6. Je   7. Ils   8. Ils
9. Georges et Marilyn, vous   10. Il

2.2 1. est   2. sont; est   3. sont   4. sont   5. est   6. sommes   7. sont
8. sont   9. suis; êtes   10. est

2.3 1. Je suis dans le jardin.   2. Les fleurs rouges sont belles.   3. Elles sont
sur la table.   4. Nous sommes devant la bibliothèque.   5. Charles est
professeur. Il est jeune et intelligent.   6. Tu es triste et fatigué ? Je suis
désolée !   7. Marie-Laure est en voiture. Elle est en retard !   8. Vous êtes
du Canada ?   9. On est sympathique dans ce quartier.   10. Sara et Patrick
sont en voyage. Ils sont à Montréal.

2.4 1. Elle est   2. Ce sont   3. Il est   4. C'est   5. C'est   6. Il est

2.5 1. sommes; sont, es; ce sont   2. es; suis   3. êtes; nous sommes, est
4. est; C'est; sommes   5. vous êtes; Je suis, est; Ce sont   6. Non, il est
généralement en retard.   7. Non, elle est martiniquaise.   8. Non, ils sont
italiens.   4. Non, il est ingénieur.   10. Non, ils sont coptes.

2.6 1. sommes en vacances   2. sont en train de   3. est de retour   4. est
d'accord   5. est en coton   6. es prêt; sommes sur le point de

2.7 1. quelquefois/parfois, très   2. ici, aujourd'hui   3. maintenant
4. Aujourd'hui, un peu   5. assez/plutôt   6. souvent   7. toujours
8. mais, très   9. très   10. beaucoup, trop   11. un peu   12. là-bas

2.8 1. elle n'est pas vieille.   2. Non, je ne suis pas acteur/actrice.   3. Non, nous
ne sommes pas en retard.   4. Non, je ne suis pas à la maison.   5. Non, ils
ne sont pas de retour.   6. Non, elles ne sont pas d'accord.   7. Non, Georges
n'est pas en train de danser.   8. Non, tu n'es pas/vous n'êtes pas trop fière.

2.9 1. J'ai un vélo rouge.   2. Arthur a une nouvelle amie.   3. Tu as beaucoup de
devoirs ?   4. Elles n'ont pas de jardin.   5. Je n'ai pas d'amis ici.   6. Simon
et Annie ont une vieille voiture/une voiture ancienne.   7. Nous n'avons pas de
bicyclettes.   8. Il y a trop de touristes en ville.   9. Il y a un problème difficile
en classe.   10. Il n'y a pas assez de restaurants à l'université.

2.10 1. Il n'y a pas beaucoup de devoirs ce soir.   2. Nous avons un rendez-vous
aujourd'hui.   3. Il n'y a pas de voiture devant la maison.   4. J'ai un
dictionnaire.   5. Ils ne sont pas en classe ce matin.   6. Mes parents n'ont pas
de nouvel appartement.   7. Je ne suis pas souvent à la montagne le week-end.
8. Elles ont des idées concrètes.   9. Tu a des copains ici ?   10. Il y a assez
de livres pour les étudiants.

Gabarito		**353**

2.11 1. J'ai froid et j'ai sommeil.   2. Il a vingt-cinq ans.   3. Nous avons besoin d'un nouvel appartement.   4. Elle a de la chance à Las Vegas !   5. Nous avons faim ! Nous avons envie de déjeuner.   6. Tu as honte de tes mauvaises notes ?   7. Les enfants ont soif.   8. La réunion a lieu ce soir.   9. Elle n'a pas mal à la tête aujourd'hui.   10. Ils n'ont pas l'habitude de dîner tard.

2.12 (*As respostas podem* variar.)   1. J'ai dix-neuf (19) ans.   2. Oui, j'ai froid en hiver ici.   3. J'ai toujours raison dans les discussions politiques !   4. Non, les fêtes n'ont pas lieu ce week-end.   5. Oui, j'ai mal à la tête quand j'ai faim. 6. Non, il n'a pas l'air intelligent.   7. Ah oui, j'ai envie de danser ce soir. 8. Quelquefois, les étudiants ont sommeil en classe. Le professeur a rarement sommeil en classe.   9. Non, le professeur n'a pas toujours raison.   10. Oui, les petits enfants ont souvent peur des clowns.

2.13 1. une cuisine moderne   2. un appartement agréable   3. des placards spacieux   4. un fauteuil bleu marine   5. devant la grande fenêtre   6. une vieille glace   7. un four propre   8. un nouvel ordinateur   9. une salle de bains privée   10. de longs rideaux   11. les murs intérieurs   12. un grand salon/un salon spacieux   13. un très beau piano   14. une table avec six chaises   15. un frigo blanc

PERGUNTAS: (*As respostas podem* variar.)   1. La maison (Elle) est vieille.   2. La cuisine (Elle) est grande/spacieuse.   3. Le piano (Il) est dans le salon.   4. Non, Jean-Pierre (Il) n'a pas de salle de bains privée.   5. Non, il a une chambre ensoleillée.   6. L'ordinateur de Jean-Pierre (Il) est dans la bibliothèque.

Capítulo 3
O Calendário, Verbos -er Regulares no Presente e Pronomes Interrogativos

3.1 (*As respostas podem variar.*)   1. lundi, mardi, mercredi, jeudi et vendredi 2. samedi et dimanche   3. le lundi, le mercredi et le vendredi après-midi; quelquefois, le soir   4. Nous sommes lundi. Nous sommes en mars.   5. (Je préfère) le printemps.   6. (juin) juillet, août, septembre; décembre, janvier, février (mars).   7. *Action de grâces*: novembre (EUA), octobre (Canadá); *Noël*: décembre; *Pâques*: mars ou avril; *Fête nationale*: septembre (le 7 septembre); *Aniversário do Canadá*: juillet (le 1 juillet); *le jour de la Bastille*: juillet (le 14 juillet); *Ramadan*: août, septembre, octobre; *Chanucá*: décembre; *Fête de la Reine*: mai; *jour du Souvenir*: novembre

3.2 1. nous parlons   2. elle écoute   3. j'aime   4. elles louent   5. vous utilisez 6. nous habitons   7. j'arrive   8. il déteste   9. tu rêves   10. elle trouve

3.3 1. nous adorons   2. je danse   3. tu regardes   4. vous expliquez   5. ils cherchent   6. elle ferme   7. tu parles   8. j'explique   9. elles utilisent 10. vous détestez

3.4 (*As respostas podem* variar.)   1. ne chante pas bien   2. ne travaille pas à la banque   3. n'écoute pas souvent la radio   4. ne rêvons pas en classe 5. n'aime pas mieux le jogging   6. ne cherchent pas de nouvelle maison

Gabarito

3.5 1. J'écoute   2. étudions   3. n'aime pas   4. utilisez   5. parles   6. refusent   7. adorent regarder   8. ne danses pas   9. aimons mieux   10. trouve

3.6 1. déteste travailler   2. cherche un emploi   3. n'aime pas voyager   4. parle au professeur après le cours   5. n'étudions pas beaucoup

3.7 1. écoute   2. étudie, sont   3. arrivons   4. chantent, jouent   5. parle   6. parlent, ont   7. sommes, regarder   8. n'ai, louer, j'habite

3.8 (*As respostas podem* variar.)   1. Tu es/Vous êtes étudiante, n'est-ce pas ?   2. Est-ce que Léonard et Claudine/Est-ce qu'ils aiment le cinéma ?   3. Les voisins/Ils ont un petit chien, n'est-ce pas ?   4. Est-ce que vous avez des opinions politiques ?   5. Micheline/Elle aime mieux jouer au golf, n'est-ce pas ?   6. Est-ce que tu travailles/vous travaillez dans une librairie ?   7. Raoul/Il joue de la guitare, n'est-ce pas ?   8. Est-ce que vous écoutez la radio vendredi soir ?

3.9 1. As-tu un chat ?   2. Sylvie joue-t-elle du piano ?   3. Êtes-vous américain ?   4. Aimes-tu mieux le tennis ou le golf ?   5. Jouons-nous au Scrabble ce soir ?   6. Les enfants ont-ils faim ?   7. Jacques n'est-il pas professeur ?   8. Ne travailles-tu pas dans une librairie ?

3.10 (*As respostas podem* variar.)   1. Habitez-vous Boston ?   2. Êtes-vous professeur ?   3. Travaillez-vous en ville ?   4. Aimez-vous la musique ?   5. Aimez-vous mieux le cinéma ?   6. Jouez-vous d'un instrument de musique ?   7. Avez-vous des enfants ?   un chien ou un chat ?   8. Êtes-vous marié(e) ?, etc.

3.11 1. Quem chega no sábado?   2. O que as crianças procuram?   3. Quem você convidou?   4. O que ela está vendo? *ou* O que ela assiste?   5. Do que você gosta?   6. Qui est-ce ?   7. Qu'est-ce qui arrive ?   8. Qu'est-ce que tu as ?/Qu'as-tu ?   9. Qui écoute-t-elle ?/Qui est-ce qu'elle écoute ?   10. Que regardez-vous ?/Qu'est-ce que vous regardez ?

3.12 1. De qual restaurante você gosta?   2. Quando chegamos ao cinema?   3. Por que Marie-Laure está contente?   4. Como vai você?   5. Como é o professor de Matemática?   6. Comment allez-vous ?   7. Pourquoi les étudiants aiment-ils la musique ?   8. Où est la librairie ?   9. Quels sont les meilleurs cours ?   10. Quand étudies-tu ?/Quand est-ce que tu étudies ?

3.13 (*As respostas podem* variar.)   1. Je vais bien, merci.   2. Ma famille est à San Francisco.   3. Je suis de (la ville de) Québec.   4. Oui, j'ai une voiture; j'ai une petite Smart Car.   5. Elle/Il est en ville. J'habite dans la rue…   6. Elle est grande/Il est grand et moderne.

3.14 1. un anniversaire spécial   2. un voyage dangereux   3. une fête élégante   4. un bruit curieux/étrange   5. des rêves passionnants   6. une amie fidèle   7. un enfant aveugle   8. un escalier étroit   9. des phrases difficiles   10. des clés lourdes

PERGUNTAS: (*As respostas podem* variar.) 1. Elle est dans une petite ville de Normandie, en France.   2. Non, elle n'est pas seule ; elle est avec des amis canadiens.   3. L'école offre des cours de langue, d'art, d'histoire et de musique.   4. Elles étudient le français.   5. Elle est archéologue et il y a des villages très anciens dans les environs.   6. Non, il ne travaille pas ; ce sont des vacances tranquilles.

Capítulo 4
Números, Datas e Horas e Verbos -*ir* Regulares no Presente

4.1 1. quatre, cinq, six 2. huit, dix, douze 3. cinquante, soixante, soixante-dix 4. vingt-huit, trente-cinq, quarante-deux 5. soixante-dix, soixante et onze, soixante-douze 6. cinquante-cinq, quarante-quatre, trente-trois

4.2 1. vingt 2. quatre-vingt-dix 3. soixante-trois 4. quarante-cinq 5. cinquante-quatre 6. quatre-vingt-seize

4.3 1. deux euros cinquante centimes 2. quatre euros soixante-quinze centimes 3. quarante-quatre euros 4. cent dix euros 5. cent quatre-vingt-huit euros 6. neuf mille quatre cent cinquante euros

4.4 1. À Paris, le seizième arrondissement est très élégant. 2. La Sorbonne est dans le cinquième arrondissement. 3. L'appartement d'Alain est au quatrième étage. 4. C'est la première fois que je visite Paris. 5. C'est la vingtième fois qu'il regarde le premier *Harry Potter*!

4.5 1. Le dix-huit juin dix-neuf cent (mille neuf cent) quarante, c'est l'appel du général de Gaulle vers la France libre. 2. Le vingt-quatre octobre dix-neuf cent (mille neuf cent) vingt-neuf, c'est le Krach de Wall Street. 3. Le sept décembre dix-neuf cent (mille neuf cent) quarante et un, c'est l'attaque japonaise de Pearl Harbor. 4. Le vingt-neuf mars dix-neuf cent (mille neuf cent) soixante-treize, c'est la fin de la guerre du Viêt-Nam. 5. Le onze septembre deux mille un, ce sont les attentats contre le World Trade Center. 6. Le dix novembre dix-neuf cent (mille neuf cent) quatre-vingt-neuf, c'est la destruction du mur de Berlin. 7. Le premier janvier dix-huit cent (mille huit cent) soixante-trois, c'est la proclamation de l'émancipation des esclaves américains. 8. Le vingt-deux novembre dix-neuf cent (mille neuf cent) soixante-trois, c'est l'assassinat de John F. Kennedy.

4.6 (*As respostas podem* variar.) 1. Aujourd'hui, c'est le vingt-cinq mars deux mille huit. 2. a. le premier janvier b. le quatre juillet c. le quatorze juillet d. le premier juillet e. le vingt-cinq décembre f. le trente et un octobre g. le premier avril 3. Mon anniversaire, c'est le dix-neuf août. 4. ... dix-neuf cent soixante-quatorze./ ... dix-neuf cent soixante et onze. 5. L'anniversaire de notre mariage, c'est le vingt et un juin; l'anniversaire du mariage de mes parents est le trente septembre.

4.7 1. Il est six heures moins le quart. 2. Il est neuf heures moins vingt. 3. Il est midi et demi. 4. Il est deux heures. 5. Il est trois heures et quart/trois heures quinze. 6. Il est dix heures moins dix.

4.8 (*As respostas podem* variar.) 1. Il est midi et demi. 2. Il est dix heures du matin. 3. Il est six heures du soir. 4. Il est huit heures du soir. 5. Il est neuf heures et demie du soir.

4.9 1. Nous choisissons. 2. Tu agis bien. 3. Elles rougissent. 4. Je réussis. 5. Les enfants grandissent. 6. On élargit la rue. 7. Vous maigrissez. 8. Je ralentis la nuit. 9. Les feuilles jaunissent. 10. Nous finissons de travailler.

4.10 1. blanchissez/pâlissez 2. remplissons 3. choisis 4. grandissent 5. finissent 6. Réussissez 7. grossir 8. rougit

Gabarito

4.11 1. au magasin de fruits et légumes   2. à la confiserie   3. à la librairie
4. à la papeterie   5. chez le fleuriste   6. à l'agence de voyages   7. à la
pharmacie   8. chez l'opticien

4.12 (*As respostas podem* variar.)   1. œufs, beurre, sel, herbes, poivre   2. farine,
beurre, chocolat, sucre, œufs, vanille   3. ananas, oranges, melons, cerises, fraises,
bananes, pommes, etc.   4. eau, pommes de terre, tomates, carottes, champignons,
haricots verts, céleri, petits pois, herbes, huile d'olive, sel, poivre, etc.

4.13 (*As respostas podem* variar.)   1. les assiettes, les fourchettes, les couteaux, les
cuillères, les verres, les serviettes   2. la carte   3. le café au lait, le pain, les
croissants, le beurre, la confiture   4. lait, sucre   5. une salade, une tartine ou
un sandwich   6. la viande, les légumes

PERGUNTAS: (*As respostas podem* variar.)   1. Ils déjeunent à une heure.   2. Ils
déjeunent dans une brasserie du quartier.   3. Non, le restaurant est plein.   4. Il est
plein parce que c'est un jour de fête.   5. Ils choisissent le premier étage pour avoir le
menu complet.   6. Il prend le menu du jour : une soupe, du saumon poché, des pommes
de terre, des légumes, de la salade, un dessert et une boisson.

Capítulo 5
Verbos -*re* Regulares no Presente e Verbos -*er* com Mudanças na Ortografia

5.1 1. Tu descends ?   2. Je perds.   3. Nous répondons.   4. Xavier vend un
camion.   5. Elles rendent visite à Grand-père.   6. Vous ne répondez pas.
7. Nous attendons Charles.   8. Ils défendent leurs clients.   9. L'étudiant ne
perd pas de temps.   10. Entendez-vous ?   11. Rend-elle le livre ?   12. Je
réponds au téléphone.

5.2 1. perd souvent   2. défends rarement   3. réponds actuellement
4. rendent toujours   5. En ce moment, j'attends   6. Entendez, maintenant
7. vendons bientôt   8. prochaine, répond   9. rend quelquefois/parfois
10. descends plus tard   11. perdent très peu

5.3 (*As respostas podem* variar.)   1. J'étudie le français depuis six mois.   2. Je
suis étudiant depuis 1990 (dix-neuf cent quatre-vingt-dix).   3. Oui, je parle
espagnol depuis 1995 (dix-neuf cent quatre-vingt-quinze).   4. J'habite mon
appartement depuis 2005 (deux mille cinq).   5. Je travaille depuis cinq ans. Je
suis dans la compagnie depuis janvier 2003 (deux mille trois).   6. Je passe du
temps avec elle depuis mars 2006 (deux mille six).

5.4 1. Nous partageons le sandwich.   2. Ils mangent bien.   3. Quand
commençons-nous à parler ?   4. Tu prononces la phrase.   5. Les voisins
logent deux étudiants.   6. Lancez-vous la nouvelle entreprise ?   7. Charlotte
mélange les ingrédients.   8. Annonçons-nous la fête ?   9. Échangez-
vous des livres ?   10. Ne songes-tu pas aux vacances ?   11. Le professeur
exige les devoirs.   12. Nous obligeons les enfants à manger des légumes.
13. Traces-tu le projet ?   14. Le patron n'engage pas de nouveaux employés.
15. Les pronoms remplacent les noms.

Gabarito

357

5.5 1. Nous achevons le travail. 2. Marthe pèse les oignons. 3. Promènes-tu le chien ? 4. Ils emmènent le cheval. 5. Léon enlève les livres. 6. Je n'amène pas Christine ce soir. 7. Nicolas et Lise élèvent bien les enfants. 8. Qu'achètes-tu ? 9. Pierre soulève les gros cartons. 10. Le guide mène les touristes à l'hôtel. 11. N'achetez-vous pas d'œufs ? 12. Nous levons la main en classe. 13. Émile élève-t-il des lapins ? 14. Elles achèvent de parler. 15. Je n'achète pas les provisions.

5.6 1. Nous espérons réussir. 2. Célèbrent-elles l'anniversaire ? 3. J'espère voyager en été. 4. Le professeur répète la question. 5. Elle ne possède pas de voiture. 6. Il exagère. 7. L'article révèle la vérité. 8. Considères-tu les faits ? 9. Ne répétez-vous pas le cours ? 10. Tu inquiètes tes parents ! 11. Nous suggérons un bon film. 12. Ne complètes-tu pas le devoir ? 13. Préférez-vous le café ou le thé ? 14. Elle cède la voie à l'autre voiture. 15. Christophe préfère les haricots verts.

5.7 1. Comment vous appelez-vous ? 2. Je m'appelle Rachelle. 3. Appelles-tu Marc ? 4. Je ne jette pas les magazines/les revues. 5. Comment épelle-t-on le nom ? 6. Nous projetons des vacances. 7. J'appelle Maman le samedi. 8. Elle rappelle Zoé ce soir. 9. Il ne jette pas le ballon. 10. Nous renouvelons la salle de bains. 11. Elle rejette l'idée. 12. Jetez-vous les vieux journaux ? 13. Je renouvelle le passeport. 14. Quand projette-t-on le film ? 15. Que projettent-ils ?

5.8 1. J'envoie des cartes postales. 2. Tu n'essaies pas de réussir. 3. Le petit chien aboie. 4. Elle essaie d'être patiente. 5. Il appuie ma demande. 6. N'employez-vous pas d'ordinateur ? 7. Nous employons des dictionnaires. 8. J'essuie la cuisinière. 9. Tu paies le déjeuner. 10. Évelyne nettoie la cuisine. 11. Ennuie-t-elle les étudiants ? 12. J'appuie sur les touches. 13. Nous payons leur salaire. 14. Employez-vous bien l'argent ? 15. Ils envoient les livres.

5.9 1. Achètes 2. préfèrent 3. projette 4. envoie 5. partageons 6. j'essaie 7. commençons 8. prononçons 9. je jette 10. annonce 11. lève 12. manger 13. voyagent 14. paies 15. appelez 16. répète

5.10 1. un rouge à lèvres 2. un/des caleçon(s) 3. des lames de rasoir 4. des boucles d'oreilles 5. une ceinture 6. une montre 7. un jean 8. un maillot de bain 9. un sac (à main) 10. des mouchoirs 11. un sèche-cheveux 12. une veste 13. des lunettes de soleil 14. un parapluie 15. un portefeuille 16. une jupe 17. (de) la crème solaire 18. un peigne 19. des pantoufles 20. du dentifrice

5.11 (*As respostas podem* variar.) 1. J'ai besoin d'une brosse à cheveux (d'un peigne, d'une brosse à dents, de dentifrice, de démêlant, de shampooing, de crème solaire, de déodorant, de fil et d'une aiguille, etc.). 2. Dans la valise je place un chapeau (un foulard, un jean, une jupe, des lunettes de soleil, un appareil-photo, un maillot de bain, un pyjama, des sandales, des shorts, des T-shirts, des sous-vêtements [des slips et des soutiens-gorges], etc.). 3. J'achète du dentifrice (des mouchoirs, des lunettes de soleil et des sandales, etc.).

PERGUNTAS: (*As respostas podem* variar.) 1. Elles descendent au centre-ville pour visiter les commerces. Elles visitent l'agence de voyages; elles achètent des provisions et des cadeaux ; elles déjeunent. 2. Elles préfèrent les petits commerces (la boulangerie, la boucherie, la papeterie,

358   Gabarito

etc.).   3. Elles feuillettent les brochures de voyage, parce qu'elles projettent des vacances.
4. Elles commandent une bisque de homard, une salade verte et une bombe glacée.

Capítulo 6
Expressando o Futuro com *aller*, Preposições e o Verbo *faire*

6.1   1. vas   2. va   3. allons   4. va   5. allez   6. vont

6.2   (*As respostas podem* variar.)   1. Où allez-vous étudier cet après-midi ? — Je vais/Nous allons étudier au café (à la bibliothèque, à la maison, etc.).   2. Quand les étudiants vont-ils quitter le campus ? — Ils vont quitter le campus vers cinq heures de l'après-midi.   3. Combien d'argent allez-vous gagner cet été ? — Je vais/Nous allons gagner deux mille dollars, peut-être.   4. Quels aliments va-t-elle acheter ? — Elle va acheter des provisions et des boissons.   5. Que vas-tu nettoyer ce week-end ? — Je vais nettoyer la cuisine et la salle de bains…

6.3   1. vais arriver cet après-midi   2. vont visiter le musée la semaine prochaine 3. allons voyager l'année prochaine   4. Vas-tu travailler ce week-end ? 5. Où allez-vous (aller) ?

6.4   1. sans Nicolas   2. pour réussir   3. en classe/en cours   4. sans attendre 5. pour payer   6. en été

6.5   1. Non, elle répond aux élèves (au serveur, à la femme du prof).   2. Non, nous parlons du livre de sociologie (de la musique des Beatles, des sports américains). 3. Non, il va arriver de la librairie (du cours d'anglais, de Paris).

6.6   1. la classe/le cours de Michelle   2. la carte du restaurant   3. le sac du professeur   4. la maison de Monsieur Dupont   5. les livres des enfants   6. la facture de la pharmacie   7. la veste du voisin   8. la brosse à dents de l'enfant

6.7   Esboços ou desenhos simples de: 1. um livro ao lado de um lápis   2. uma maçã entre uma banana e um sanduíche   3. uma carteira (aparecendo) em uma bolsa 4. uma janela à esquerda da mesa do professor

6.8   1. est hors de la maison.   2. travaille loin de chez elle.   3. passons à droite de l'église.   4. est derrière le cinéma.   5. est à l'est de la France.   6. sont sur la table.

6.9   1. Après le petit déjeuner on va/nous allons attendre Marceline.   2. Je pense/crois qu'elle va être prête dans deux heures.   3. Je finis le devoir en une heure et demie.   4. On va/Nous allons à pied au supermarché ?   5. Joseph et Christine vont en Suisse pour trois semaines.

6.10   1. Je téléphone au professeur.   2. Je jette les vieux journaux.   3. Je pense aux vacances d'été.   4. Je parle des vedettes de cinéma.   5. J'ai besoin d'un verre de limonade.   6. Lesquelles   7. Dans laquelle   8. Desquels 9. Auxquels   10. Lequel

6.11   (*As respostas podem* variar.)   1. La Belgique, l'Allemagne, la France, la Pologne, l'Angleterre, l'Autriche, la Grèce, l'Espagne, etc.   2. La Tunisie, le Maroc, l'Algérie   3. La Jordanie, la Syrie, Israël, le Liban, la Libye, etc. 4. La Chine, le Japon, le Viêt-Nam, l'Indonésie, la Thaïlande, etc.

Gabarito 359

6.12 1. en; à 2. en; en 3. à 4. au 5. en 6. Au 7. en Thaïlande 8. en Afghanistan 9. du 10. de 11. d' 12. d' 13. des 14. de

6.13 1. J'adore faire de la photographie. 2. Aujourd'hui, il fait beau, mais il fait frais. 3. Marguerite fait la cuisine et les enfants font la vaisselle. 4. Je fais le plein le vendredi. 5. Les clowns font peur aux enfants. 6. Il fait la connaissance du professeur. 7. Avant de faire un voyage, quand faites-vous les valises ? 8. À l'école, je fais de mon mieux. 9. Marie-Christine fait de la médecine. 10. Nous faisons partie d'une association sportive.

6.14 (*As respostas podem* variar.) 1. Je préfère faire les devoirs le soir, mais pas trop tard. 2. Oui, je fais de la musique. Je joue de la clarinette depuis dix ans (depuis 2000). (Non, je ne fais pas de musique.) 3. Aujourd'hui, il fait beau et frais; il fait un peu de vent. Plus tard il va peut-être pleuvoir. 4. Quand il fait chaud, je porte un T-shirt, un short et des sandales. 5. Chez moi, je fais le ménage. Mais en réalité, nous faisons le ménage ensemble. 6. Je fais la lessive et la vaisselle. Je fais aussi le lit.

6.15 (*As respostas podem* variar.) 1. la pluie: la tempête, l'orage, les nuages, le vent, le tonnerre, la foudre, etc. 2. la lune: l'étoile, le soleil, la comète, le ciel, la terre, la roche, etc. 3. la montagne: la falaise, la colline, la roche, le canyon, le volcan, la grotte, etc. 4. l'océan: la mer, la vague, la plage, la dune, la baie, la côte, le marais, etc. 5. une catastrophe: un tremblement de terre, le réchauffement de la planète, l'ouragan, l'inondation, l'incendie, etc.

PERGUNTAS: (*As respostas podem* variar.) 1. Ils ont l'intention de voyager pour une semaine/de faire un voyage d'une semaine. Ils préfèrent faire du cyclisme (de la bicyclette). 2. Il fait froid et il pleut en Bretagne. Chez moi, il fait assez froid en hiver, mais il ne neige pas. 3. Une copine, Mireille, va accompagner les deux amis, pour la compagnie et pour partager les frais. Moi, j'aime voyager avec un ou deux amis. 4. Ce week-end, je fais le ménage, les courses et les devoirs. Je fais aussi une randonnée à bicyclette et je fais la cuisine pour les amis. En vacances, je fais des voyages; je fais aussi de la voile et du canoë-kayak.

Capítulo 7
Verbos Irregulares I e Construções Verbo + Verbo

7.1 1. Je sers le café. 2. Les chats dorment beaucoup. 3. Vous ne partez pas bientôt ?/Ne partez-vous pas bientôt ? 4. Éliane part pour New York. 5. Dors-tu ? 6. Nous sortons/On sort vendredi. 7. Papa sert le dîner. 8. Le témoin ment-il ? 9. Je sens des difficultés ici. 10. Sentez-vous la soupe ?

7.2 1. Il revient à deux heures. 2. Nous tenons les colis. 3. Elles viennent plus tard. 4. Je viens de déjeuner. 5. Viens-tu d'arriver ? 6. Renée et Yves ne viennent pas maintenant. 7. Je tiens beaucoup à mes amis. 8. Devenons-nous riches ? 9. Tiens-tu compte des autres ? 10. J'obtiens les livres pour toi.

7.3 1. Je lis le soir. 2. Écrivez-vous le devoir ? 3. Nous ne disons pas toujours au revoir. 4. Quand écrivent-ils des mails ? 5. Vous dites toujours la vérité. 6. Que dit-il ? 7. Elle écrit une lettre. 8. Le professeur décrit-il le problème ? 9. Les étudiants ne lisent pas assez. 10. À qui dis-tu bonjour ?

360   Gabarito

7.4   1. Je mets l'assiette sur la table.   2. La table est libre ? Vous permettez ?
3. Bats-tu le tapis ?   4. Que mettez-vous quand il pleut ?   5. Le joueur bat
les records.   6. On ne met pas la voiture dans la rue.   7. Promettez-vous
d'arriver à l'heure ?   8. Nous ne mettons pas/On ne met pas de chaussures dans
la maison.   9. Elle remet le rendez-vous.   10. Je remets mon devoir.

7.5   1. Je dois   2. pouvons   3. veux   4. peuvent   5. J'aperçois
6. déçoivent   7. doivent   8. peut   9. Dois   10. Voulez

7.6   1. Pouvez-vous lire ceci ?   2. Je ne veux pas dire au revoir.   3. Il doit deux
cents euros à Claudine.   4. Tu ne dois pas mentir.   5. Quel beau tableau!
Il doit être très vieux/ancien.   6. Nous ne pouvons pas/On ne peut pas venir
ce soir.   7. Anne n'est pas ici; elle doit être malade.   8. Nous voulons/On
veut élire un bon président.   9. Reçois-tu des mails d'Yvonne ?   10. Ils
veulent acheter une maison.   11. Puis-je/Est-ce que je peux avoir deux tasses
de café ?   12. Nous devons/On doit faire les devoirs.   13. Elle ne peut pas
partir à l'heure.   14. Elles doivent dîner avant de partir.   15. Ne voulez-vous
pas regarder le film ?   16. J'aperçois deux voitures au loin.

7.7   (*As respostas podem* variar.)   1. Je veux lire des romans, je veux sortir avec mes
amis et aller à la montagne ou à la plage, mais je dois faire les devoirs et le ménage.
2. Ce week-end ? Je peux choisir: je peux dormir tard, je peux promener le chien
et je peux faire la cuisine pour les copains. Mais avant de préparer le repas, je
dois faire le marché.   3. Je dois téléphoner à mes parents, payer les factures et
ranger l'appartement.   4. En semaine, il faut donner à manger au chien, aller
au travail, aller à des réunions le soir ou à ma leçon de piano. Il faut aussi faire de
l'exercice, manger bien et dormir assez.   5. D'habitude, chaque jour je reçois
trois ou quatre coups de téléphone, vingt ou trente mails et une lettre.

7.8   1. à   2. à   3. —   4. à   5. à   6. d'   7. —   8. à   9. de
10. à   11. de   12. de   13. —   14. à   15. de   16. —   17. de
18. de

7.9   1. J'aime danser.   2. Nous préférons/On préfère aller à pied.   3. Elles
peuvent jouer au golf aujourd'hui.   4. Dois-tu partir ?   5. Il ne veut pas
déjeuner.   6. Nous venons/On vient aider Guy.   7. Espérez-vous faire votre
droit ?   8. J'aide mon ami à finir/à terminer ses devoirs.   9. Nous réussissons/
On réussit à gagner.   10. Invites-tu Madeleine à manger avec nous ?   11. Est-
ce que je commence à travailler à dix heures ?   12. J'enseigne à l'élève à écrire.
13. Nous refusons/On refuse de répondre.   14. Ils permettent au voisin
d'utiliser/d'employer la tondeuse.   15. Tu oublies d'acheter le pain.   16. Elle
promet à Maman de faire les courses.   17. J'empêche les étudiants de faire des
fautes.   18. Il regrette de venir/d'arriver si tard.

7.10   (*As respostas podem* variar.)   1. un roman, un roman policier, des contes, des
magazines, le journal, même des essais et des biographies, etc.   2. des logiciels,
une imprimante, un moteur de recherche, une souris, le clavier, l'écran, Internet,
un programme de traitement de texte, etc.   3. cartes postales, feuilles de
papier, un stylo, un timbre, enveloppes, etc.   4. (de l')édition, (de l')éditeur,
(du) rédacteur, (de) la publicité, (des) librairies, (des) lecteurs, (des) critiques,
(des) comptes rendus, etc.

PERGUNTAS: (*As respostas podem* variar.)   1. Elle a vingt-quatre ans et elle fait des études
d'hôtellerie.   2. Elle doit choisir une carrière, un emploi ou un stage.   3. À l'avenir elle

Gabarito

veut tenir une auberge dans un village voisin avec son copain.   4. Elle peut rester à Lyon travailler dans un restaurant ou bien elle peut aller à l'étranger faire un stage, peut-être en Amérique du Nord.   5. Elle va pouvoir téléphoner, écrire ou envoyer des mails à sa famille.

Capítulo 8
Verbos Irregulares II e Pronomes Relativos

8.1   1. Françoise connaît bien la ville de Dakar.   2. Nous savons jouer du trombone.   3. Savez-vous qui arrive ce soir ?   4. Ils connaissent des artistes italiens.   5. Sait-on pourquoi Roland ne vient pas ?   6. Je reconnais toujours la voix de mon ami.   7. Connais-tu Adélaïde ?   8. Les étudiantes paraissent heureuses aujourd'hui.

8.2   1. a, d, g, h   2. b, c, e, f

8.3   (*As respostas podem* variar.)   1. Je connais bien Chicago et San Francisco ; j'aime les quartiers près du lac et de la baie.   2. Oui, je connais Paris et Genève ; à Paris je préfère le septième arrondissement, et à Genève, le centre-ville.   3. Je connais les romans d'Alexandre Dumas et de Colette ; je connais les films de François Truffaut, d'Agnès Varda et de Michel Gondry.   4. Oui, je sais qu'ils sont nés en Russie, mais je ne sais pas dans quelle ville.   5. Je sais nager et faire de l'équitation.   6. Je sais faire la lessive et la cuisine ; je sais aussi faire un peu de couture.

8.4   1. Nous croyons.   2. Voit-elle bien ?   3. Sophie et Bernard croient que nous venons.   4. Vois-tu Nicole quelquefois ?   5. Je crois que non.   6. Elles croient en Einstein !   7. Ils revoient le soleil au printemps.   8. Nous ne voyons pas/On ne voit pas Jo très souvent.   9. Il croit que c'est vrai.   10. Qui vois-tu ?/Qui est-ce que tu vois ?

8.5   1. Nous courons le samedi matin.   2. Rit-elle beaucoup ?   3. Les chiens sourient-ils ?   4. Elles découvrent des effets importants.   5. À qui offres-tu les livres ?   6. J'ai un rhume… Je souffre !   7. Courez-vous si vous êtes en retard ?   8. N'ouvrent-ils pas les fenêtres la nuit ?   9. Chaque fois qu'il parle, nous rions.   10. Je fais de l'exercice, mais je ne cours pas.   11. Les spectateurs accourent quand ils voient l'acteur.   12. Elle offre un repas aux sans-abri.   13. Parcourt-il l'Europe ?   14. Il fait froid. Je couvre les enfants.   15. Ouvrez-vous les portes maintenant ?

8.6   1. Les étudiants suivent des cours intéressants.   2. Qu'est-ce que vous craignez ?   3. Nous vivons à Lausanne.   4. Produit-on beaucoup de vin en Californie ?   5. Il atteint finalement la destination.   6. Nous conduisons lentement quand il neige.   7. Le gendarme poursuit les suspects.   8. Je vis pour faire du ski !   9. Ils feignent de lire le livre de maths.   10. Jacqueline ne conduit pas en hiver.   11. Revit-elle les événements difficiles ?   12. Je ne suis pas de cours de physique.   13. Traduisent-elles les documents ?   14. Vous peignez quand vous avez le temps ?   15. Tu ne conduis pas raisonnablement !   16. Généralement un orage ne détruit pas beaucoup d'arbres.

8.7   1. Je suis Jacques et David.   2. Nous n'atteignons pas nos buts.   3. Construisent-elles une nouvelle maison ?   4. Les gendarmes poursuivent la voiture rouge.   5. Agnès suit un cours d'anglais.   6. Chloé et moi, nous réduisons l'utilisation d'énergie.   7. Les tortues vivent-elles longtemps ?   8. Tu

362   Gabarito

conduis vite !   9. Il vit pour manger; elle mange pour vivre.   10. Les enfants feignent d'être malades.   11. Ne peint-elle pas la chambre ?   12. Crains-tu le froid ?   13. En hiver, nous plaignons surtout les sans-abri.   14. La France produit beaucoup de fromage.   15. Je ne vis pas à la campagne.   16. Quelle carrière poursuivez-vous ?   17. Dans quelle ville vivent les Dubonnet ? 18. Traduisez-vous les poèmes de Baudelaire ?   19. Oncle Olivier revit sa jeunesse. 20. Les étudiants de chimie ne suivent pas de cours faciles.

8.8   1. Je vais voir un ami qui attend au café.   2. Papa achète une voiture qui a cinq ans. 3. Tu veux voir le film qui décrit la vie en Afrique ?   4. Nous aimons les étudiants qui répondent correctement.   5. J'ai un nouveau parapluie qui marche très bien dans le vent.   6. Thérèse fait un beau tableau que tu vas aimer.   7. Ils rangent la chambre que vous allez peindre.   8. Je jette les vieux catalogues que nous recevons. 9. Tu choisis le professeur qu'elle aime aussi.   10. On appelle les clients que Pierre voit souvent.   11. C'est le moment où je préfère voyager.   12. Nous pensons au jour où Marc arrive.   13. Ils achètent l'appartement où je vais habiter.   14. C'est une région chaude où on produit beaucoup d'oranges.   15. Vous allez dans un musée où ils offrent des visites guidées.

8.9   1. où   2. qui   3. que   4. qui   5. où   6. qui   7. où   8. qui 9. que   10. que   11. où   12. que

8.10   1. avec qui/avec lequel   2. à côté de qui/à côté duquel   3. avec lequel 4. sous lesquels   5. sur laquelle   6. à qui/auxquels   7. à qui/auquel 8. pendant laquelle (où)   9. avec lesquelles   10. à côté duquel   11. dans lequel/où   12. dans lesquelles/où

8.11   1. Voici la librairie anglaise dont Liliane parle.   2. C'est le dictionnaire français dont j'ai besoin.   3. J'ai une bonne amie dont la famille est très aimable. 4. Roger est un jeune avocat dont le travail est difficile.   5. Ce sont des examens de maths dont les étudiants ont peur.   6. Les notes dont j'ai honte sont mauvaises. 7. Le travail dont Catherine est fière est impeccable.   8. Voilà un collègue dont je connais la femme.   9. La glace dont Nathalie a envie est délicieuse.   10. J.-P. Melville est un cinéaste classique dont nous apprécions les films.

8.12   1. ce qui   2. ce qu'   3. De quoi   4. ce dont/de quoi   5. Ce qui 6. ce qui   7. De quoi   8. ce que   9. ce que   10. Ce dont

8.13   (*As respostas podem variar.*)1. Quelle heure est-il ?   2. De quoi parlez-vous ?/ De quoi est-ce que vous parlez ?   3. Qui invites-tu samedi ?/Qui est-ce que tu invites samedi ?   4. Que faites-vous ?/Qu'est-ce que vous faites ?   5. Que veux-tu ? (Que voulez-vous)/Qu'est-ce que tu veux ? (Qu'est-ce que vous voulez ?) 6. Auxquels pensent-elles ?/À qui pensent-elles ?/Auxquels est-ce qu'elles pensent ?   7. Qu'est-ce qui arrive ?   8. De quoi Julie a-t-elle besoin ?/De quoi est-ce que Julie a besoin ?   9. Quel temps va-t-il faire demain ?/Quel temps est-ce qu'il va faire demain ?   10. Que voyez-vous au festival ?/Qu'est-ce que vous voyez au festival ?/Où voyez-vous de nombreux films ?

8.14   (*As respostas variam; a maioria também tem uma forma feminina.*) 1. le technicien, le physicien, le chimiste, l'informaticien, le médecin, le vétérinaire, le biologiste, l'astronome, le chercheur, le paléontologue, l'archéologue, etc.   2. l'artiste, le peintre, le sculpteur, le poète, l'écrivain, le danseur, le musicien, l'acteur, le chanteur, le cinéaste, l'architecte, le photographe, etc.   3. le commerçant, l'entrepreneur, le cadre, l'agent commercial, le

Gabarito

banquier, l'agent de change, l'expert-comptable, le publicitaire, le vendeur, etc.
4. l'artisan, l'électricien, le plombier, le menuisier, le jardinier, le cordonnier, etc.   5. l'homme politique, l'assistant social, le maire, le militaire, le magistrat, le fonctionnaire, l'agent de police, etc.   6. professeur, chercheur, rédacteur, écrivain, traducteur et interprète.

PERGUNTAS: (*As respostas podem* variar.)   1. Claude est avocat dans une grande société ; il habite à Paris avec sa femme et ses deux enfants. Non, il n'est pas satisfait parce que le travail devient moins intéressant.   2. Il a l'intention de lancer une ferme biologique près de La Rochelle.   3. Je crois qu'il va réussir l'entreprise parce qu'il aime beaucoup l'idée et il connaît bien les affaires.   4. Oui, je veux changer de vie: je veux devenir romancier.

Capítulo 9
Prendre e *boire,* Artigo Partitivo e Pronomes Oblíquos

9.1   1. Je bois une grande tasse de thé.   2. Nous ne buvons pas d'alcool au déjeuner.   3. Que prends-tu au goûter de quatre heures ?   4. Comprenez-vous ce qu'elle veut dire ?   5. Quand on est en retard on prend le métro.
6. Ils boivent beaucoup d'eau en été.   7. Nous prenons à droite après l'église ?
8. J'apprends à jouer du banjo.

9.2   1. Nous prenons/On prend un verre au café ?   2. Je comprends ce qu'il dit.
3. Alex prend le bus aujourd'hui.   4. Tu apprends à faire de la bicyclette/du vélo.   5. Gabrielle ne boit-elle pas trop de café ?   6. Les étudiants ne surprennent pas le professeur.   7. Je bois une tasse de consommé avant le dîner.   8. Prenez-vous à gauche au prochain carrefour ?

9.3   1. du; la, le   2. des, du, du, des, du; du   3. le   4. du, du, des, du, de la
5. du, des   6. de la, du, les   7. des, des, de l'   8. du

9.4   1. une douzaine d'œufs   2. trop de café   3. un kilo d'oranges   4. un litre de lait   5. assez de légumes   6. un peu de moutarde   7. une bouteille de bière   8. beaucoup de poivre   9. Je ne veux pas de crème.
10. Nous avons besoin/On a besoin d'huile d'olive et de beurre.   11. Je viens emprunter une tasse de sucre.   12. Combien de petits pains veulent-elles ?
13. Eugène ne prend pas de sel.   14. Elle ne doit pas boire tant de vin.
15. Ils ne mangent ni chocolat ni beurre.

9.5   1. Oui, je t'écoute.   2. Non, je ne te regarde pas.   3. Oui, je te comprends.
4. Oui, je l'aime bien.   5. Non, je ne les appelle pas.   6. Oui, je l'invite demain.   7. Les voici/voilà !   8. Le voici/voilà !   9. La voici/voilà !
10. Nous voici/voilà !   11. Les voici/voilà !   12. Me voici/voilà !

9.6   1. m'attend   2. te connaît   3. vont nous aider   4. vont m'appeler
5. le cherche, ne le trouve pas   6. l'aime   7. aller la voir   8. Les voyez-vous?   9. ne les voyons pas   10. le quittes   11. l'appellent   12. vais l'appeler   13. la connaissons

9.7   1. Je lui téléphone.   2. Nous lui achetons des cadeaux.   3. Elles nous donnent de l'argent.   4. Il leur écrit.   5. Chantal m'offre le dictionnaire.
6. M'envoies-tu une lettre ?   7. Édouard nous explique le problème.
8. Leur dites-vous bonjour ?   9. Je vais te parler plus tard.   10. Elle ne

364 Gabarito

me répond pas. 11. Vas-tu m'apporter du fromage ? 12. Nous ne leur
montrons pas les réponses. 13. Camille lui prête de l'argent.

9.8 1. m'écrit 2. veux te vendre 3. nous envoient 4. me donne 5. peut
leur apprendre 6. vous demande 7. lui dites 8. devons lui répondre
9. Vas-tu leur apporter 10. te répète 11. me demande souvent
12. nous achètes 13. Pouvez-vous me prêter

9.9 1. J'y vais. 2. Nous y pensons. 3. Est-ce que tu vas y voyager ?
4. Charlotte y cherche des lampes. 5. Vous y retrouvez des copains.
6. Arielle n'a pas besoin d'y aller. 7. Elles y réfléchissent. 8. Je n'y achète
pas les provisions. 9. Tu y réussis généralement ? 10. On y sert de bons
repas. 11. Y tenez-vous ? 12. Les étudiants veulent y faire un stage.

9.10 1. Oui, nous allons/je vais en acheter. 2. Oui, il en a. 3. Oui, j'en bois.
4. Oui, ils en ont beaucoup. 5. Oui, elle en possède trois. 6. Oui, nous en
avons/on en a assez. 7. Oui, on va en chercher une douzaine. 8. Oui, j'en ai
besoin. 9. Oui, elle en prend deux. 10. Oui, on en utilise trop. 11. Oui,
j'en ai un. 12. Non, ils n'en boivent pas. 13. Non, je n'en ai pas/nous n'en
avons pas assez. 14. Non, il n'en achète pas. 15. Non, je n'en ai pas besoin.
16. Non, elle n'en prend pas. 17. Non, elles n'en mangent pas beaucoup.

9.11 1. Nous en achetons beaucoup. 2. Elle y met de la crème. 3. J'y vais
bientôt. 4. À Noël, nous en offrons aux collègues. 5. À Noël, nous leur
offrons des cadeaux. 6. Elles les lisent toujours. 7. Leur achètes-tu des
bonbons ? 8. Ne lui écris-tu pas ? 9. Papa en mange trop. 10. J'y
tiens fort. 11. Vous les appréciez. 12. La montrent-elles à Martine ?
13. François ne lui remet pas les devoirs. 14. Ils y travaillent. 15. J'en
cherche trois. 16. Nous voulons y passer du temps. 17. Marc ne la voit pas
ce week-end. 18. Tu l'oublies encore ?

9.12 (*As respostas podem* variar.) 1. le lion, le tigre, l'éléphant, la girafe, la gazelle,
le loup, le singe, le gorille, etc. 2. le faucon, le perroquet, le hibou, le corbeau,
le moineau, le colibris, etc. J'adore les perroquets et les faucons. 3. la
grenouille, le crapaud, la tortue, le crocodile, etc. 4. la vache, la chèvre,
le cheval, le mouton, les poules, les canards, le lapin, le chat, le chien, etc.
5. Pour moi, le jardin idéal est un vignoble. Je vais avoir beaucoup de vignes et je
vais produire du bon vin.

PERGUNTAS: (*As respostas podem* variar.) 1. Il est à Paris, sur la Rive Gauche. 2. Ils
viennent principalement des collections royales au moment de la Révolution Française. On
crée un parc pour le public. 3. On expose des mammifères, des oiseaux, des reptiles,
des amphibiens et même des insectes. 4. Ils sont de petite taille, parce que le zoo
n'est pas grand. 5. Il y a des visiteurs, et on mène aussi des études de comportement
et de reproduction. 6. Les projets d'élevage des animaux menacés de disparition
m'intéressent, parce que la disparition est un très grand problème.

Capítulo 10
Possessivos, Demonstrativos, Comparativos e Advérbios

10.1 1. ma 2. son 3. nos 4. leur 5. ton 6. vos 7. notre
8. mes 9. ses 10. tes

Gabarito

10.2 1. mes, mon 2. ses 3. leurs 4. nos 5. sa 6. ses 7. vos
8. ses

10.3 1. les tiens 2. la vôtre 3. le sien 4. au nôtre 5. aux siens 6. de la vôtre

10.4 1. ces 2. ce 3. ce 4. ce *or* ces 5. cet 6. cette 7. ces
8. cet

10.5 1. cet, — 2. Ce magazine-ci, cet article-là 3. ces chemises-ci, ces chemises-là 4. ce restaurant-ci, cette cafétéria-là 5. Ces dames, — (Ces dames-là)

10.6 1. J'aime lire les romans. Ceux que je préfère sont pleins d'aventures. 2. Les cours de Marc sont intéressants, surtout ceux dans la faculté d'histoire. 3. Quelle voiture veux-tu louer ? Celle-ci ou celle-là ? 4. Ce sont de bons ordinateurs. Ceux qui marchent bien ne sont pas très chers. 5. Voici plusieurs films. Celui que tu veux voir est disponible. 6. Les livres sont sur la table. Je lis celui-ci. Veux-tu celui-là ? 7. J'ai besoin d'emprunter des notes. Celles d'Anne sont toujours faciles à lire. 8. Nous allons voir une pièce samedi. Celle que nous allons voir est une comédie.

10.7 1. aussi chère que 2. plus intéressant que 3. autant d'… que 4. plus petite que 5. plus passionnants que 6. plus heureuse/contente que 7. moins larges que 8. aussi intelligents que 9. plus vieille que 10. plus que 11. moins que 12. plus vieille/âgée que 13. plus épicée que 14. plus propre que 15. plus sympathiques que 16. autant d'… que 17. moins triste que 18. plus fatigués que 19. plus important que, plus importante 20. autant de… que 21. moins de… que 22. plus d'… que

10.8 1. le meilleur 2. le plus grand 3. plus grande que, le plus grand 4. la plus belle 5. les meilleurs 6. la plus jeune 7. le meilleur, la meilleure; le plus mauvais/le pire, la plus mauvaise/la pire 8. la moindre 9. le plus mauvais/le pire 10. le moins 11. le meilleur 12. le plus 13. le plus petit 14. le moins

10.9 1. amicalement 2. vraiment 3. faussement 4. gentiment
5. évidemment 6. vivement 7. franchement 8. différemment
9. brièvement 10. terriblement 11. lentement 12. intelligemment
13. cruellement 14. constamment 15. doucement

10.10 1. Il chante mal, mais je chante plus mal/moins bien. 2. Fait-elle la cuisine plus souvent que vous ? 3. Dans le marathon, Sami court le plus lentement. 4. Joues-tu au violon mieux que moi ? 5. J'écris bien, mais mon ami(e) écrit mieux. 6. Colette écrit le mieux. 7. Frédéric travaille plus vite que Jeanne. 8. Isabelle travaille le plus vite. 9. Paul arrive-t-il plus tôt que vous ? 10. Claudine parle italien plus mal que moi; Émilie le parle le plus mal ! 11. Elles chantent mieux que leurs frères. 12. Marcel danse plus mal que/moins bien que sa femme.

10.11 1. immédiatement/tout de suite 2. à gauche 3. plus mal que 4. moins
5. tout près 6. toujours, à l'arrière 7. loin 8. là-haut 9. de bonne heure/tôt 10. tout à l'heure 11. déjà 12. à l'intérieur (de) 13. en avant 14. dehors 15. parfois/quelquefois, très tard

366 Gabarito

10.12 1. mon oncle 2. mon cousin 3. mon beau-frère 4. mon filleul
5. ma petite-fille 6. ma belle-fille 7. ma marraine 8. mon neveu, ma
nièce 9. ma femme, mon épouse 10. ma belle-mère

PERGUNTAS: (*As respostas podem* variar.) 1. Les mariages diminuent ; le couple est
plus âgé au moment du mariage ; on a moins d'enfants; beaucoup d'enfants naissent
hors du mariage ; il y a plus de divorces et de familles recomposées. 2. Le nombre
d'unions libres augmente ; les études sont prolongées ; il est difficile de trouver un bon
emploi. 3. L'union libre : habiter ensemble, partager la vie sans être mariés. La
famille recomposée : la famille formée après le remariage de la mère ou du père des
enfants. 4. Non, je vis dans une famille plus traditionnelle. Mais nous connaissons déjà
plusieurs divorces et des remariages. 5. Dans ma famille, il y a ma femme, nos deux
fils ; ma belle-mère et mon beau-père. Ma femme et moi, nous avons chacun un frère avec
sa famille. 6. Nous avons des nièces et des neveux, des cousins, deux tantes, et aussi le
nouveau mari de ma nièce avec ses quatre enfants.

Capítulo 11
Afirmativas versus Negativas, Pronomes Tônicos e Imperativo

11.1 1. ne fait plus ses études/d'études 2. n'a plus d'examens à passer 3. ne
dépense jamais son argent 4. n'est pas encore fatiguée à sept heures du soir
5. n'emprunte jamais d'argent 6. ne passe jamais le soir à regarder la télé
7. n'achète rien à la friperie 8. ne mange rien au bar

11.2 1. elle n'entend rien 2. je n'apprends rien dans ce cours/je n'y apprends
rien 3. je n'invite personne ce soir 4. je ne regarde jamais les actualités/
je ne les regarde jamais 5. elles n'ont pas beaucoup d'ennemis/elles n'en
ont pas beaucoup 6. je ne suis pas encore libre de voyager 7. ils ne
trouvent rien au marché aux puces/ils n'y trouvent rien 8. je ne sors jamais
danser 9. nous n'allons plus à la plage chaque été/nous n'y allons plus chaque
été 10. il n'y a personne au téléphone/il n'y a personne

11.3 1. jamais 2. Personne 3. Rien 4. jamais 5. jamais 6. personne
7. Personne 8. jamais

11.4 1. je n'ai peur de rien 2. il ne prépare rien de délicieux 3. personne
n'arrive bientôt 4. je ne téléphone à personne 5. je ne lis rien d'original/
nous ne lisons rien d'original 6. nous n'écrivons à personne 7. elle ne
réfléchit à rien 8. je ne connais personne de drôle

11.5 (*As respostas podem* variar.) 1. Je ne suis que deux cours/Je n'en suis que
deux 2. Aujourd'hui, je n'ai qu'une heure de libre/Je n'en ai qu'une 3. Je
ne dors que cinq heures chaque nuit 4. Je n'ai que dix DVD/Je n'en ai que
dix 5. Je n'achète que deux litres de lait chaque semaine/Je n'en achète que
deux chaque semaine 6. Je n'ai que trois animaux domestiques: deux chats et
un chien/Je n'en ai que trois: deux chats et un chien

11.6 1. Moi, je suis très occupé. 2. Alice, elle, est courageuse. 3. Léon, lui, est
heureux. 4. Les étudiantes, elles, sont intelligentes. 5. Les voisins, eux,
sont tranquilles. 6. André et nous, nous, sommes drôles.

11.7 1. moi; toi 2. Moi; toi 3. Nous; toi, lui 4. Moi; lui 5. nous

Gabarito

11.8 1. Nous travaillons plus dur qu'eux. 2. Est-ce que je suis plus riche que toi ? 3. Il n'est pas plus grand que moi. 4. Êtes-vous plus heureuse qu'elle ? 5. Je marche aussi vite qu'elles. 6. Elle écrit mieux que lui. 7. Elles ne chantent pas plus fort que moi.

11.9 1. à elle, à lui, à elles, à eux 2. C'est moi qui dois, Ce sont elles qui doivent, Ce sont eux qui doivent, C'est vous qui devez 3. elle le fait elle-même, nous le faisons nous-mêmes, tu le fais toi-même, vous le faites vous-mêmes, il le fait lui-même

11.10 1. Faites de l'exercice. 2. Buvez assez d'eau. 3. Essayez de rester calme. 4. Ne fumez pas. 5. Réfléchissez à la vie. 6. Soyez sociable(s). 7. Ne mangez pas trop de viande. 8. Ne prenez pas l'ascenseur.

11.11 1. Finis tes devoirs ! 2. Ne mange pas de bonbons ! 3. Mets tes lunettes quand tu lis ! 4. Va au lit à dix heures ! 5. Ne regarde pas la télé le soir ! 6. Ne parle pas trop au téléphone ! 7. Écris à ta grand-mère ! 8. Ne perds pas ton parapluie !

11.12 1. N'en mangez pas ! 2. Ne les rends pas ! 3. Ne me passe pas le sel ! 4. N'y réfléchissez pas ! 5. Ne la finis pas ! 6. Ne le répète pas ! 7. N'y va pas ! 8. N'en achète pas ! 9. Ne lui donnez pas le cahier ! 10. Ne leur dis pas bonjour !

11.13 1. Achètes-en ! 2. Passez-leur les crayons ! 3. Ne l'écoutez pas ! 4. Bois-en ! 5. Allez-y ! 6. Range-la ! 7. Ne le donnez pas à Georges ! 8. Ne lui donnez pas le livre ! 9. Faites-en ! 10. Écris-lui !

11.14 (*As respostas podem* variar.) 1. Fais la vaisselle, s'il te plaît. 2. Travaille bien!/Finis ton travail./Ne travaille pas trop tard. 3. Ne conduis pas./Prends ton vélo./Viens au bureau à pied. 4. Laisse tomber les ciseaux !/Ne joue pas avec les ciseaux !/Mets les ciseaux sur la table, s'il te plaît. 5. Viens ici ! Bois-en!/Donne à boire au chien, s'il te plaît. 6. Va chez le médecin./Appelle le médecin./Ne va pas au travail./Retourne au lit.

11.15 (*As respostas podem* variar.) 1. de la peinture, des pinceaux, des rouleaux, une échelle, des chiffons, du scotch, etc. 2. l'arrosoir, le tuyau, le râteau, la houe, la pelle, le sécateur, la tondeuse, la fourche, le déplantoir, la brouette, etc. 3. l'aspirateur, le balai, la tignasse, les chiffons, le carrelage, la vaisselle, l'évier, la lessive, le lavabo, le seau, le plumeau, la poubelle, l'éponge, etc.

PERGUNTAS: (*As respostas podem* variar.) 1. En général, les Français qui ont une maison aiment bricoler. 2. La réparation, la décoration, la construction, la pose du carrelage ou d'une moquette, même l'électricité et la plomberie, sont toutes populaires. 3. Pour les professionnels, le bricolage offre la possibilité d'un travail manuel et il économise de l'argent. Mais ça prend beaucoup de temps et parfois les résultats ne sont pas bons. 4. Ils veulent oublier leur travail au bureau, et ils pensent à leur budget. En plus, ils sont fiers de leur maison. 5. Oui, le bricolage m'intéresse: j'aime peindre les murs et je fais du jardinage. 6. Je le fais pour la satisfaction et pour apprendre quelque chose de nouveau.

Capítulo 12
Pronomes Reflexivos com Verbos Pronominais e o Particípio Presente

12.1 1. Je me réveille tard le week-end. 2. Ma sœur se regarde longtemps dans la glace. 3. Nous nous levons de bonne heure lundi matin. 4. André et Paul s'habillent en jean. 5. Maman se maquille rapidement. 6. Papa se rase tous les jours. 7. Je m'ennuie dans le bus. 8. Les enfants s'amusent après les cours.

12.2 1. Je me douche à sept heures (du matin). 2. Ma sœur se maquille. 3. Nous nous couchons assez tard. 4. Vous vous préparez rapidement/vite. 5. Elles se réveillent à l'aube. 6. Ils se réveillent quand Maman les appelle. 7. Tu te promènes le soir.

12.3 1. me brosse 2. se raser 3. se lavent 4. nous levons 5. t'entraînes 6. s'installer

12.4 1. Vous levez-vous à huit heures ? Non, nous ne nous levons pas à huit heures. 2. T'entraînes-tu tôt le matin ? Non, le matin je ne m'entraîne pas tôt. 3. Margot se réveille-t-elle difficilement ? Non, Margot/elle ne se réveille pas difficilement. 4. S'habillent-elles bien ? Non, elles ne s'habillent pas bien. 5. T'endors-tu devant la télé ? Non, je ne m'endors pas devant la télé.

12.5 1. Ne vous levez pas. 2. Réveillez-vous ! 3. Brossez-vous les dents. 4. Ne vous installez pas ici. 5. Couche-toi./Va au lit. 6. Habille-toi. 7. Ne te baigne pas maintenant. 8. Amuse-toi !

12.6 (*As respostas podem* variar.) 1. Réveille-toi !/Lève-toi !/Ne te couche pas si tard !/Va au lit plus tôt ! 2. Ne vous endormez pas !/Ne vous couchez pas !/N'allez pas au lit !/Prenez du café !/Étudiez bien ! 3. Lave-toi les mains !/Va te laver les mains !/Ne touche pas aux rideaux ! 4. Ne te maquille pas !/Ne mets pas tant de maquillage !/Lave-toi le visage !/Arrête de te maquiller ! 5. Ne t'habille pas encore./Ne te prépare pas encore./Mets tes vieux vêtements. 6. Repose-toi pendant le week-end./N'oublie pas de te reposer./Couche-toi tôt./Ne te couche pas tard pendant le week-end./Ne travaille pas trop.

12.7 (*As respostas podem* variar.) 1. Je me brosse les dents le matin et le soir. 2. Il faut se laver les mains très souvent (dix fois par jour) si on a un rhume. 3. Oui, je me lave les cheveux tous les jours parce que j'ai les cheveux courts. 4. Non, les petits enfants ne se peignent pas les cheveux eux-mêmes.

12.8 1. nous connaissons 2. nous voyons, nous parlons 3. nous retrouvons 4. s'écrivent 5. s'entendent 6. se retrouvent/se voient/se revoient 7. se disputent 8. s'aiment/s'entendent

12.9 (*As respostas podem* variar.) 1. Mes amis et moi, nous nous retrouvons/ on se retrouve au café ou au cinéma le week-end. 2. Dans ma famille, nous nous écrivons/on s'écrit parfois, mais nous préférons nous téléphoner/on préfère se téléphoner. 3. Oui, nous nous voyons/on se voit assez souvent et nous nous donnons/on se donne toujours rendez-vous. 4. Oui, mes collègues/mes camarades/ils s'entendent généralement très bien. 5. Oui, nous nous disons (on se dit) bonjour presque toujours et nous nous serrons (on se serre) la main. Nous nous parlons (On se parle) de tout : de la famille, du travail, des vacances.

Gabarito 369

12.10 1. Je m'habitue à cette ville. 2. Nous nous dépêchons d'y arriver à l'heure. 3. Mathilde se marie avec lui. 4. Elle s'occupe de moi. 5. Vous rendez-vous compte qu'il neige? 6. Je me fie à mon professeur. 7. Nous nous souvenons de/Nous nous rappelons notre ancienne école. 8. Michel s'entend bien avec Charles. 9. Laure ne s'intéresse pas au football. 10. Ils ne se trompent pas souvent d'adresse. 11. Les enfants se mettent à jouer. 12. Tu ne peux pas te passer de ton ordinateur, n'est-ce pas ?

12.11 1. je me souviens de/je me rappelle 2. se passe, de 3. te dépêcher 4. vous mettez à 5. te rends compte 6. nous fions à

12.12 1. Nous nous arrêtons de travailler à six heures. 2. Elle arrête la voiture devant ma maison. 3. Vas-tu promener les chiens ? 4. Nous allons nous promener. 5. Il nous ennuie. 6. Je m'ennuie parfois en classe. 7. Ne te fâche pas ! 8. Cette idée-là me fâche.

12.13 1. Le français se parle au Québec. 2. Les skis se vendent en automne. 3. Beaucoup de fromage se mange en France. 4. Le jogging se fait rarement sous la pluie. 5. Les nouveaux mots s'apprennent facilement. 6. Les boissons froides ne se boivent pas avec la fondue.

12.14 1. en se brossant les dents 2. en prenant sa douche 3. en conduisant la voiture 4. en montant l'escalier 5. en s'installant au travail 6. en faisant du jogging 7. en mangeant 8. en s'endormant 9. en prononçant le français 10. en buvant son café

12.15 (*As respostas podem* variar.) 1. J'apprends/Nous apprenons/On apprend les verbes français en les répétant/en les écrivant/en les lisant/en faisant les exercices. 2. J'écoute la radio en me préparant/en faisant le ménage/en conduisant. 3. Je m'amuse en lisant/en me promenant/en regardant un film/en discutant avec mes amis. 4. Je m'ennuie en faisant le ménage/en écoutant une conférence ennuyeuse/en faisant la queue à la poste. 5. Je passe de bonnes vacances en voyageant/en faisant du sport/en faisant du bricolage/en me promenant. 6. On fait la connaissance d'un nouveau pays en y voyageant/en parlant avec ses habitants/en mangeant sa cuisine/en lisant son histoire/en apprenant sa langue.

12.16 (*As respostas podem* variar.) 1. J'ai/Nous avons mal au dos/au bras/au cou/aux épaules. 2. Il a mal aux dents. 3. Elle a mal aux jambes/aux pieds/à la cheville/au dos/aux genoux/aux épaules. 4. J'ai/Nous avons mal à la tête/aux oreilles/au nez/aux yeux/aux joues. 5. Il a mal au cou/à la gorge. 6. J'ai/Nous avons mal aux yeux. 7. Il a mal à l'estomac/au ventre. 8. Elle a mal à la gorge/à la tête. 9. Elle a mal aux pieds/aux orteils/au talon/à la cheville. 10. J'ai mal aux doigts/aux mains/aux bras/aux coudes/aux épaules.

PERGUNTAS: (*As respostas podem* variar.) 1. C'est un ancien pouvoir colonial ; elle a une situation géographique centrale ; son taux de naissance est faible. 2. On obtient la nationalité française en étant né en France, par naturalisation, par filiation ou par mariage. 3. Les immigrés viennent du Maghreb, d'Afrique sub-saharienne (des anciennes colonies), d'Europe et d'Asie. 4. Le chômage, l'éducation, les difficultés économiques, les ghettos urbains, la xénophobie et le racisme sont tous des problèmes. 5. Oui, je viens d'une famille d'immigrés d'Europe de l'est. Nous sommes ici depuis deux générations. Nous ne parlons plus le russe ni l'allemand. 6. J'aime mon pays, mais je veux vivre à l'étranger pendant quelque temps, en France peut-être.

Gabarito

370

Capítulo 13
Formas e Usos do *passé composé*

13.1 1. nous avons écouté   2. tu as réfléchi   3. on a attendu   4. vous avez choisi   5. elles ont parlé   6. nous avons commencé   7. ils ont entendu   8. tu as acheté   9. nous avons mangé   10. j'ai envoyé

13.2 1. J'ai fini/terminé mon travail.   2. Nous avons/On a dîné à huit heures.   3. Elle a perdu ses clés.   4. Mon frère a attendu au café.   5. Elles ont choisi leurs cours.   6. Vous avez commencé à courir.   7. J'ai acheté un gâteau.   8. Tu as vendu la voiture.

13.3 1. Nous avons fait le ménage.   2. Isabelle a écrit une lettre.   3. Ils ont appris la nouvelle.   4. J'ai suivi trois cours.   5. Tu as bu un thé.   6. J'ai mis une cravate.   7. Vous avez offert un cadeau.   8. On a été en Afrique.

13.4 1. ont dormi   2. as obtenu   3. a ri/a souri   4. avez pris   5. J'ai servi   6. avons vécu   7. j'ai dû   8. ont poursuivi

13.5 (*As respostas podem* variar.)   1. As-tu lu un roman de Balzac ? Non, je n'ai pas lu de roman./Non, je n'en ai pas lu.   2. Avez-vous/As-tu vu vos/tes amis samedi soir ? Non, je n'ai pas vu mes amis./Non, je ne les ai pas vus.   3. Émilie a-t-elle conduit un petit camion ? Non, elle n'a pas conduit de camion./Non, elle n'en a pas conduit.   4. Avez-vous/As-tu fait la lessive ? Non, je n'ai pas/nous n'avons pas fait la lessive./je ne l'ai pas faite./nous ne l'avons pas faite.   5. Les étudiants ont-ils des devoirs à faire ? Non, ils n'ont pas de devoirs./Non, ils n'en ont pas.   6. Avez-vous mis des chaussures de marche ? Non, je n'ai pas mis de chaussures de marche./nous n'avons pas mis de chaussures de marche./Non, je n'en ai pas mis./nous n'en avons pas mis.   7. Ont-ils vécu trois ans à Lyon ? Non, ils n'ont pas vécu trois ans à Lyon./Non, ils n'y ont pas vécu trois ans.

13.6 1. D'abord, vous avez déjeuné.   2. Puis/Ensuite, nous avons fait/on a fait la vaisselle.   3. Finalement/Enfin, j'ai quitté la maison.   4. L'année passée tu as suivi un cours d'italien.   5. Avez-vous déjà été en France ?   6. Il a beaucoup mangé au petit déjeuner.   7. Hier soir, elle a vu un beau coucher de soleil.   8. J'ai toujours aimé la cuisine française.

13.7 1. Il y a trois jours je suis sortie avec Sylvain.   2. Il y a une semaine tu es allé au théâtre.   3. Il y a six mois nous sommes parties en France.   4. Il y a quelques jours ils sont rentrés chez eux.   5. Il y a une heure nous sommes descendus faire le marché.   6. Il y a un instant le vase est tombé dans l'escalier.

13.8 1. sont allées/parties/rentrées/retournées   2. est descendue/sortie   3. est allée/rentrée/retournée   4. sont tombées   5. Je suis sorti/descendu   6. sont arrivés/venus   7. sommes montés   8. sommes partis   9. est, allée   10. est restée   11. sommes arrivés

13.9 1. Je les ai vus hier.   2. Catherine lui a écrit.   3. Nous en avons bu.   4. Laure et Sami/Ils y sont allés.   5. Tu en as acheté ?   6. Les avez-vous reçues?   7. Ils l'ont faite.   8. Je l'ai mise.

13.10 1. Nous nous sommes vues hier.   2. Mireille et Claude/Ils se sont écrit.   3. Je me suis réveillé à midi.   4. Mes filles/Elles se sont brossé les cheveux.

Gabarito 371

5. À quelle heure (les enfants) se sont-ils endormis ? 6. T'es-tu occupée de la lessive ? 7. Je me suis trompée d'adresse. 8. Ils se sont connus/fait connaissance il y a un an.

13.11 (*As respostas podem* variar.) 1. J'aime regarder le football et le patinage. 2. J'ai fait du basket, de la natation, du patinage et du tennis. 3. En été, j'aime les randonnées, le jardinage et l'observation des oiseaux. En hiver, je préfère la lecture, les concerts, les DVD et les pièces de théâtre. Je fais aussi un peu de bricolage. 4. C'est parce que je ne suis pas très sportive ! 5. Je suis allée à une pièce et aussi un concert (où j'ai travaillé comme ouvreuse [*usher*]). J'ai fait le marché et aussi une longue promenade. 6. Je veux apprendre à faire de la couture et du yoga.

PERGUNTAS: (*As respostas podem* variar.) 1. Elle s'intéresse à la danse africaine depuis plusieurs années. 2. Ce soir-là, à son arrivée, elle est tombée amoureuse du joueur de djembé et elle est tombée par terre en réalité. 3. La danseuse et le joueur de djembé se sont parlé ; ils sont sortis prendre un café ; ils ont discuté pendant des heures. Ils se sont revus le jour suivant. 4. Il y a quelques années, j'ai vu un canard mère et cinq ou six petits dans une rue en ville. Je les ai suivis jusqu'à un petit fleuve.

Capítulo 14
Imparfait, Narração no Passado e Mais Sobre Pronomes Oblíquos

14.1 1. avons décidé 2. a préparé 3. n'a rien oublié, a, mis 4. avons quitté, sommes partis 5. nous sommes mis à, a dit 6. sommes arrivés, nous sommes arrêtés 7. J'ai pris, nous y sommes installés 8. j'ai fait, a fini

14.2 1. vous vous amusiez à la disco 2. tu t'endormais 3. Michaël faisait de beaux rêves 4. je commençais à lire 5. Papa prenait un bain 6. les chats se disputaient 7. nous étions à la cuisine 8. Suzanne et sa sœur mangeaient

14.3 1. avais 2. j'allais 3. avait 4. nous réunissions 5. discutions 6. étaient 7. travaillaient 8. nous mettions 9. fallait 10. s'occupait 11. nous parlions 12. était

14.4 (*As respostas podem* variar.) 1. Je me levais, je prenais le petit déjeuner et j'allais à l'école. Je travaillais l'après-midi à la pharmacie, et je faisais mes devoirs. 2. J'habitais à Los Angeles que j'aimais beaucoup, parce que j'avais beaucoup d'amis et il y avait un tas de choses à faire. 3. En été, il faisait beau et chaud. Je ne suivais pas de cours. Donc, avec mes amis, nous allions à la plage ou nous faisions du sport.

14.5 (*As respostas podem* variar.) 1. Quand je suis arrivée à Paris, il faisait beau. 2. Nous nous reposions quand Éric a appelé/a téléphoné. 3. Il quittait la maison quand il s'est souvenu des livres/s'est rappelé les livres. 4. Je portais toujours mon imperméable, quand soudain/tout à coup la pluie s'est arrêtée/a cessé. 5. Elle ne se sentait pas bien hier soir, mais elle est sortie quand même. 6. Hier, tu as trouvé le café où on servait cette bonne soupe.

14.6 (*As respostas podem* variar.) 1. il faisait mauvais et il pleuvait, mais j'ai dû aller au travail 2. nous sommes restés à la maison/nous ne sommes pas allés au concert 3. le café était fermé. Donc, nous sommes allés/on est allé(s) au cinéma. 4. cinq ans, nous nous sommes parlé en classe 5. écrire une lettre, je me suis entraînée. 6. J'allais ranger les placards et mon bureau, mais je ne l'ai pas fait.

372 Gabarito

14.7 1. Je la lui donne. 2. Tu m'en offres dix. 3. Nous leur en parlions.
4. Mathieu ne les y a pas retrouvés. 5. Je me les suis brossées.

14.8 1. Donne-les-moi./Donnez-les-moi. 2. Offre-lui-en./Offrez-lui-en. 3. N'en
mange pas./N'en mangez pas. 4. Ne la lui vends pas./Ne la lui vendez pas.
5. Vas-y./Allez-y.

14.9 (*São respostas pessoais. Nenhuma sugestão incluída aqui.*)

PERGUNTAS: (*As respostas podem* variar.) 1. Elle avait une vie difficile ; sa mère était veuve.
2. À quatorze ans, elle a pu faire un voyage au Maroc avec sa classe. 3. Les paysages, le désert,
les villages berbères et les gens l'ont impressionnée beaucoup. 4. Moi, à cet âge-là, j'ai fait du
camping dans le désert près de Los Angeles. C'était formidable !

Capítulo 15
O Futuro, o Condicional, Adjetivos e Pronomes Indefinidos

15.1 1. Renée partira. 2. Olivier achètera ses billets. 3. nous prendrons le train.
4. mon amie viendra me voir. 5. vous serez déjà à Boston. 6. il faudra
remettre ce devoir. 7. ils auront besoin de faire le marché. 8. tu pourras
me prêter la voiture.

15.2 1. Si je pars, me suivras-tu ? 2. Elle viendra, si nous l'invitons. 3. Aussitôt
qu'il/Dès qu'il commencera à neiger, nous rentrerons. 4. Lorsque/Quand
j'arriverai chez toi, je t'attendrai. 5. Si j'ai l'argent, j'irai à Québec cet été.
6. Il nous appellera dès qu'il/aussitôt qu'il y arrivera.

15.3 (*As respostas podem* variar.) 1. Je ferai des courses le week-end prochain;
je ferai du canoë cet été. 2. Si je ne travaille pas demain, je dormirai tard.
3. Je serai à l'université de Montréal.

15.4 1. J'aimerais sortir. 2. Ils voudraient voyager. 3. Mathieu irait en Europe
si possible. 4. Nous viendrions volontiers. 5. Je prendrais deux verres
d'eau. 6. Elles seraient heureuses de nous accompagner. 7. Ferais-tu aussi
ce voyage ? 8. Est-ce que vous reverriez ce film avec nous ?

15.5 1. Si j'étais libre, je serais avec toi. 2. Nous savions qu'Armand viendrait.
3. S'il venait à la fête, elle serait heureuse. 4. Si tu avais assez d'argent,
voyagerais-tu ? 5. Tu devrais faire de l'exercice. 6. Si vous le vouliez, je
l'achèterais. 7. Nous voudrions/aimerions commander trois tasses de café.
8. Léon nous a dit qu'il ferait les courses.

15.6 (*As respostas podem* variar.) 1. Si j'étais libre, j'irais en ville. 2. S'ils
venaient me voir, nous irions à la montagne. 3. Si j'avais assez d'argent, j'en
offrirais aux associations combattant la faim.

15.7 1. Marc s'était couché 2. la voisine avait rendu visite 3. les enfants
s'étaient baignés/avaient pris un bain 4. les chiens s'étaient endormis 5. on
avait servi le dîner 6. Simone était partie pour l'aéroport 7. nous avions
tous les deux travaillé tard 8. personne n'avait fait la vaisselle

15.8 1. j'aurais été à l'heure 2. j'aurais vu le film 3. nous serions rentrés plus tôt
4. tu n'aurais pas perdu les clés 5. les enfants se seraient couchés 6. Cathy

Gabarito

aurait terminé/fini ses devoirs   7. la voisine nous aurait trouvés   8. nous ne serions pas levés si tard aujourd'hui

15.9 (*As respostas podem* variar.)   1. Tu aurais dû terminer/finir plus tôt/Tu aurais dû dormir plus cette nuit/Tu n'aurais jamais dû accepter de le faire.   2. Tu aurais dû te reposer un peu/Tu n'aurais pas dû courir dans le marathon. 3. Vous devriez manger mieux/Vous n'auriez pas dû prendre de bonbons. 4. J'aurais dû apprendre le français plus jeune/Je n'aurais pas dû m'installer à Miami.

15.10   1. J'ai vu tout le musée.   2. J'ai visité toute la collection d'amphores.   3. J'ai marchandé avec tous les vendeurs.   4. J'ai parcouru toute la vieille ville. 5. J'ai acheté tous les tapis.   6. J'ai fait le tour de toutes les mosquées.

15.11   1. Quelques amis/Les mêmes amis/Tous ses amis ont appelé. Chaque ami a appelé.   2. Tous/Plusieurs voulaient emprunter de l'argent. Chacun voulait emprunter de l'argent.   3. Quelqu'un/Chacun vous a invité. Les mêmes/ Quelques-unes/Plusieurs vous ont invité.

15.12 (*As respostas podem* variar.)   1. le distributeur, la carte de paiement, le bureau de change, changer de l'argent, retirer de l'argent, des billets de 20€, etc. 2. ouvrir un compte en banque, demander une carte de crédit, payer un dépôt de garantie, payer les factures, etc.   3. J'ai parlé avec la caissière parce que j'ai versé de l'argent dans mon compte et j'ai fait un transfert de fonds.

PERGUNTAS: (*As respostas podem* variar.)   1. Cette attitude est logique pour un Français. Cela ne s'accorde pas avec l'attitude dans mon pays.   2. Ici, c'est souvent pour l'argent qu'on doit travailler ; la sécurité sociale n'est pas aussi évoluée qu'en France.   3. Bien sûr, si on n'a rien ou si on n'a que très peu, on s'inquiète beaucoup au sujet de l'argent. 4. Dans dix ans, mes études seront terminées, je travaillerai probablement comme professeur de lycée et je serais à La Nouvelle-Orléans.

Capítulo 16
O Subjuntivo

16.1   1. que nous choisissions   2. que vous achetiez   3. que tu dormes 4. que je parle   5. qu'ils finissent   6. qu'elle vende   7. que nous entendions   8. que vous partiez

16.2   1. sois   2. fasse   3. allions   4. restiez   5. fasse   6. soyons 7. veuille   8. aient   9. saches   10. puissiez

16.3 (*As respostas podem* variar.)   1. Il faut que tu connaisses les amis de ta sœur et que tu trouves une association intéressante.   2. Il est essentiel que tu ailles en France ou au Québec.   3. Il est important que tu te reposes un peu plus. 4. Il faut qu'on se repose, qu'on prenne l'air un peu et qu'on finisse de faire le ménage.

16.4 (*As respostas podem* variar.)   1. Il est dommage que tu ne fasses pas de ton mieux.   2. Il est bon que tu saches t'avancer.   3. Il est douteux que tu puisses avoir un bon salaire.   4. Il se peut que tu t'ennuies.   5. Il est bizarre que tu n'ailles pas dans une autre ville.   6. Il est utile que tu choisisses bien ta carrière.

374 Gabarito

16.5 (*As respostas podem* variar.)   1. Il n'est pas vrai que je devienne célèbre.
2. Il n'est pas certain que nous puissions retourner dans la lune.   3. Il n'est pas
sûr que les artistes soient appréciés.   4. Il est peu probable que les gens cessent
d'avoir des enfants.   5. Il est certain que je ferai une découverte importante !
6. Il est probable que mon copain écrira un best-seller.

16.6   1. Je doute qu'on sache quoi faire.   2. Nous préférons nous mettre d'accord.
3. Les profs exigent que nous apprenions.   4. Nous avons peur que le train
soit en retard.   5. Mon père regrette de quitter son emploi.   6. Elle espère
voyager en été.   7. Vous n'êtes pas sûrs que je réussisse.   8. Le patron
veut que tu reviennes.

16.7 (*As respostas podem* variar.)   1. que ma famille vive loin de chez moi   2. que
je lui rende bientôt visite   3. le gouvernement déclare la guerre   4. les
mêmes personnes soient élues   5. nous puissions nous voir samedi

16.8 (*As respostas podem* variar.)   1. J'étudie le français pour pouvoir travailler en
Afrique.   2. Je vais déménager à condition de trouver un nouvel appartement.
3. Je ne changerai pas d'emploi à moins d'en trouver un autre.   4. Je ne partirai
pas en voyage avant d'économiser assez d'argent.   5. Je ne peux pas travailler la
nuit sans pouvoir dormir pendant la journée.

16.9 (*As respostas podem* variar.)   1. Comment vous appelez-vous ? Où habitez-
vous ? Pourquoi êtes-vous venu(e) ici ? etc.   2. Je suis désolé(e), mais je
suis pris(e) ce soir-là. Pourrons-nous nous revoir bientôt ?   3. Il faut que tu
t'approches des gens, que tu leur dises bonjour, que tu leur poses des questions
sur leur vie, enfin, que tu aies l'air de t'intéresser à eux.

PERGUNTAS: (*As respostas podem* variar.)   1. Il dit qu'on a oublié comment créer des liens
avec les autres. C'est à cause de la vie moderne, Internet, etc.   2. Oui, je suis d'accord
parce que je sais que je sors moins et je téléphone moins aux personnes que je connais.
3. La solution est de sortir, de faire partie des associations, de suivre des cours, de prendre
rendez-vous avec de nouvelles personnes et surtout de parler avec elles.   4. (resposta
pessoal)

Índice

24 horas 76
-er
  verbos 45
-ment
  terminação em advérbios 222

Abreviações xiii
Acessórios 104
Acheter 96–98
Adjetivos 12
Adjetivos comparativos 216, 218–21
Adjetivos de cor 14
Adjetivos demonstrativos 212–13
Adjetivos descritivos 16
  concordância em gênero 12–13
  concordância em número 12–13
  cores 14, 16–17
  invariáveis 13
  formas irregulares 14
  antes de substantivos 14–16
  vocabulário 16–17, 18, 39, 63
Adjetivos indefinidos 326–29
  negativa, 329
Adjetivos possessivos 208–10
Advérbios 221–25
  vocabulário 30–31, 39
Agradecimentos xiii
Almoçar e jantar 187

Aller 109–13
  expressões com, 111
Ambiente 135–36
Amizades 347–49
Animais 204
Anos 72–74
Appeler 100–101
Arte e passatempo 133
Artigo definido 3
Artigo indefinido 7
Artigos pessoais 105
Atividades do cotidiano 130
Avoir
  expressões 35
  negação 33
  verbo 21, 32
  subjuntivo 346
  tempo presente 32–33

Banco 330–31
Boire 186–89
Bricolagem 250
Casa
  manutenção 249–50
  vocabulário 35–39, 40
Céder 98–99
Complemento preposicional 199
Commencer 93–94

Índice

Comparativos 216-18
Condicional 319–22
  passado 319–22
Concordância
  exceções no particípio passado 293
Conduire 169
Conjunções 30–31, 64
Connaître versus **savoir** 161–64
Conselhos e pesares 325
Consoante dupla 100
Contrações 116
Cores 14, 16–17
Corpo, partes 261–62, 273–74
Courir 166–67
Craindre 170–71
Croire 165–66

Data e ano 72
Descrever pessoas 272
Dia
  partes 44
  hora 78
Dias da semana 42
  le antes do dia, 42–43
Depuis 91–93
Devoir 148–50
Diretos, objetos 193–96. *Veja também* Pronomes
Dire 143
Dúvida 343–45

Écrire 144
Elementos da negação 147
Emoções e relações 133
Envoyer 101–4
Entretenimento 295–97
Essayer 101–3
Escola e universidade 132
Esporte e exercício 131
Esportes 131–32, 294–95
Estações do ano 43

Être
  expressões 29
  usos 26
  verbo 21
Evolução do Estilo 7
Exiger 94–96
Expressar dor 272
Expressões 111, 113
  passé composé 286
Expressões 92
Expressões de cumprimento 109
Expressões de dúvida e incerteza 344
Expressões de emoção 344
expressões de necessidade 339
expressões de quantidade 191
Expressões de Tempo no Passado 305
Expressões de vontade e preferência 343
Expressões idiomáticas 130
Expressões negativas 232
Expressões usadas
  hora do dia 78
Expressões verbais 187

Faire 129–35
Falantes nativos 24
Família, membros 227–29
Formas Verbais Sem Sujeito 23
Frases hipotéticas 318
Frequência e Tempo 90
Futuro próximo 317

Geográfico, nomes 124–29
Gênero e Número 3, 23
Gerúndio 271
Guia de Pronúncia xiii

h aspirado 5
Hífen

Índice 377

em comandos 246
h inicial 5
h mudo 4
Higiene pessoal, artigos 105
Hora 75
Hospedagem 312–13
Hotel 312–13
Humor. *Veja também* Verbal, tempo
   indicativo 334, 342–43
   subjuntivo 334–37

Idade 36
   no passado 303
Idiomáticas, expressões, 29–30,
   35–36, 37–38, 64
Idiomáticos
   verbos 141
Il fait 129
Il faut 149
Il neige 130
Il pleut 130
Il y a 33
Imparfait
   usos 302
Imperativo
   afirmativo e negativo 257
   três formas 242
Indiretos, objetos 196–99. *Veja tam-*
   bém Pronomes
Interrogativa
   passé composé 284
   est-ce que 53–55
   palavras interrogativas 52, 60–61
   com preposições, 122–23
   verbos pronominais 258
   pronomes 122–23
   ordem das palavras 52–55
   perguntas *sim-não* 52–55
Inversão 54
Inversão do Sujeito e Verbo 56

Jardim 249–50
Jeter 110–101
Jouer 132

Lancer 93–94
Laços de amizade 347
Lazer e entretenimento 295–97
Leitura 40–41, 64–65, 85–86, 107–8,
   136–37, 158–60, 184–85, 205–7,
   229–30, 251–52, 274–75, 297–98,
   314, 332–33, 349–50
Leitura e escrita 157
Lever 96–98
Lire 143
Liaison 9, 47, 89, 116
Limites
   ne… que 236
Lojas e comércio 82–83

Manger 94–96
Manutenção da casa e jardim 249
Meios de transporte 121
Membros da família 227
Meses do Ano 43
Mudança de posição ou estado
   verbos indicando 288
Mettre 145–46
Mourir 289
Nacionalidades 18
Naître 289
Narração 306
Nasais, vogais xv–xvi
Necessidade, expressões 339–40
Negação 31, 49
Negativa
   passé composé 284
Negócios e banco 330
Ne… ni… ni…
   negação 191
ne… pas 33
No hotel 313

Índice

Números cardinais 66
Números ordinais 70

Objetos 246–48. *Veja também* Diretos, objetos; Indiretos, objetos; Pronomes
Obrigação ou necessidade 148
Offrir 167–68
Opinião e emoção 340
Oração relativa 173

Países do mundo 124
Palavras de transição 285
Palavras interrogativas 122
Palavras interrogativas 52
Partes do corpo 273
Partes do dia 44
Particípio passado 279–83
  concordância 293–94
  irregular 281–83
  pronomes oblíquos e 291–92
  subjuntivo 346
  regular 279–80
Particípio presente 270–72
Particípio regular
  formação 279
Partir 138–49
Passatempos 133
Pergunta invertida 89
Plantas 204–5
Plural 8
Possibilidade e dúvida 341
Pouvoir 147–58
Préférer 98–99
Prendre 186–89
Preposição 113
  verbos com 139
Preposição composta 118
Profissões 182–84
Pronome reflexivo 253
Pronomes interrogativos 57

Pronomes oblíquos
  colocação 233
Pronomes pessoais do caso reto 22
Pronúncia 210, 212
Pronúncia xiii–xvii
  consoantes xvi–xvii
  vogais nasais xv–xvi
  números 67
  substantivos no plural 9–10
  semivogais xv
  dicas xvii
  vogais xiv–xvi
Províncias e territórios canadenses 126

Qualificadores 30–31
Quantidade 191–92
Quitter 139–40

Radical
  mudança 140
Recevoir 150–152
Refeições e alimentos 83, 84–85
Relações 133
Relativas, orações 173–82
Restaurante 85–86
Rire 166–67
Rotinas comuns 254
Roupas e acessórios 104

Savoir versus **connaître** 161–64
Saudações xvii–xviii
Semivogais xv
Sequência, preposições 119–22
si, oração 324–25
Sortir 139–40
Subjuntivo
  segundo radical 336
Substantivos femininos 4
Substantivos masculinos 3
Suivre 169

Índice

Superlativos 218–21

Tenir 141–43
Tempo, expressões 90–93, 303
 depuis 91–93
 no passado 305–6
Tempo, preposições 119–22
Tempo e sequência 119
Tempo meteorológico e ambiente 135
Tempo presente
 usos 48
 verbos regulares 45
Terceiro artigo
 partitivo 189
Tout 326–27
Trabalhos e profissões 182–84
Transição, palavras 285–86

Universidade, estudos 132

Venir 140–43
Verbo + verbo, construção 152–56
 exercícios 155–56
 infinitivos 152–56
 sem preposição 253
 preposições 153–56

Verbos
 significados específicos 265
Verbos
 mudanças na ortografia 316
Verbos de preferência 190
Verbos intransitivos 299
Verbos irregulares 138
Verbos **-ir** 78
Verbos pronominais 253, 292
Verbos recíprocos 262
Viagem e acomodações 312–13
Vivre 169–70
Vogais xiv–xvi
Voici e voilà 194
Voir 165–66
Vouloir 147–48

CONHEÇA OUTROS LIVROS DA ALTA BOOKS!

Negócios - Nacionais - Comunicação - Guias de Viagem
Interesse Geral - Informática - Idiomas

Todas as imagens são meramente ilustrativas.

SEJA AUTOR DA ALTA BOOKS!

Envie a sua proposta para: autoria@altabooks.com.br

Visite também nosso site e nossas redes sociais para conhecer lançamentos e futuras publicações!
www.altabooks.com.br

/altabooks ▪ /altabooks ▪ /alta_books

ALTA BOOKS
GRUPO EDITORIAL

Rua Álvaro Seixas, 165
Engenho Novo - Rio de Janeiro
Tels.: (21) 2201-2089 / 8898
E-mail: rotaplanrio@gmail.com